目　录

神会

辑一

想起京都一只鸟

二十五位作家的文艺地图

孙小宁 主编

冷冰川 插图

想起京都 一只鸟

生活·讀書·新知 三联书店

图书在版编目（CIP）数据

想起京都一只鸟：二十五位作家的文艺地图／孙小宁
主编．冷冰川 插图．—北京：生活·读书·新知三联书店，2014.7
ISBN 978 - 7 - 108 - 04421 - 1

Ⅰ．①想… Ⅱ．①孙… Ⅲ．①随笔－作品集－中国－
当代 Ⅳ．①I267.1

中国版本图书馆 CIP 数据核字（2014）第 024197 号

责任编辑 王振峰
装帧设计 蔡立国
责任印制 郝德华
出版发行 生活·讀書·新知 三联书店
　　　　　（北京市东城区美术馆东街 22 号 100010）
网　　址 www.sdxjpc.com
经　　销 新华书店
印　　刷 北京隆昌伟业印刷有限公司
版　　次 2014 年 7 月北京第 1 版
　　　　　2014 年 7 月北京第 1 次印刷
开　　本 889 毫米 × 1168 毫米 1/32 印张 9.25
字　　数 170 千字
印　　数 0,001 - 7,000 册
定　　价 29.80 元
（印装查询：01064002715；邮购查询：01084010542）

前言：让词语落在实处

伍迪·艾伦的《午夜巴黎》，是我的心头好。它符合我对某类故事的期待：微醺、白日梦、亦真亦幻。有时空的穿越感，但又不是绝无章法的乱来——你看伍迪·艾伦镜头下，名流汇集的巴黎盛宴，文艺的味道多正！

每个人心中都有一扇任意门，要不穿越大戏怎么可能历久而弥新。但穿越和穿越还不一样。有的穿越是一种逃避，以为迈过那扇门，就是一座桃花源；有的则是一次主动的寻找，甚至在向它走去的时候，内心已经撑开了一个搜索引擎，这里是谁的故居，那里又立着谁的墓碑，内心暗含着期待，却未必一定要寻到一枚甜果。但这种过程仍然是奇妙的，奇妙在于，你始终能感觉到，类似于伍迪·艾伦的电影里那神奇的场，你和它，既感应又互动，很多的东西涤荡于心胸，以至于最后，不把它吐出来，就心绪不宁。我把以这种感觉写出来的文章，归为"文艺地图"。

乍看它是一次旅行的书写，但又不是纯粹的记游文字，至少在写作者的意念里不是。它也很可能不完全真实——那种奇异的电流交互，很可能使人以幻象遮蔽实存，但这也不影响什么。就像书中那篇作家宁肯的文章：阿加莎"谋杀"了尼罗河。"谋杀"固然惊悚，但却是一种心理的真实——看沈从文多了的人，谁不想在凤凰古城遇见一个美好的翠翠呢?

旅行是一种空间的移动,穿越也是。如果这两个词在我这里还要做一次辨析,我很想说,穿越更有时空的跨越感,以及郑钧歌里"回到拉萨"那种能唤起内心激情的东西。正是这种激情,让有些人,即使同在一个旅行队伍中,仍然在别人为某地施华洛世奇性价比合宜而激动时,自己孤身离群,矢志要寻访某位作家的故居。甚至寻访回来,还要上下求索,爬梳资料,为这次寻访记下一笔。一名艺术家的墓碑上的荒草,为什么在后来的回忆中,挥之不去?拜谒者肯定是觉得,这荒草,一定传递着长眠地下之人一些隐秘的信息。我想热衷文艺地图的那些建构者,大抵会共鸣这本书中另一个作者赵柏田的这样一段话:"一次真实的行走,却又像是一个由传说、旧物、词语幻化出的想象之邦,一个非现实的世界。……真的好像是置身于一个旷古的梦境,过往的文明就像洞窟里的烛光在梦境的深处微微闪烁。而周遭的世界——树,石,房屋,人——则成了世界的一个表征。世界就这样淹灭在了无边无际的表征和符号的海洋中,留下来的只是'一缕香魂'"。"就这样的说话,又能让多少个词'坐在实处'呢。但也只有这样说话,我才会邂逅语词那奔放不拘的活力。它好像在无限的曲线活动中又回到了自身。很多时候,我不无悲哀地发现,我的工作,它只是让词语在一线白纸上无声地流过——在这里,它既无声音又无对话者,只是在它存在的光辉中闪耀。"(赵柏田《从天水到敦煌》),在这篇文章的最后,我看到几个闪闪发光的词:让每一个词语落到实处。

正是与这一个句子的碰触,让我找到了自己热衷于编辑、搜集这类文艺地图的缘由。原来我也是这样一个虚妄而执拗的构建者:想把每一个词语落到实处。

　　但是，是否有更多的作者愿意领会我构想这类文章的初衷呢？还真是有。我陆陆续续发现的作者，都在提供这样的文章，可以让我一边阅读编发，一边暗暗佩服自己，"猎狗闻得见骨头，我闻得见才华"。这可是聂华苓夫妇以为自傲的句子，我怎么想拿它夸夸我自己，嘿，不是，我是想表达对那些作者的赞许。

　　我想说，他们的这些文章，让我在一个创作链的生成中，更加懂得了空间的意义。空间本来是属于那些曾经在此居住生活的人的，但后来者抵达这里，就又成了两颗灵魂交汇的场所。一次次的交汇，空间因此也成为一个说故事的舞台，既说原主人的故事，也说闯入者的故事。"一千个人心中有一千个林黛玉"，空间也可做如是看待，它的丰富，以及它如镜面一样折射出来的百千灵魂，真的是说不完的故事。

　　现在我差不多已经这么认为，呈现好了空间，就留住了人。让我试举例说明，"他们在岛屿写作"大概是我最近看到的最好的文学纪录片，它的好就在于，把人置于他自己的空间。九十岁的诗人周梦蝶在家中写书法，铺案、展纸、磨墨、写字，这一切的动作都在一种绝对的静定中完成，如一滴水的凝注、滴落——什么是他的孤独国，这个就是。这是静态空间。有些是移动空间，比如凯路亚克《在路上》。说实话，我其实是看了电影《在路上》，才理解这一群人在路上的意义。因为我看到了那不断延伸的公路，不断变化的空间，正是它们，恰到好处地让我理解了其中狂乱、迷茫与愤怒的部分。而这部电影，据主创人说，也是重走了凯路亚克当年的路线之后才出来的片子。

　　我自己曾有过一次燕南园之行。当时是读《洪业传》一时兴起，约了几个朋友一起重踏北大这座园。正值春天，花已盛开。燕南园的燕京大学教授故居，仍然是一片静寂。故居外墙青藤爬满，隔月的信件还插在某个门前的信箱上。故园已成废园？这时我看到了一群野猫，它们峭然不动地待在一处，看我们的眼神完全像从另一时代投来，既古远又淡泊，那里面要告诉我什么呢？后来约到唐克扬那组燕南园文章，我连洪业、燕南园与那些野猫一起读懂了。

当然，这也证明，尽管我们每个人都渴望有一扇任意门，但并非任何一个被穿越过去的世界，都能被你读懂。现在，就让这组文艺地图的作者，做我们的向导吧。近水楼台先得月，我其实已经得天独厚地领受了他们作为向导的魅力，我想说令我流连其间的，除了被展示的空间如此迷人之外，还有写作者文字本身的意趣。他们依托空间而写作，在作品、人与自我之间出出入入，他们既是伍迪·艾伦的同路人，且有时显得比他还厉害，因为《午夜巴黎》说到底是一场曼妙白日梦，而我的作者所写的《一个人的巴黎》，展示了人类思维活动中更复杂精微的部分——他们真是把语词都落到了空间的实处。

我热爱这些文章，但在编辑成书时，依然会有分体例的问题。想了半天，最后把它们分为"行至"与"神会"两列。虽然在我看来，神游未必行至，但行至一定包含着神游的成分，但这只不过是顺巧方便的排法，目的只为了能让文章读起来，有节奏一些。

我知道读者不会受这种排列限制，读者只想推开他感兴趣的那扇门。最后只想说，你能从它看到什么，完全取决于你自己。以及你是否心中也有个引擎张开着，试图想接应些什么。

行

至

辑

一

致赫拉巴尔

龙冬

一

尊敬的赫拉巴尔先生，我听说，整整一周，你住在布拉格近郊克斯科森林的木屋里。那是一片不小的林区。有些地方，阳光无力穿透茂密的枝叶，林间渗透着浓重的黑色。公路隐蔽在树林里。车子直直行驶，速度并不太快。清香的空气灌进窗来。风是甜的，甜的……赫拉巴尔先生，你看，我完全浸泡在以往的景象里。现在，我回到北京有两个月了。以往这些，对我来讲，是一些美妙的感受。而对于你，是布拉格人平常的周末生活。

太阳在森林中忽隐忽现，如同一团打碎着的蛋黄。它紧随我视线赛跑，并且上上下下移动，每次显露，位置都有变化。这阳光又不安，又宁静，好像一个抑郁的人，因为酒的作用，热烈表达，继而沉默，他并不在意别人的反应。

我从429路和443路克斯科公交站拐进这幽深的碎石小道，一步一步向前走，脚下总被草茎绊住。你的木屋开始从满眼绿色中显现，渐渐显现出来，露了一点点明黄，然后一角明黄，然后，一块块明黄。我终于站住了，跟前是棕色板条的栅栏。隔着一小片空寂的林间草地，整座木屋墙体的反光，令我似乎就要昏厥。

我不能自制，下意识倒退两步，身体也随之晃动了两下。木屋有两层，车库门、窗框同桁木涂着深绿的油漆，除此，都是白色。晴天，阳光明亮斑驳地映在雪白墙面上。这木屋在中午时分散发着夺目光芒。木屋雪白，有森林环抱，墙面光斑似在燃烧，又如同为一只精巧的盒子贴上了碎片金箔，也像画布上那种用刮刀涂抹的厚重油彩。

　　我知道，赫拉巴尔先生，你这处住所，仅仅是用来周末度假和躲避喧嚣的写作。应该叫别墅。说到别墅，会让我们国家的人非常羡慕。殊不知，这样的别墅，或者再大些的别墅，或者小到只能容下一张床、一张餐桌书桌的别墅，在布拉格近郊山地林间还有很多。这是你们亲近自然的传统生活方式。亲近自然，远离"中心"，人的个性方可彰显。地方大，人少，到处可见森林、河流、草地。随手捡拾几片木头，看好一块山坡林间空地，拿起钉锤，当当当，几下子，一座木屋别墅就搭建出来了。屋子里的家用陈设简单，却是应有尽有。窗户里拉上洁白的纱帘，衬着一件工艺雕塑。外面窗沿下悬挂一盒红黄蓝粉的小朵杂色鲜花。我总是想象着那屋子里面的生活。那个人正在阅读一本怎样的旧书？那两个人正在亲密地说着什么样的陈年老话？那一家子人正在接待从什么地方到来的老友？当然，我讲这些肯定有所夸张。可是，每个家庭自建或购买这样一座别墅，也算不上什么奢侈，更谈不上时髦。雨后到林子里捡蘑菇，回来烧一个蘑菇汤，烤一盘蘑菇，炒一碟蘑菇，夫复何求？我看过你一张照片，手中捧个纸口袋，就是在克斯科这林子里捡蘑菇。我也知道，这生活，不是多数年轻人的选择。现在年轻人，他们习惯于被动地选择，他们远离自然，他们似乎比老一辈人还要适应制度化的生活。我的兴趣，也正好说明自己人到中年。我已不再年轻，不再年轻了。我已经懂得了自由的真正含意。自由，是近，而非远。自由是个体，而非众人。自由是小出版社、小书店、小的新书首发式、小签售、小阅读座谈会、小聚、小开本图书、小收益、小乐趣。自由是小声，而非高调。自由是柔弱，而非刚强。

林间木屋的二层有一个平台。你买下这处房产后，自己动手，在平台上搭建出一个阳光小屋。这真是绝佳的写作环境。当然，春天夏季和秋日的多数时间，你的写作恰恰是在房前长满杂草和灌木的空地上。这是你的露天写作。猫们缠绕在你的脚边。你的午餐，一半也是猫们的午餐。太阳晒得打字机过一会就要卡壳儿。那些天马行空自由自在的文字，沾染着草木清香，源源不断从打字机上方跳跃出来，呼吸着强烈的阳光，它们也不再阴郁，它们不乏伤感，却饱含着幽默和欢乐。甜甜的忧伤，这是你作品的一个中文名字。原先译者的翻译是"忧郁美"和"美丽的忧伤"，我觉得都不够味儿。最后，挖空心思琢磨出这么一个。"甜甜的忧伤"啊，我时常为这个书名自得其乐。

我两次来这里找过你。三年前，你已经离开了十一年。那天飘落着细雨。冬天的雨，把寒冷嵌入骨髓。我甚至就连你那些心爱的猫们都没有见到。据说房子有了新主人，但这季节的寒冷，也不知将新主人驱赶到别处什么地方。只见到杂草丛中隐藏一个头戴黑帽身穿红衣的陶制玩偶。他嘴唇肥厚，一个哈哈笑的表情，让他嘴角咧到了耳根。这回我又来看你。秋日最后的阳光，在那天照耀出夏季的火热。房子里似乎有人从窗口闪过。隔着栅栏看半天，并没有人，似乎那年被寒冷逼走的主人没有回还。还是见不到你那些心爱的猫们。我甚至怀疑，那些猫已经被你带走了，他们正趴在蹲在你墓地的坟池上，安安静静，乖巧可人，望眼欲穿，他们如同面对苍穹观想，已经修炼成高深莫测的哲学家。那个黑帽红衣的彩绘陶人，依然故我，在老地方哈哈大笑。我甚至可以确认，那是你和妻子的遗物。

二

尊敬的赫拉巴尔先生，现在金虎酒家已经因为你，因为当年美国总统克林顿访问波兰，来这里拜望你，而名扬天下。每个下午，酒家开张以后，都有来自五湖四海的游客涌入这里。他们全是慕名而来。酒桌上的语言五花八门。店堂侧面墙壁上，挂着你的头像油画。正面墙壁上，高高摆放着你的一个雕塑半胸像。我向来对头像胸像雕塑感觉怪异，怎么看都脱不出自己的怪异感受，我觉得这起源于人类的原始祭祀，把死去的族长脑袋连同脖子切下来，把敌人的头颅切下来，供奉，祭奠。所有的写实雕塑，人或动物，我都喜欢完整的，全须全尾。

金虎酒家你当年固定的座位上方，也挂着捷克、美国两国总统与你一起喝酒的照片。我知道那幅照片并非在你固定的酒桌上拍摄。你的固定酒桌在店面尽头一个小套间里，正对着厕所门口。当年两位总统到来，你们是在宽敞的店面里坐着，而那个小小套间里，塞满了警卫安保……赫拉巴尔先生，今天世界究竟发生了什么事情？怎么会如此喧嚣？以致我们根本无法面对自己，无法安静下来哪怕对着流云发呆片刻。你在十多年前离开的时候，甚至更早些年，已经感受到这世界的喧嚣。人类发展，也并不一定意味着文明进步。老子说"知止不殆，可以久长"，联系历史和现实，意思深刻。现在金虎酒家，多数老顾客已经散落于城市其他酒家。布拉格老城居民，也大多搬迁到城市的边缘街区。老城街巷中，从上午到深夜，人流如织，车马如潮，不断地，不断

地,一波一波地冲刷着光可鉴人的石钉路面。导游们无精打采举
着小旗,手持扩音喇叭,身后尾随一群一群游客。他们张大着嘴
巴,嚅动着嘴唇,此起彼伏发出各种鸣叫,如同从草原走牧到城
市,正在赶往屠宰场的绵羊。几乎所有建筑都用作了旅店,用作
了酒家,用作了赌场,用作了服装店,用作了咖啡厅,用作了商
业画廊,用作了旅游纪念品商铺,用作了银行,用作了外币兑换,
用作什么什么公司,用作什么什么办事处,甚至有些建筑物的地
下室,也用作脱衣舞厅。那些古老的小广场四周,汽车停靠得满
满当当。在布拉格老城街巷里,我想拍几张照片,就得早早出门,
否则只能拍摄那些巴洛克和哥特建筑的顶部。正午的街景,在照
片下部,不是路面,而是被取景框切得只剩了上半部的一层人头。
一个社会,全面科技经济,一味发展,一味市场,结果只能这个
样子。一个城市里满是游客,或者说,把这城市固有的生活转让
给游客,这个城市的灵魂就不那么分明了,就死了,就变成了化
石,它就在原地自我微缩,变成了模型。我在捷克所到之处,尤
其是旅游胜地克鲁姆洛夫小城,国际上几大电影节所在地之一卡
罗维发利,无不若此,城镇白天喧哗,入夜冷清。去年,我在中
国,到西藏,到湘西凤凰小城,同样感受到喧嚣。啊,喧嚣,无
处不在的喧嚣。还有北京的南锣鼓巷、琉璃厂,我就不明白,这
种作用于旅游观光的虚伪民俗和俗而不古的东西有多大意思?我
也不知道拿什么好办法可以阻止这样的破坏。也许我表现得杞人
忧天了。我能阻止地球的自转吗?我能阻止时光的流逝吗?《过
于喧嚣的孤独》里那个主人公汉嘉,当他面对着装帧精美、饱含
思想和哲理的书籍被毁灭时,当他的孤独同周遭与日俱增的喧嚣
不能共存时,他选择了与美好事物一同毁灭。也许在毁灭中还能
求得永生?其实,永生也是虚妄。不识时务者,唯求得安宁。不

识时务者，在我的眼中，才真正是风骨之人。是的，我们所谈这一切，还仅仅是人类表面现象的一个方面。那么，深层呢？深层是什么？天机不可泄露。我感到害怕，感到寒冷。中国的周作人看到了这一点，沈从文也认识到这一点。你的思想，却不是说出来的，而是用细节拼贴出来。你们前总统、剧作家哈维尔先生善于表述，他说得非常清晰，他说："庞大的跨国公司就如同一个社会主义国家。工业化、集中化、专业化、垄断化、自动化、计算机化，这些让工作失去了个性与意义，越来越严重。这样的体制操控着人们的生活，与专制体制相比，不那么显眼，但异化问题正是在资本主义的制度下提出。资本主义自由社会，不能改变根本现状。人应该作为人与企业发生关系，才有意义。不要过那种标准化消费化的生活。一个多样性的体制和一个令人厌恶的沉闷的体制，都面临生活的深深的空虚。"因此，这就是文学还应该存在的原由，作家们还要写作还要说话的原由，哪怕他自言自语，根本没有人听他。只要语言没有止息，人性没有止息，只要一个事物还有它的多面，写作就会存在。真实的优美的文学存在，文化便得以延续。而文化延续，是要给人心的生活带来饱满和尊严。也许，以往喧嚣的声音变了，喧嚣的本质可没有变，所有的反抗变成了对金钱的唯一追求。人类的孤独啊，它将永在。

三

　　赫拉巴尔先生，我这是第二次来到捷克。在布拉格居住写作一个月。我不懂外语，既不懂捷克语，也不懂英语。况且，我是一个人独自前来居住。除了当地几位朋友熟人，其他完全陌生。翻译家苏珊娜·李经常过来帮助我，为我义务充当翻译，另外除了华人朋友的见面，整天整天我不说一句话，也不听一句话，因为我既不会说，也不能听。在这种滑稽可笑状态中，在你那"过于喧嚣的孤独"中，我能自己到商场购买日用、衣服和食品，能独自下馆子酒家用餐，能乘坐地铁公交，能到城市各处闲逛，能去剧院购票看戏，能到博物馆、美术馆观摩展品，唯有那些中国汉唐陶俑、北齐残佛和高古玉琮，可以与我神秘交流。甚至，从一些三千年前的琉璃珠子和玛瑙珠子，我联想到中西交通或早在商周时期就已经热闹了，大路小道上熙熙攘攘。中西交通恐怕也并非随着时代向前拓展进步，后来的所谓文明，各自束缚，相互对抗，路途间地区的战乱、封锁、瘟疫，都会造成不同文化的长久阻隔……当然，我还能到洗衣店送洗，能进赌场耍牌，能去书店购买外文图书资料，能打开电视看看新闻、旁观色情电话热线、听听古典音乐会。我可不是你的汉嘉。我当不了汉嘉。我没有他的勇气，更没有他的专注。我的住处有台滚筒洗衣机，上面按键的英文我只能认出"开始"和"停止"。这多像人的一生，简单至极，不过就是开始，然后，结束。世界亦如此。我没有外语词典，只好用网络翻译软件艰难查询。我的洗衣机除了"开始"和"停止"，它还有：旋转、熨烫、减少时间、选择、冲洗、洗、抗皱……怪，我越来越觉得人生无处不在。

我住在布拉格1区，也就是俗话说的老城区。具体地址是：安奈斯卡街13号，也是布拉格1区第220栋房子。我的住处是一栋三层涂满明黄色的小楼，距离闻名世界的伏尔塔瓦河查理大桥，西向步行顶多三分钟。如果顺着小巷往西，越过沿河大街，正对就是如同抱病坐在河边望着自己脚下发愁的斯梅塔纳铜像。

打开一扇绿门，进楼，经过一条狭窄走道，是天井。白墙上遍布墨绿的爬山虎。天井上方遮了一层纱网，这是用做什么的？

防范野猫或飞檐走壁的大盗？要么就是老房子的屋顶会有瓦片滑落？我房间在三层，有木板的旋转楼梯通向那里。这楼梯终日听不到几声响动。我有卧室兼写作间，有敞开式的餐厅厨房，有大客厅，有洗浴间和厕所。我楼下住一户老居民。他对外来人，态度永远冷漠。我隔壁据说是一位著名的摇滚音乐家和他妻子。可是我从未见到这位音乐家，都说他的知名度相当于我们国家的崔健。我的顶上还有阁楼，看样子像是访问学者或外国来的高级进修生。老建筑房间里不允许吸烟。廊子上摆了两把化纤编织的椅子和一个茶几。那烟灰缸总有尚未熄灭的烟屁股，地上常有几只空空的啤酒瓶。可是非常奇怪，一个月，我从未遇见在这里吸烟饮酒的人。难道我房门一有响动，廊子上的那人即如鬼魂消失？

　　这石木结构的房子年代古老，修建于 1671 年。在中国，那是清康熙十年。那一年，康熙的政治清明，不是赈灾，就是免除额赋。那一年，朝鲜因饥荒，死人无数。日本禁烈酒。在俄罗斯，哥萨克起义失败。靠近捷克的，有匈牙利贵族在日耳曼参与造反，结果遭到镇压，日耳曼军队由此长期驻扎匈牙利……天灾人祸，天道不仁慈，这个世界从来就没有太平过。

　　我刚刚住进安奈斯卡小巷那天深夜，因为时差，我的生物钟是北京早上 8 点。起床撩开窗帘，安奈斯卡小巷路灯的黄光自下而上蔼蔼照亮着对面的老楼，好像我窗下装置着一个大大的壁炉。我脑袋的剪影，被我屋里的灯光放大映在对面楼房的墙上。对面楼房也是三层，近得似乎伸手可触。它的一排窗子漆黑，没有窗帘。仔细看，隐约发现室内有细微的亮光荧荧闪动，是房间另一面窗户透入的那边庭院里的白炽灯。探头出去，小巷的石钉路面反着油光。天上有一颗星星，在这两排老楼的夹缝中，显出一副瘦弱样子。

在这原木地板铺就的几间屋子里,我如困兽乱转,消磨时间。我不知道为什么,只要在房间里快步走动,脑袋就会一阵晕眩。我想这可麻烦了,难道我的血压异常?难道我的脑血管出了问题?经过反复测试,原来房屋因为年久陆沉,室内地面发生倾斜,形成明显的坡度。我在室内,步履时有蹒跚跋涉,如同西绪弗斯登山。时有轻快小跑,好像古人行走到大地边缘,就要冲破墙体坠落到楼下。脚步的情绪极其夸张而不稳定。我仔仔细细窥探这房屋里的一切陈设。若没有三面墙上挂着的抽象油画,我觉得怎么看,这都像某位古典小说家或古典作曲家的故居。

房厅陈列着一架老式缝纫机。面板上是一个古旧的长方形木质茶托。移开茶托,原来它是用来遮盖机头盒的。这是一架没有机头的缝纫机空架子,就连脚下踏板和转轮间的皮带也没有,纯粹是废物利用的摆设。我还好奇那架子下吊挂的小抽屉,想看看里面的针头线脑。结果,"咣"的一声巨响,那木质沉重的小抽屉在我碰到它的瞬间,脱落砸在地板上。空的,什么都没有。刚才那声巨响,可把我吓毛了,半天恐惧得回不过神来。这巨响似乎持续了漫长时间,余音不绝,震动了安奈斯卡小巷,并且在这黎明前清冽的空气里,传播到很远,惊醒了布拉格老城的睡梦。

四

尊敬的赫拉巴尔先生,我童年在乡村生活,黎明总要听到鸡叫。布拉格的黎明,只有巷子里远远传来装卸啤酒桶的滚地雷鸣。

这个城市每天消耗多少啤酒?它们又将变成多少升多少桶尿液?我真佩服布拉格的排污系统,具体说,是城市的排尿系统。你们不分男女,全都饮酒。我们中国女人,在饭桌上,酒吧里，几乎百分之九十会说："我不喝酒。"而捷克，在布拉格，女人只要坐到酒家餐厅，啤酒红酒白葡萄酒甚至带点劲儿的什么白酒，全来。我在想，中国女人是否生理上有什么特殊性？我也想到，酒，它能唤起人的个性，能让每一个人在那一刻回到自我。这就涉及了道德和风俗。表面看，中国女性情感保守。保守也是外在，用含蓄描摹她们，比较准确。我们的女人，有味儿，当然不是一种味道的味儿，更不是胡臭。假如你到中国，还望多多包涵。我们能陪你喝点儿的女人，有，但更多是些傻喝狂喝海喝往死里喝的男子。我们男人在酒桌上，个个豪气冲天，谁也不服谁，声音一个高过一个，谁也压不倒谁，数十年的千万压抑，全都在那么小的酒盅里释放出来。据说你算是能喝好喝的，可你那些同我喝过的酒友，他们足以证明我的酒量和酒胆。其实我在中国，根本算不上一个饮者。我们男人容易张扬，而我们的女人比较低调。张扬并非刚强，低调也不是柔弱。我们有财神，有灶王神。你们有酒神，有诗神，有爱神。咱们实在是两码事。这次出门，我随便带了本我们宋朝人的《东京梦华录》。一路上读读，无一处不同饮食发生联系。我们出土的上古文物，也多为饮馔器皿。扯远了。比较而言，我更接受你们那里喝酒的空气。友好，相互倾听，笑，或者哭。紧盯着自己酒杯，沉醉地微微摇头，搞不清这表情是赞同还是反对，如同伏尔塔瓦河，平静流淌，如果没有人为造作，没有自然的疯狂，这条河水，简直不会发出一点声响，没有任何波澜。这大概能够概括你们的民族吧，无从驯服的柔弱，并且从这柔弱之中，滋生出幽默和创造。

我从电脑屏幕上抬眼站起来，撩开窗帘，天亮了。披上外套，逐一打开双层窗户。这真是一个清新的早晨。天空还有浅浅的月色。嫩黄的太阳从我这一边窗玻璃，反光到对面楼房的墙上，是许多窗的明亮影子。远近教堂，钟声正在敲响。每一声钟鸣，都敲进老城街巷中床铺上的人和我这个写作者的脑子里。我对如此凌乱的钟声，感到措手不及，我想用头脑将它们的每一个音调单独剥离出来，储存起来，留作标本，供自己好好分析。可是，我的头脑根本就不能招架这弥漫在空气里一波一波的声响，它们来自上帝的天堂。

钟声过后，仿古煤气路灯的钨丝渐渐熄灭。巷子里门响。然后，不知道从哪个古老的门洞出来一个拖着大箱包的人，急匆匆，哗哗啦啦走远，消失在小巷弯曲的尽头。扫街的吸尘小车开始哮喘。本地人心事重重地走过。石块石钉路面，尤其让年轻女人的高跟鞋不能施展，她们只能紧盯路面，在20厘米宽的长条石块路牙上行走，似乎怀着隐情。架着单拐或双拐的老人，夫妻双双，相携而行。这样的道路，让人不得不低头思索。

窗沿下的小巷，整个白天，游客也不多。即便吵吵嚷嚷来一大群，也多是转晕了迷途的羔羊。或者，导游将游客从伏尔塔瓦河右岸大道引过来，有意择路而行。原本要通过克洛瓦街到老城广场。克洛瓦街拥挤不堪，鞋子都要被踩掉。旁边的安奈斯卡小巷，除了每天放学的孩子，总是安宁。只有挖掘路面的小型碎石机和铲车能够打碎这安宁。有一个多星期，从上午到下午，安奈斯卡小巷被下水管道或电缆维修工程骚扰，终日嘈杂。机械停止运作，改为人工作业，两个工人一点一点干着。他们小心翼翼的样子，如同考古的田野试掘。过了几天，那个好似墓穴的土坑已经有一米多深。我每回走进安奈斯卡小巷，远远就见到地面上两颗人头晃动。走近看，这两个工人停下手头工作，正在轻声争辩。他们双方的语气舒缓，疲惫，无奈。我站在上面看他们，看了半天，他们就一直那么软软争辩着。我设想，他们正商量着谁把谁安葬在这个坑里。

五

尊敬的赫拉巴尔先生，我在布拉格居住了一个月。我住在老城中心。许多日子，我就是徒步，完全没有目的，也毫无目标。开始，我背着包，手里拿着地图和照相机。后来，相机、地图都放进背包里。再后来，背包、手表、相机都丢在住处，兜里只有地图、钱包、护照。东，我走到火车总站，国家歌剧院。南，走过了维申赫拉德，伏尔塔瓦河两岸已是郁郁葱葱的树林和灌木。西，我越过城堡。北，顺着伏尔塔瓦河到了圣萨尔瓦多教堂。我狂走，我慢行，有时也坐在草地上石阶上休息，如同交响乐的几个乐章，节奏快中慢，松紧有度。布拉格老城的街巷，我走过无数回。现在闭上眼睛，还能熟悉地默走那些迷宫一般的小巷子。我走得苦不堪言，走得自己老毛病都犯了，最后只能躺倒遐想。

我还记得，卡若里奈街一家老酒馆。一个年轻人他已经醉了。阳光从窗子上的排风扇那里照进来，室内青烟的光柱旋转曼舞。黄颜色墙面挂着老旧的油画和记账的小黑板，还贴着几张旧招贴。望望头顶斑驳的天花板，恍惚我这是置身在古巴哈瓦那。这年轻人趴在酒桌上，不出声说话，他说给嘴里吐出的香烟听。不久，他笑了，双手撑住桌子直起身，继续喝酒。紧接着，他莫名地兴奋起来，开始双手在酒桌的边沿敲打。假如这时酒家能放上一曲钢琴独奏，衬托出的一定是位大师级的钢琴演奏家。

我还记得，住处楼下的一家老古玩店。上回来，我住在这家古玩店隔壁的帝王酒店。我推门进去。门铃叮咚一响，老板从昏暗的里间出来。我比划着问他还认识我吗？我买过他的东西，一只百年的狗熊小木雕。他不记得。我还帮他鉴定过一个中国春宫画册页。他还是不记得。我说那是三年前的事情。我掏出他店铺的名片。他态度热情地说，三年前，那是他的父亲。我说你们很像，脸，眼睛，鼻子，白胡须，完全是一个人。他说是的。古玩店，尤其这种老古玩店，店面凌乱，幻觉是到处布满了蜘蛛网。店主都故作老气横秋。这些都是某种信誉的象征。

　　我还记得，这次又到你的家乡河畔小城宁布尔克。上次开车。这回乘火车。老旧列车刹车时刺耳的金属声响，让我一下子回到自己的童年。那些胶东半岛冷清的小小车站，黄色的拉毛墙面。总也不会有列车停靠。离家多年的人，总也不见回来。宁布尔克，真是一座"时光静止的小城"。中心教堂是最高建筑。街巷都是平房。小广场中央有避瘟柱。雕像圣人的头顶和手掌总有鸽子睡觉。圣贤脑袋上被鸟粪污染。广场周边的房子多为三两层。车辆停靠在街边，好像周末幼儿园里被孩子们忘记的玩具。天黑了，民居的窗子遮掩着白色纱帘，隐约透出闪闪烁烁的蓝光，忽明忽暗。我想这里人们的生活是节俭的，看电视都要关灯。天黑以后的印象当然不是宁布尔克，因为我在黄昏时分已经乘上返回布拉格的列车。天黑的印象是捷克南部小城布热茨拉夫。我想，宁布尔克小城与布热茨拉夫没有什么差别。什么叫"时光静止"？青年出走远方。老者蹒跚归家。昼夜少见行人，更没有游客到来。河面上野鸭独自打转。一辆小车从街巷悄悄开出，它在街口停顿一下，似乎犹豫往左还是往右，然后，猛然加油，转弯，声音尖利地跑远。我这回重返宁布尔克，无意中找到你家的另一个房子。我没有进入啤酒厂大门。在大门外酒家的遮阳棚下，十几位小城的老酒友一边对瓶吹着酒，一边拉起手风琴歌唱。他们苍老的歌声嘶哑。这甜甜的忧伤啊。雨后斜阳，鲜亮地映在他们每一张面孔上，仿佛彩色图片拍摄，设置得过于鲜明。

赫拉巴尔先生，我的记忆和你很像，零碎之极。我记得自己为了换换口味，有时晚饭到民族大街与斯帕莱纳大街交会处超市附近一条小巷的越南餐馆。捷克的越南人真多，完全可以称得上是一个社会。到处都是越南人开设的餐厅、小商铺、水果摊。这家越南餐厅的名字叫松拉姆。感觉像个西藏名字。松拉姆，藏语是仨女神。我没有见到。我喜欢吃松拉姆的牛肉汤米粉。餐厅的泡蒜片最开胃。奇怪的是，我每次等待米粉小菜端来的时候，店堂里就要播放音乐，总是那首西班牙作曲家罗德里格的吉他协奏曲《阿兰胡埃斯》第二乐章慢板。这是我喜欢的音乐。罗德里格创作这部作品的时候，他的祖国正在内战中。音乐里都是他客居巴黎回忆中甜甜的忧伤。

吃完米粉，往回走，粉尘样的细雨开始不停地飘落。巷子里路面终日都湿着。寒冷的冬天就要来了。

天色阴晦。我对面楼房窗子里整日亮着灯光，可是我从未见到窗子里有人。夜里黑着，周末也没有亮灯。仔细看，好像一个神秘的档案文件室。一排排铁架子。一排排文件袋。

细雨绵绵。我站到廊子上抽袋烟。天井里响着雨漏的水滴声。这时，屋顶的一块铁皮轻轻颤动。赫拉巴尔先生，一只硕大苍老的黄猫来了。它忧伤地盯住我，态度严肃，充满怀疑。

我想等到下午雨停，再出门去卡瓦拿酒家喝上两杯。最好的阳光，果然在下午越过屋顶照耀到天井。我来的时候，爬山虎是碧绿的，现在已是满墙金黄。我听到从屋顶传来巷子里游客的喧哗。天上，一架民航班机轰鸣而过。临时，我又不想出门了。

天色很快暗下来。我穿好外套。正要开门的时候，我关掉所有电灯，整个屋子顿时沉入到黑暗里。一切静下来。我要设想一下自己离开以后，这房屋里面的感觉。这才发现房间里居然似有若无地发出一种奇怪的嚓嚓声。我顺着声音发出的大体方向寻找，最后在餐厅通向客厅的门洞上方，找见了一个电子表挂盘。时针刚好指在六点。老城广场的钟声敲响了。

　　赫拉巴尔先生，你可听到？

阿加莎谋杀了尼罗河

宁肯

阿加莎·克里斯蒂住过的酒店在阿斯旺享有盛名，据说住一晚她住过的房间比住一晚总统套房还贵，听到这个消息我一点也不觉得过分，一个小说家享有这样的荣耀我认为自然而然。当游人熙熙攘攘跳上甲板，当游船像当年的电影那样鸣着笛驶离码头，当酒店渐渐消失在岸上，我觉得一切都开始混淆，所有的乘客都是电影中的乘客，真实场景与影像场景重合，甚至事实上真实确凿的尼罗河反退居为电影的背景，我走在几乎是电影中的船梯上，无法不既戏谑又当真地想："会不会真的发生一次惨案？""房间安全吗？""甲板安全吗？"特别是对于中国人，《尼罗河惨案》似乎具有特殊意义，封闭许多年之后，它是最早引进的一部西方电影，如果说它让当时中国人目瞪口呆有些夸张的话，那么每个观众都受到强烈的视觉与语言的冲击绝对是真的。许多人看过何止一遍两遍三遍，台词口口相传，以至随时脱口而出，比如最经典的台词："该收场了！我赫卡尔·波洛现在很清楚地知道是谁杀死了道尔太太……""如果她睡不着觉，如果她走出船舱，如果她看见凶手……""无声就是默许。""不！比利时人。""女人最大的心愿就是让人爱她。"

许多年前我几近神经质地重复着这些台词，我觉得这些台词智慧，幽默，人性十足，完全是另一套语言系统。而就在不久前的一两年，我的脑子还充斥着大量样板戏的台词："天王盖地虎，宝塔镇河妖，莫哈莫哈，正晌午时说话谁也没有家！""脸红什么？精神焕发！怎么又黄了？防冷涂的蜡！"那时这就是我们的精神食粮，就是我们的大脑构成，所以当真正的艺术引进来是多么惊心动魄，大概从那时我决心做一名说人话的作家、使人变得像人的作家（当然不只《尼罗河惨案》使我获此认识）。但我绝没想到有一天我会像电影中的游客那样踏上尼罗河的游船。我要在河上航行三天，三天真的什么事都可能发生，我住的房间窗下即河水，几乎伸手可及，如果真有什么情况我会跳窗逃走，我会的，但如果我要行凶……整个行程我时常处于或明或暗的神神经经的幻象之中。这种行程异常美妙，因为世界几乎是双重的，现实即电影，电影即现实。窗外景色宜人，风光无限，尼罗河阔大，平静，缓慢而不动声色，岸上高大的油枣树绿意浓浓，但越过它们便是沙漠、荒丘、无人居住的古堡，但这是电影还是实景？我经常感到恍惚，我在餐厅用餐，穿过过道，路过某人房间，上到甲板上，甲板上有躺椅、藤椅和藤桌，夕阳西下，河水被染成红色，甲板上休闲的人也变成了红色……我在想"惨案"的另一种可能性：也许根本没有凶手，但死亡却仍不断来临？而且是整船的死亡……

　　三天的尼罗河航行，不断下船参观，看了菲莱岛菲莱庙，方尖碑，拉美西斯二世神庙，埃德夫神庙，国王谷，哈特谢普苏特女王庙，哭泣的门农神像，最后是埃及也是世界上最大的神庙群卡尔耐克神庙和卢克索神庙。尽管一路饱览尼罗河两岸六千年的人类文明遗产，与阿加莎·克里斯蒂也总算拉开了距离，甚至也在想埃及的文明究竟是一种怎样的文明？这应该是一个历史学家想的事，但是到了气势恢弘、气象万千的卢克索神庙群，我再次掉进了克里斯蒂的圈套。电影中一个颇具异国风光的场景就发生在卢克索神庙群，我看到电影中那块柱顶的巨石怎样神秘松动、滚下以及落地，并发出巨大的吓死人的声响。我的同行克里斯蒂是多么会选择谋杀的地点，这在电影中不过是一个枝节，但却给电影或小说带来了怎样的观赏性？以致当我真的来到了卢克索，观赏和凭吊古文明倒成了其次，回忆电影中的场景才成为主要。某种意义，我们必须警惕阿加莎·克里斯蒂了，如果说阿加莎·克里斯蒂使尼罗河名声远扬，那么是否在另一种意义上也"谋杀"了尼罗河？

寻找和死神下棋的人

蓝蓝

教堂与墓地

车是从哥特兰大学一位韩国籍老师那里借来的。一大早，五位诗人离开维斯比，开车的是特罗斯特朗姆的中文译者、诗人李笠。穿过有些荒凉的哥特兰岛，路过围着栅栏的牧场，我们在几乎很少见到人的公路上飞驰，两小时后，就到了哥特兰北部波罗的海的海边。

对面的小岛就是法罗，也称为"羊岛"，在维斯比古老的石头城门旁，我们已经见到过像守护神兽一样石头雕刻的羊。巨大的漆成黄色的渡轮，慢慢把我们连同车子一起运到了对岸。

——伯格曼，你藏在这里的什么地方？

一边是波罗的海蔚蓝的波光、一边是渺无人烟的荒滩乱石，我们要走很远才能遇到一个人，打听着如何找到伯格曼的故居。终于，一座小教堂矗立在我们的面前。红色的屋顶，雪白的墙体，灰黑色的尖顶钟楼——它让我想起伯格曼的父亲，那位冷酷的完美主义牧师父亲，当初是如何扇儿子的耳光。事实上，在没有写这篇文字的三年前，我已经为这次寻访写了一首诗，那时我并不知道我还要再回一趟法罗岛，在电脑前，在记忆里。

一个穿黑衣的老妇在静悄悄的教堂里祈祷，见我们进来，她默默站起身走出去。和北欧其他的乡村教堂一样，这里有着朴素肃穆的氛围，壁画和雕塑上的圣父圣母低头俯视着人间。就是在天堂的他们，也曾经盯视着四岁的伯格曼如何在哥哥的怂恿下，企图杀死占据了父母宠爱的小妹妹；也是他们，看着这个桀骜不驯的小家伙如何在父母为一场婚外情大打出手时，跪下来向上帝祈祷。"像许多常上教堂的人一样，我一坐在圣坛前就迷失了方向……现实和幻想汇合成了通俗的神话故事。罪犯看着大腹便便的圣母，看着等待在各个角落中的灾难，看着圣母身后的阴影！"——这阴影依然笼罩着伯格曼晚年的书桌。

教堂的后面是一片簇拥着鲜花的墓地。有两个篮球场那么大，到处是低矮的墓碑和十字架。我没有想到，寻找伯格曼恰恰是从他的墓地开始。在整座墓园最偏僻角落的地方，一方半个桌面大灰褐色的石头墓碑，静静地立在地上。石碑上镌刻着伯格曼和他最后一任妻子英格丽德的生卒年月，墓前种着一丛矮小的菊花，白色和紫色，中间是一株火红的天竺葵。

这寂寞又朴素的景象确实令我吃惊——但也如我所愿。三米外是一道低矮及膝的石栏，石栏外边是更为安静的牧场和树林。1918年，刚出生的伯格曼身体情况非常糟糕，一个医生对他的父母说："这个孩子会死于营养不良。"——这难道不就是"圣母身后的阴影"？

在《第七封印》中，死神对骑士说："你准备好了吗？"在《野草莓》中，埃萨克看到马车拉着的棺木里躺着的是自己："死尸慢慢从棺材里站起来。这是一个穿燕尾服的男人。"……那么，永生的上帝在哪儿？小时候的伯格曼确信不会有上帝存在，但是他"也不想受上帝的惩罚，因为圣父、包括他右边的耶稣将会注意到我会躲藏起来"。在他童年直接以威权或者"惩罚者"面目出现的父亲，给他留下了极其恐怖的印象，那个时候，上帝在哪儿？而我看到的是，伯格曼静静躺在泥土里，上帝在近旁的教堂中。

"生活是傻瓜和疯子们的舞台"

我们重新上路，拐了个弯儿，驶进郁郁葱葱的松林间的小道。

北欧的太阳透过高大的松树投下斑驳的光斑，森林里到处都是茂盛的野草，蝴蝶飞来飞去，不知名的虫子在灌木里鸣叫着。我们来到了路尽头，发现眼前依旧是无边的森林。重新退回原路，在一个三岔路口踌躇了一会，又拐向了另一条林间小路。

李笠嘟囔着，四周没有一个人影。我们只是盲目地向前开。李笠告诉我们，伯格曼两年前就在法罗岛的家里去世，他死后这里的房子再也没什么人住了。据说有人想买下这处屋子，但似乎瑞典政府还想保留。寂静得有些荒凉的森林上方，可以看到大片的云在天空移动，有时候会投下幽暗的阴影。四周的景象有些诡异，仿若伯克曼电影里的阴郁和压抑。一时间不知道为什么，大家都不再说话，沉默着，能听得到汽车轮子与沙地摩擦发出的沙沙声。

几分钟后，我们看到右前方的森林中有一处房屋，门前还晾晒着衣服。我们停下车，刚要去询问，突然，屋子里冲出一个女人，冲着我们吼叫起来。她疯狂挥舞着双手，用瑞典话愤怒地斥骂着，我们都惊呆了。李笠迅速启动汽车，飞快地驶离了这个地方，走了很远，身后依然能听到那女人不绝的嚎叫声。

"疯子！是个疯女人。"李笠说。

大家惊魂未定，只是随着车子的颠簸，猜测刚才一幕的原因。诗人王家新说："肯定是来找伯格曼的游客太多，打搅了她。"

"生活就是傻瓜和疯子的舞台。"伯格曼曾引用过这句不知出处的话。我还记得他提到自己弱智的卡尔舅舅，高大温和，经常尿裤子，被人嫌恶。但就是这个在伯格曼眼里了不起的、真正的发明家，曾成功地向瑞典皇家专利局申请到了两项发明。有一年圣诞节，伯格曼的哥哥幸运地收到了姑姑送的礼物——一架简易电影放映机。心都碎了的小伯格曼最后以自己多年积攒的一百个锡兵与哥哥成功交换。这是世界电影大师的第一部放映机，那年他八岁。正是大家眼里疯狂的舅舅卡尔，帮他重新改装幻灯片滑动夹和镜头，并在镜头里安装了凹透镜。他用去掉了感光剂的胶片画上影像，使整个放映机的性能焕然一新。"他像一只大狗一样富于献身精神，忠厚老实，温和善良。"这位和伯格曼有着深厚感情的人最后孤零零被撞死在铁轨中间。如果说，父亲、哥哥的殴打、母亲的冷漠使伯格曼充满对世界和上帝的怀疑，那么，一个温和的外祖母和一个疯舅舅却使他又对人拥有了些许的信任和爱。

有位著名教育学家曾说："如果能把一个孩子人生的前七年交给我，我就能拥有他的一生。"谁说不是呢？——我童年的玩伴是村子里一个和我母亲一样大的"疯闺女"，也就是人们说的"弱智"，和卡尔舅舅一样忠厚老实，温和善良，她通晓胶东地区所有植物和昆虫的特点习性，并把这一切全部教会给了我。她和我的姥姥是我整个童年的守护神，也是最早的人生教师。

伯格曼成年后几乎都一直和安眠药打交道，曾经因为税务事件自杀，后来在精神病院进行过治疗。他性格抑郁，暴躁孤僻，在工作上对一切要求苛刻完美，却又有着最纤细的神经和洞察力。——到底谁是傻瓜，谁是智慧的疯子，伯格曼一定比任何人都清楚。

死去两年之后，他依旧住在这里

如果我们没有在树林里迷路，应该在十五分钟内我们就能到达伯格曼的旧居。但这段路我们走了一个小时还要多。

一道木板钉着的栅栏拦住了车子。栅栏上挂着的牌子提示我们，这里禁止前进。

李笠停下车，我们开始步行。因为弄不清楚栅栏后的区域是否属于私人领地，所以我们小心翼翼，不敢发出声音。越过栅栏后，几十米远便看到了一幢十多米长的木屋。屋门刷着灰蓝色的漆，很陈旧了。一辆锈迹斑斑的车停在屋子旁，野草从轮子下钻了出来。

李笠说："这就是伯格曼的旧居！"我们立刻屏住了呼吸。

这座孤独的木头房屋建在波罗的海边，距沙滩有三四十米，除了森林，周围没有别的居民。房屋的前面疏落地种植着被海风刮斜了的松树。丛生的杂草随着海风起伏——四周没有人，没有船只，什么都没有——除了海风、树、草、飞舞的蝴蝶和一望无际、深渊般的大海。海边有很多乱石，不知什么人留下了用小石头摆着的棋子——这是那盘骑士和死神下过的棋吗？

"我终于找到了我要的景色和我自己真正的家。……这完全可以称之为一见钟情，对法罗岛的感觉就是如此。"伯格曼 1965 年在为拍摄《假面》找外景地时说了上述一番话。事实上，他 1960 年拍摄《犹在镜中》时也曾在法罗拍过外景。他曾写过："我准备在法罗岛上度过余生。……我喜欢它有几个原因，首先出于直觉。伯格曼，你要的正是这种景色，它完全符合你内心深处的理想，它的外观、色彩、情调、宁静、阳光等，都符合你的理想。这里是你的安身之处。"于是，伯格曼用了将近两年多时间，建起了这座房子。

伯格曼一生有五次婚姻，在婚姻中他有过不忠和背叛，有过因此带来的愧疚和痛苦。他总共有九个子女，其中唯一一个非婚生女儿的母亲，就是女演员莉芙·乌曼。她正是在拍摄神秘的电影《假面》时和伯格曼双双坠入情网。伯格曼为她建这座房屋时，甚至没有问莉芙愿不愿意。他们相处五年后最终分手，而伯格曼在息影后一直隐居于此，直到 2007 年去世。

我们像所有崇敬他的人那样，在他的居室前拍照，在他的小放映室前留影，叹息或者唏嘘。房子的门全部锁着，我趴在硕大的窗玻璃上朝里窥望，能看到干净的木桌子、地板和电影旧海报。

在他死去两年之后，他依旧住在这里——一个还在和死神下棋的人，一个在舞台和银幕里痛苦思索的人。

以色列的现实与传说之旅

耶稣受洗的河边

第三十二届诗人大会最后一场活动是所有与会诗人前往耶稣受洗的河边，那是位于加利利湖源头的约旦河的一小段（Yadernit）。洗礼是基督教的传统仪式。这个词的希腊文（Baptisma）原意是"进入水中"。洗礼仪式的具体动作在不同的宗派里有些差异，大致上说有两种：浸和浇。前者是把受洗者放进水中，然后扶起来，基本上用于婴儿受洗。后者是把水倒在或洒向受洗者头上，有时只是施洗者在你头顶用手指弹上几滴而已，因其简便，所以老少咸宜。

多数教派倾向于认为：洗礼使人的罪恶得到上主的赦免，从而使自己重生，这是进入教会乃至得到拯救必需的规程。"洗礼"洗的是心，而不是身，而心之所以要洗，是因为它有时是不良的、污秽的，让你感到羞愧。我们每个人的心都要常洗常新。

"耶稣受洗"在其本人生涯中乃至在整个基督教历史上都是一件莫大的事。就要亲眼见到他当年受洗的地方了，我当然是特别激动。奔驰大巴车在荒野里奔驰了好一阵子，转了好几个弯。那些路几乎裸露着，两边基本上没有树，即便有，也是一些荫不蔽体的小树。而太阳，越是在荒野的上空，其光照往往越强，真可以说是白晃晃的。设想一下，两千年前，在耶稣时代，人们骑着马甚至驴子或骆驼，在那样的荒野里走了一天甚至数日之后，谁不渴望阴凉？要是能把自己放到河流里去泡一泡，更是无上的享受。

洗礼应该是一种很享受的仪式。那一段约旦河委实是一个美好的去处，岸上绿树成荫，河其实很小、很窄，但水很清、很凉。没有污染问题，哪怕这河跟"圣"无关，或者说，在以色列，那些并不神圣的河湖也没有污染问题。以色列严重缺水，对水源地的保护尤其注重，当地政府不可能像许多中国地方政府一样，为了所谓丰厚的税收等利益，在那样的河边建造污染企业。

由于导游给我们停留的时间总共只有大约一个小时，我径直来到那个关键的地方。我问过导游，那个地方是否真的是当年耶稣受洗之处。导游说不是，但肯定是在那一带。

那个点，我想把它叫做"受洗处"或"施洗处"，总觉得不合适，还不如把它叫做景点更妥当。因为到那儿去参观的人络绎不绝，虽然都显得很严肃、虔诚，但看起来还是以游客的身份和意识为主。

那个点显然被改造过，而且是现代化的，形如"迷你"港湾，筑造了多道台阶，其质地是水泥和石子，水上面的几级很粗糙，下面的还算光溜。上面台阶上三三两两坐着一些人，更多的人是在水里。或许是出于安全考虑，近岸的水里安插着两三排木桩，下水的人一律都在那些木桩之间活动。

其中有个旅行团，大部分是欧美人模样，以中老年妇女为主。有个六十岁左右的老头在给他们讲话。所有人，包括那老头，都穿着一件雪白簇新的白袍。这些人的体形都不齐莠，在宽大的白袍下，显得更加臃肿。大部分人撩着袍子，只让自己的下半身浸泡在水里"受洗"。人类总是认为自己的下半身的肮脏和罪孽大大于上半身，所以下半身更需要洗涤，连我们平常洗澡也是如此。只有少部分人勇敢地在圣水里走得更远，浸得更深，但最深的也充其量到脖子为止。大概极少有人认为，自己的头脑是肮脏有罪的。

我恍惚觉得那些木桩围成了一个圈栏，尽管那些木桩很旧、很小，也就是说，这圈栏是松散的、象征性的，但作为限制人们行动的界线，显得一点都不含糊，而且被人们普遍接受和遵守。其实，这个景点不是什么宗教场所，但来的人，尤其是下了水的人，宁愿认为自己下水就是参与了某种宗教仪式。他们在圈栏里乖乖地待着，听着那个老头的讲话。一开始我可真把他当做牧师，可是，我越看越觉得不对，问了我们的导游，原来那是他的一个同行而已。

那些人全部穿着白衣，表情又那么肃穆。在中国历史文化语境中，比如，在一个奉守传统观念的老太太看来，这一幕如同丧礼。不过，我知道，在基督教的观念世界中，白色象征纯洁，举行洗礼时是有穿白衣的要求和惯例。尽管我明白，在旅游景点，不可能有正规的仪式。但如果可能，我们还是想做得尽量逼真。一开始，我也想买一件白袍，下到水里彻底把自己洗一洗。导游说，要八十美元之巨，还说不穿白衣不准下水。我心想，如果我买了，带回中国，万一穿了，被我妈瞧见，老太太非打死我不可——她是有道理的，那多不吉利啊。为了穿十几分钟，照几张相，花近五百元人民币买那么一块薄薄的布，我还真舍不得。都说犹太人会做生意，他们为什么不采用出租的办法呢？我一边琢磨着，一边来到了水边。我发现，有些人不穿白衣，也照样下水。我就脱了鞋子，不管三七二十一，先下到水里再说。

这时，导游突然蹿出来，我还以为他要阻拦我呢。但他似乎很惊讶地跟我说，不用穿白衣也可以下水，如果要租的话，是五美元一次。这小伙子去年刚刚从旅游学校毕业，一路上拿着事先打印出来的景点介绍文字，连念都打磕巴；他说一口基布兹（Kibbutz）——集体农庄英语，比日本人的英语还让我觉得难懂。大概是抠门的主办方贪便宜，才雇用他这个实习导游的。他貌似老实，但此时让我警觉到，他跟天下导游一样，已经按照行规，在想方设法从游客口袋里掏钱了。

我没理他，既不买，也不租，就让自己的脚在水里泡泡吧，相当于让脚受了洗，而施洗的是一群小鱼，它们轮番啄弄我的脚的各个部位，一开始痒酥酥的，很舒服；可是，过了一小会儿，就痒得我直跺脚，甚至忍不住把脚从水里抽出来。我倒不至于狂妄地认为，我自己的罪止于足而已，但我坚信，光凭那么一洗，是连脚趾甲的罪都未必能洗脱的。

耶稣受洗时的满怀初衷是与神结合，但受洗后，不仅来了神，鬼也随之驾到。好在那是神的故意安排，好在耶稣知道这一点，所以他经受住了考验。其实，在我看来，无论是在洪荒宇宙，还是在酒囊饭袋，神和鬼始终是出双入对，甚至形影不离。

我不知道，那些小鱼是否是施洗者约翰投胎转世变成的，派它们来的是神还是鬼，我"受洗"后碰到的将是神还是鬼。但我可以想象，无论神还是鬼，都会穿着白袍子出现。我没穿白衣，我不是神，也不是鬼。

犹太人不放过任何挣钱的机会，在圣河与停车场之间，我们必须穿过一个市场，那是一所房子，里面摆满了琳琅满目的商

品。大部分游客在受洗之后，还是无法抵制物质的诱惑，用金钱
这个大鬼买了一个又一个小鬼——一件又一件商品。诗人梅尔
不仅买了东西，还丢了东西。我们在经过洗礼之后，必须要克
服大大小小的鬼的诱惑，才能——走向——神吗？不，只是一
辆大巴车，大巴车会把我们带往哪里？带向机场。飞机又能把
我们带往哪里？

没有蚊子的惊异和惬意

《北京青年报》2000 年 10 月 14 日曾经报道，据世界卫生
组织通报，以色列境内曾发现一百五十一例西尼罗热病人，其中
七十六人住院，十二人死亡，而传播这种病毒的，就是蚊子。为
防止"西尼罗热"入境，首都机场曾经以最严厉的方式检查从以
色列飞来的航班，封堵以色列蚊子。

说实话，被蚊子咬一口，痒痒一阵，无所谓；可怕的是蚊
子非常善于传播病毒，以色列蚊子在这一方面的表现尤为神勇而
且突出。

正是因此，以色列的灭蚊技术一直处于国际领先地位。据
说，以色列科学家找到了一种绿色灭蚊方法。他们发现：一种名
为 BTI 的细菌体内含有四至五种特殊蛋白质，对灭蚊有特效，对
人体和环境却无危害。由于 BTI 细菌无法在水里生长，以色列科
学家利用基因技术，把 BTI 细菌片断引入水中大量生长的微藻
中，可使蚊子幼虫在蚕食这种微藻时中毒死亡。

我不知道这项技术在以色列的实际生活中推广得怎么样，反
正在中国似乎还没有实际效果。其实，反过来说，道高一尺，魔
高一丈；道与魔从来相辅相成。以色列的灭蚊技术之所以这么发

达，很大程度上是因为他们的蚊子忒厉害。

也许是我对这两条消息记忆太深，在我前往以色列时，我还有一种隐隐的恐惧，我虽然不是细皮嫩肉，也非皮糙肉厚，蚊子是比较容易上口的。我虽然对蚊子没有深仇大恨，但我的修炼有限，没有到以身试蚊乃至以身侍蚊的境界。

当主办方告知我说，我们的宾馆就在地中海边上时，我的恐惧就更深了。因为我曾听说，地中海的蚊子像饿狼一样，猛扑狠咬，又像幽灵，来无影去无踪。被它们叮过的地方痒痛难忍，风油精这样的利器往往没什么效果。

9月3日下午，我抵达位于特拉维夫卫星城之一内塔亚镇郊外的宾馆报到后，发现地中海就在眼前——不——脚下，海岸与宾馆之间，只隔着一条马路，海岸上草木尽管不能说繁盛，但也相当丰茂。9月初，在那里，还是夏天，白天平均最高气温都在35℃以上，水泥马路上最高可接近40℃。我心想，这样的时间、地点，晚上免不了要跟蚊子展开大战，得早做防备。

下午出门时，我就把阳台的门关得严严实实的，生怕蚊子进房间。晚上睡觉时，虽然我明知海风摇着小扇子轻轻吹拂，海浪唱着摇篮曲来催眠，是多么大的享受！这个号称"豪华"的宾馆其设施类似于国内的两星级，空间小，设备旧，甚至缺乏，比如没有台灯，只有一个插座，以至于相机、手机、电脑等只能轮换充电，后半夜还得起来，否则第二天肯定有某一样电器用不了。不过，论海景，这宾馆也确实"豪华"。人生有几次能这么近地享受地中海如此的美声美色呢？可是，我只能把自己关在两星级的屋内，而把"豪华"关在门外，就好像可人儿到了我门口，我却莫名其妙地不给她开门，或者，我到了意中人的窗口，她却故意紧闭着窗户。而我之所以不敢迎入地中海这个"美"人，仅仅因为我害怕蚊子！

海浪均匀而温柔的节拍肯定是最好的催眠师，但他被我关在门外了啊。屋子里还是挺热，我只好打开空调。空调也是最简陋的那种，声音很大，头两天晚上我没怎么睡觉，很大程度上是因为空调的吵闹盖过了海浪的催眠，本来能睡也很难入睡。

第三天，我回宾馆稍微早了点，屋子里还留着大量白天笼在里面的热气，我一边让空调在里面吹着，一边走到阳台上。当然，我没有忘记急忙关门，生怕蚊子趁机窜到屋里去。阳台上有一张躺椅，我半躺着养神，此时的海风已经由热变凉，脚下的路灯（我的房间在三层）颇亮，但并不耀眼，倒是有几分妩媚和温和。但我终究没有很好地欣赏或玩味的心情。相反，我很紧张。从远处飞来的任何一道阴影（其实都是我自己的幻象）都让我仿佛觉得那是一群群轰炸机，正在乘风破浪，向我奔袭而来。我急盼着屋子里的空气能早点换好，我能早点逃到屋里去。

可是，一分钟、两分钟、五分钟、十分钟、半小时、一小时，没有一架轰炸机真正到来，连声音都没有听到！我渐渐放松警惕，而身心一放松，睡虫很快就爬上了眼皮。

我转到床上。屋子里已经很凉快。我已经沉溺于海浪的歌声，怎能离弃？在预感到没有蚊子的威胁后，我让阳台的门开着，那一夜，一直开着。果然，没有一只蚊子来偷袭。以色列，地中海边，居然没有蚊子！这一发现着实让我惊诧。第二天，我问住我隔壁的人。他们说，他们也发现这一奇妙的现象。

后面几晚，我如法炮制，从阳台到屋内，从躺椅到床，都先是尽情享受地中海的涛声，然后才心甘情愿、踏踏实实地入睡。

地中海是我多年来梦寐以求的大美女。在我想当然自以为有

蚊子威胁的情况下，我不敢跟她亲近；在蚊子威胁解除后，我跟
她亲近了，但也只局限于耳听目视。夜幕苍穹下，她的深褐色的
双眸也总是盯着我，发出点点亮光，让我煞是怅惘："帝子降兮
北渚，目眇眇兮愁予。"（屈原《湘夫人》）我跟她每天晚上都是
那么默默相望，目接心许，可是还一直没有肌肤之亲。这主要是
因为会务安排特别紧张，早上一般很早就出发，夜里一般很晚才
回来。

9月8日早晨，我被一个短信吵醒，突然想到：今天是我在
以色列的最后一天了，是我跟地中海之间建立情缘的最后机会了。
我一定要大胆走出这一步。于是，我以最快速度，穿上泳裤，披
上浴巾，直接就冲到了大门外，穿过马路，是一道高高的堤坝，
有铁丝网，还不能直接下去，我绕着穿过一个狭长的海滨绿化带，
循着台阶走到了一片沙滩上，可以想象，那里白天肯定有很多人
游泳、晒日光浴。

我径直冲向爱人的怀抱。这是我跟地中海的第一次，但觉得
是重逢，仿佛很多年前我们就有过亲密接触。她张开湿淋淋的双
臂迎着我，眨动着蔚蓝色的眼睛始终盯着我。尽管那是在很早的
早晨，但她的怀抱是那么温暖、柔和，我亲了，舔她，她是那么
恬淡、那么轻盈。我曾经下过多个大海，包括南海和太平洋，但
从未曾感到海水竟然会那么温暖、柔和，尤其跟她的小兄弟死海
相比，简直是两个极端。在我俩嬉戏一会儿之后，她的兴致来了，
她兴奋地掀起波浪，像一条条大船一样，朝我劈头盖脸地压过来，
差点让我葬身于她的酥胸。一开始，我还有点害怕，但是，我越
是害怕，她把我抱得越紧。后来，我施展冲浪术，跟她慢慢周旋，
我放松了，尽情享受那只属于我和她之间的惊心动魄的游戏。由
于时间很早，天还刚刚亮，虽然沙滩上有人在漫步或跑步，但没

有人下水。仿佛整个地中海都属于我一个人，当然，我也整个儿属于她。好一阵子之后，我俩都意犹未尽，但是，时间到了，我得上岸了，我得走了。

　　再见了，地中海，我的爱！

伯克利大学的张爱玲

一

关于我的同事张爱玲，我知道的不多。她其他的同事知道的也并不比我多。原因是她几乎从来不见她的同事，包括她的助手。

在伯克利大学，张爱玲几乎是一个隐形人。这首先与她的体形有关。因为她的体形过于瘦小，在人群中，几乎没有人注意到她的存在。台湾学者水晶说她像艾米莉·勃朗特。有一次，我和威廉（William Schaefer）坐在安德鲁（Andrew Jones）的车上，饥肠辘辘，在黄昏的车流中，向旧金山一间小啤酒馆奋勇前进。我们谈起张爱玲。安德鲁指着路边走过的一个小老太太说，如果你能见到张爱玲，她就跟她一样。一个平常的老太太，毫不引人注意。

其次，张爱玲喜欢昼伏夜出，刻意地躲开人群。据她的助手、台湾学者陈少聪介绍，张爱玲通常是在下午到办公室，等大家都下班了，她仍留在那里。大家只是偶然在幽暗的走廊一角，瞥见她一闪而过的身影。"她经常目不斜视，有时面朝着墙壁，有时朝地板。只闻窸窸窣窣一阵脚步声，廊里留下似有似无的淡淡粉香。"（陈少聪：《与张爱玲擦肩而过》，《有一道河，从中间流过》，第203

页，九歌出版社，台北，2006 年版）

　　当时的中国研究中心在校外办公，不在紧邻西门的现址。我在伯克利 Down town（下城）找到她当时的办公楼，是一座十几层的巧克力大厦，就在 Bart 车站边上，是这座朴素的小城最显赫的建筑之一，并且，据安德鲁介绍，它的显赫地位至少已经维持了二十年。我向陈少聪问询了张爱玲当年办公室的位置。中国中心早已搬到富尔顿街 2223 号（2223 Fulton Street），那里现在变成一座银行。人们进进出出，点钞机决定着每个人的幸福指数。一切迹象显示，这座大楼与张爱玲无关。

　　陈少聪与张爱玲同在一间办公室办公，只是中间隔了一层薄板。外间是助手的，张爱玲在里间。所以，张爱玲每天不可避免地要与陈少聪打一个照面，她们互相微笑一下，或者点头致意，这种最低限度的交往，是她们每天必须履行的程序。后来，她们连此也嫌麻烦。每天下午张爱玲要来的时候，陈少聪干脆及时地躲开。

　　"我尽量识相地按捺住自己，不去骚扰她的清静，但是，身为她的助理，工作上我总不能不对她有所交代。有好几次我轻轻叩门进去，张先生便立刻腼腆不安地从她的坐椅上站了起来，眯眼看着我，却又不像看见我，于是我也不自在起来。她不说话；我只好自说自话。她静静地听我嗫嗫嚅嚅语焉不详地说了一会儿，然后神思恍惚答非所问地敷衍了我几句，我恍恍惚惚懵懵懂懂地点点头，最后狼狈地落荒而逃。"（同上书，第 204 页）

二

　　1952 年，感到前途渺茫的张爱玲离开上海，只身来到深圳罗湖桥，准备从此进入香港。这里是上海到香港的陆上必经之途。

罗湖桥的桥面由粗木铺成，桥的两端分别由中英两方的军、警岗把守。香港警察把入境证拿去检查时，张爱玲和从中国一起出走的人群眼巴巴地长时间等待。在他们的焦急与无奈面前，香港警察不失时机地表现了他们的傲慢。他们若无其事地踱步，心态悠闲。有一名中国士兵见状，走到张爱玲身边，说："这些人！大热天把你们搁在这儿，不如到背阴处去站着罢。"张爱玲转头看他，那个士兵穿着皱巴巴的制服，满脸孩子气。人们客气地笑了笑，包括张爱玲在内，没人采纳他的建议。她紧紧贴在栅栏上，担心会在另一端入境时掉了队。这是张爱玲最后一次体会来自同胞的温暖（司马新：《张爱玲与赖雅》，第68页，大地出版社，台北，1996年版）。那条看不见的边界，从此把张爱玲的生命分为两截。上海公寓里的流言与传奇，在她身后，被铺天盖地的标语和口号迅速湮没。

三

　　如同默片里的人物，张爱玲很少发出声响。即使在办公室，她在与不在几乎没有区别。她把自己视做一件宝贝，秘不示人。她与外界的联系大多通过纸页进行，连电话都很少打。陈少聪说，每过几个星期，她会将一叠她做的资料卡用橡皮筋扣好，趁张爱玲不在的时候，放在她的桌上，上面加小字条。"为了体恤她的心意，我又采取了一个新的对策：每天接近她到达之时刻，我便索性避开一下，暂时溜到图书室里去找别人闲聊，直到确定她已经平安稳妥地进入了她的孤独王国之后，才回到自己的座位来。这样做完全是为了让她能够省掉应酬我的力气。""除非她主动叫我做什么，我绝不进去打搅她。结果，她一直坚持着她那贯彻始终的沉寂。在我们'共事'将近一年的日子里，张先生从来没对我有过任何吩咐或要求。我交给她的资料她后来用了没用我也不知道，因为不到一年我就离开加州了。"（陈少聪：《与张爱玲擦肩而过》，《有一道河，从中间流过》，第204、205页，九歌出版社，台北，2006年版）

对于伯克利来说，张爱玲既存在，又不存在。这也与现在没有什么不同。现在，2006年秋天，在伯克利，我可以找到她，又找不到她。她在伯克利大学两年的时间内，完成她的研究工作，并撰写了论文。但很少有人看见过她。我询问过当年在中国研究中心和东语系工作过的教授，并得到印证。1971年，张的上司陈世骧去世，张爱玲参加他的葬礼，是她在伯克利屈指可数的公开露面。但她只待了几分钟，就匆匆离去了。对于很多人而言，张爱玲只是一个名字，而不是身体。

张爱玲是一个不可救药的字条爱好者。胡兰成第一次去见张爱玲，在上海静安寺路赫德路口192号公寓6楼65室，张爱玲不见，胡只得到她从门洞里递出的一张字条。他已经很幸运了，因为张爱玲连字条都十分吝啬。近三十年后，水晶前往张爱玲在伯克利的公寓拜访，张爱玲坚持不开门，后来几次打电话，张都不接，最后允诺会给他写张字条，而字条，也终于没有来。

在美国与她书信交往最多的是庄信正，是他介绍张爱玲来伯克利大学中国研究中心就职。庄先生1966年在堪萨斯大学攻读博士学位时初识张爱玲，自1969年张爱玲迁居加州，至她辞世的二十多年间，举凡工作、搬家等重要事宜，都托由庄信正代为处理。即使如此，他们的联络也基本依靠书信维系。2006年11月，林文月先生在加州奥克兰她的山中别墅内，把庄信正刚刚在台湾《中国时报》上选发的这些书信拿给我看。分别以《清如水，明如镜的秋天》和《张爱玲与加大"中国研究中心"》为题，在2006

年9月4、5日，以及10月6日台湾《中国时报》上发表。每次几乎发表一个整版，除原信外，还配有庄先生的笺注。同时还配发了这批信的手稿照片。据庄先生透露，张爱玲使用的信纸通常是白色洋葱皮纸（onionskin），当年主要为打字机用，最后有几封信的用纸是深黄色。或许应该庆幸张爱玲的癖好，她的沉默反而使她的话语得以保留，那些信仿佛尘封已久的老唱片，使我们得以想象和重温她的声音。

四

张爱玲爱上了苦行僧一样的生活，并且因此而上瘾。锲而不舍的水晶最终成为为数不多的进入过她的居所的人，他对她生存环境的描写如下："她的起居室有如雪洞一般，墙上没有一丝装饰和照片，迎面一排落地玻璃长窗。"（水晶：《蝉——夜访张爱玲》，《替张爱玲补妆》，第14页，山东画报出版社，济南，2004年版）"张女士的起居室内，有餐桌和椅子，还有像是照相用的'强光'灯泡，唯独缺少一张书桌，这对于一个以笔墨闻世的作家来说，实在不可思议。我问起她为什么没有书桌？她回说这样方便些，有了书桌，反而显得过分正式，写不出东西来！……不过，她仍然有一张上海人所谓'夜壶箱'，西洋称之为'night table'的小桌子，立在床头。她便在这张夜壶箱上，题写那本她赠送给我的英文书《怨女》。"（水晶：《夜访张爱玲补遗》，同上书，第25页）给我印象极深的是"雪洞"的比喻，有一种尖锐的肃杀感。我不止一次路过她的公寓，在杜伦特街（Durrant Avenue）上，有时透过密集的法国梧桐，望一眼她的窗。我没有前去叩门。窗亮着，但她不在。

"第二天我去看张爱玲。她房里竟是华贵到使我不安，那陈设与家具原简单，亦不见得很值钱，但竟是无价，一种现代的新鲜明亮几乎是带刺激性的。阳台外是全上海在天际云影日色里，底下电车当当地来去。张爱玲今天穿宝蓝绸袄裤，戴了嫩黄边框的眼镜，越显得脸儿像月亮。三国时东京最繁华，刘备到孙夫人房里竟然胆怯，张爱玲房里亦像这样的有兵气。"（胡兰成：《民国女子》,《张爱胡说》，第 122 页，文汇出版社，上海，2003 年版）

是胡兰成四十多年前的话。（1958 年 12 月，定居日本的胡兰成在月刊新闻社出版《今生今世》。）像是说另一个人，也叫张爱玲。前世今生。前世的张爱玲对都市的繁华充满眷恋，而且这个都市只能是上海，不能是香港或者广州，当然，更与美国西海岸的某个遥不可及的城市无关。张爱玲自己也说："我不想出洋留学，住处我是喜欢上海。"（同上，第 136 页）在《公寓生活记趣》里，张爱玲把她对上海的眷恋如实招来："公寓是最合理想的逃世地方。厌倦了大都会的人们往往记挂着和平幽静的乡村，心心念念盼望着有一天能够告老归田，养蜂种菜，享点清福。殊不知在乡下多买半斤腊肉便要引起许多闲言闲语，而在公寓房子的最上层你就是站在窗前换衣服也不妨事！"（张爱玲：《公寓生活记趣》,《张爱玲绮语》，第 53 页，岳麓书社，1999 年版）

五

张爱玲最好的日子全部叫胡兰成带走了。他们最好的日子是在沪上的公寓里，"墙壁上一点斜阳，如梦如幻，两人像金箔银纸剪贴的人形"。（胡兰成：《民国女子》,《张爱胡说》，第 144 页，文汇出版社，上海，2003 年版）1944 年，张爱玲与胡兰成结婚，婚书上写："胡兰成张爱玲签订终身，结为夫妇，愿使岁月静好，现世安稳。"

有点像决心书，对纷乱的世道，同仇敌忾。这并不容易，何况胡兰成还是才子、流氓、帅哥、官僚、汉奸的混合体。夫妻本是同命鸟，大难临头各自飞。张爱玲却有"对人生的坚执"（同上，第137页），说："那时你变姓名，可叫张牵，又或叫张招，天涯地角有我在牵你招你。"（同上，第144页）

后来胡兰成"飞"到温州躲起来，并迅速另觅新欢。张爱玲来了。"在船上望得见温州城了，想你就在着那里，这温州城就像含有珠宝在发光。"（同上，第149页）胡兰成照例透迤周旋。张爱玲是描写心计的大师，但她却从不具备实践经验，她的努力注定失败。第二天，失望的张爱玲乘船回上海。数日后，胡兰成接到张从上海来信："那天船将开时，你回岸上去了，我一人雨中撑伞在船舷边，对着滔滔黄浪，伫立涕泣久之。"（同上，第154页）

六

"张爱玲来美国时一名不闻。全美国没人知道他。"我对安德鲁说。坐在汽车后座上的威廉插嘴："我们同张爱玲一样。"我疑惑地看他。他说："首先，因为我们在美国；第二，全美国没人知道我们。"我们大笑。

1955年秋天，张爱玲夹杂在一群难民中，乘"克利夫兰总统号"（President Cleveland），驶向一片未知的大陆。她在中国的全部影响被宣布过期作废。没有人知道这个瘦弱的中国女人身上发生过什么。凭借新罕布什尔州的麦道伟文艺营提供食宿，她度过了生命中最寒冷的冬天。她抓紧这几个月的时间进行写作，以换取稿费。不知这一境遇是否出乎张爱玲的预料，不过对此，张爱玲小说中已早有预言："人生是残酷的。看到我们缩小又缩小的、怯怯的愿望，我总觉得有无限的惨伤。"在此，她认识了她未来的丈夫、潦倒诗人赖雅（Ferdinand Reyher, 1891—1967）。他们结婚，有了一个家，并维持着最低限度的生活。至少从表面上看，他们的婚姻是令人费解的，没有人相信他们的婚姻会成功。他们的差距一目了然：张爱玲三十六岁，赖雅已六十五岁；张爱玲理财精明，赖雅花钱如流水（他曾经资助过著名的布莱希特）；张爱玲对左翼思想毫无兴趣，赖雅却是激进的社会主义者；两人的共同点只有一个：都没有固定收入。他们经济拮据到连买床单窗帘都成了奢望。但他们却始终相依为命，一直持续到赖雅去世。赖雅瘫痪在床时，是张爱玲为他伺候大小便。此时，那个患有严重洁癖的贵族小姐已经去向不明。

她可能已忘记，就在十多年前，她曾对胡兰成表达她对西方人的恶感："西洋人有一种阻隔，像月光下一只蝴蝶停在戴有白手套的手背上，真是隔得叫人难受。"（胡兰成：《民国女子》，《张爱胡说》，第131页，文汇出版社，上海，2003年版）

赖雅死后，张爱玲得到了伯克利的职务，那一年，她已四十九岁。

七

张爱玲坚持不与人交往。水晶送书给她，她退回来。张爱玲生病，陈少聪去探望，知道她不会开门，便揿了门铃，把配好的草药放在门外地上。几日后，陈少聪上班，发现自己书桌上有一个字条，是张的笔迹，压在一小瓶"香奈儿五号"香水下面，字条写着："谢谢。"胡兰成说："她是个人主义的，苏格拉底的个人主义是无依靠的，卢骚的个人主义是跋扈的，鲁迅的个人主义是凄厉的，而她的个人主义则是柔和的，明净。"（胡兰成：《评张爱玲》，《张爱胡说》，第 194 页，文汇出版社，上海，2003 年版）

她在伯克利的工作十分吃力。陈世骧认为她没有像她的前任夏济安和庄信正那样，"遵循一般学术论文的写法"，"而是简短的片段形式"（见 2006 年 10 月 6 日台湾《中国时报》），因此，她的"论文"始终难以发表。只有夏济安的弟弟夏志清极早地发现了张爱玲的才华，1961 年，他的《中国现代小说史》由耶鲁大学出版社出版，其中，为张爱玲设一专论。他写道："对于一个研究现代中国文学的人来说，张爱玲该是今日中国最优秀最重要的作家。仅以短篇小说而论，她的成就堪与英美现代女文豪如曼殊菲儿（Katherine Mansfield）、安泡特（Katherine Anne Porter）、韦尔蒂（Eudora Welty）、麦克勒斯（Carson McCullers）之流相比，有些地方，她恐怕还要高明一筹。《秧歌》在中国小说史上已经基本是本不朽之作。"夏济安在台北的《文学杂志》上翻译了这段论文，20 世纪 60 年代末期，张的小说才开始在台湾重获出版。

八

我晚于张爱玲三十七年到达伯克利大学中国研究中心，所以，我没有见到过她。如果早来三十七年，我同样不可能见到她。这样想着，心里安慰了不少。但这并没有妨碍我向她靠近。我开始寻找与她有关的蛛丝马迹，我相信这样不会打扰她。我的成果是显著的——首先，我根据庄信正发表的张爱玲信中地址按图索骥，找到了她在杜伦特街的旧居（2025 Durant Av. Apt.307/ Berkeley, CA94704）；进而，找到了她当初在旧金山的旧居，地址是布什街 645 号（645 Bush Street，SFC），这令我大喜过望。很多当地人，包括研究中国文学的安德鲁，对此一无所知（安德鲁，这位伯克利大学东语系的名教授，是张爱玲小说的英文译者），所以，当我向他透露这一点的时候，心里多少有些自鸣得意。我们开车，呼啸着，从布什街上划过。我透过后视镜往回看，有两个陌生的外地人，就站在那由于红色公寓楼的门前，揿响门铃。他们身边的地上，放着大大小小数件行李。女人是中国人，身材纤细；男人是白人，行动迟缓，老，而且胖。

　　1959 年 4 月，张爱玲和丈夫赖雅乘廉价的"灰狗"巴士（Greyhound Bus），自洛杉矶迁居至旧金山。先在鲍威尔街（Powell Street）一家小旅馆中落脚——我每次乘 Bart 从伯克利去旧金山，都在这里下车——后在这里租到一间小公寓。他们在此住了很久，一直到迁居伯克利。

　　我找到那幢房子的时候，天已经开始黑下来。深秋季节，旧金山的黄昏来得早，似乎有意掩盖过去的细节。但是，当我看到布什街的路牌，我的心就踏实下来。对我来说，那个路牌并非指向一个上坡的狭窄街区，而是指向将近五十年前的时光。建筑在黄昏中变得模糊，让人想起"三十年前的月亮"，像朵云轩信笺上落的泪珠般陈旧而迷糊的月亮。"三十年前的月亮是欢愉的，比眼前的月亮大、圆、白；然而隔着三十年的辛苦路往回看，再好的月色也不免带点凄凉。"（张爱玲：《金锁记》，见《上海两"才女"——张爱玲、苏青小说精粹》，第 79 页，花城出版社，广州，1994 年版）那幢红砖盖成的老式公寓很像旧上海的房子，有着简洁的窗饰与门饰。门是落地玻璃，趴在门上会看到楼梯和走廊。门口有几级台阶，躲在门洞里，可以避雨。走廊里简洁、朴素、雅致，正像张爱玲希望的。她将在此与她最后一个丈夫生活十年，然后，离开。

九

安德鲁面色潮红。对啤酒和文学，他有着精确的味觉。

我并不习惯美国生啤，但还是一饮而尽。

十

张爱玲在丈夫去世二十八年后死去。这意味着她独居了二十八年。那一年是 1995 年。我在上班的路上，读到这个消息。我忘了自己当时想了些什么。回忆起来，这则消息在当时没有引起太大波澜。一个旧日的作家死了，仅此而已。

《倾城之恋》之后的张爱玲，过着怎样的日子，对我们，并不重要。

后来我才知道，她在公寓里死后好几天，才被邻居发现。她死的时候，家徒四壁。房间里几乎没有家具，一盏白炽灯泡，连灯罩都没有。没有书。包括她自己的书，以及她最喜欢的，《红楼梦》。

胡兰成曾经对张爱玲的房间深为赞赏，说她喜欢刺激的颜色。"赵匡胤形容旭日：'欲出不出光辣挞，千山万山如火发'，爱玲说的刺激是像这样辣挞的光辉颜色。"（胡兰成：《民国女子》，《张爱胡说》，第 127 页，文汇出版社，上海，2003 年版）

莫奈花园

陈河

经过这么多年的颠沛流离，我终于从下海经商重新回到了小说写作，那是一个梦想回归的过程，而向往中的莫奈睡莲池塘似乎连接着我这么多年来心底的光和影。这天启程之时，心里有个声音说：一个还不错的作家要去探访一个伟大的画家了。

今年5月巴黎的气温比往年要低很多，还连续下着大雨。我到巴黎后，客居在巴黎近郊 le Vesinet 一座公寓。这屋子主人是我多年的朋友，夏天里她和先生会住到诺曼底乡下别墅，所以我可以自由使用这个房子，自己买菜做饭洗衣，和住旅馆的感觉很是不同。

去探访莫奈故居的那个早上，天已经下起雨来。我打着一把雨伞穿过 le Vesinet 那一片带着古典主义建筑风格的屋宅和花园。在一片开阔的草地之后，便是巴黎的地铁 A1 号快线。从这里，我要坐地铁到巴黎市内的 Saint-lazare 火车站，然后要搭乘前往莫奈故居的高速火车。莫奈故居的小镇叫 Giverny，在车站可以买来回的票。

坐上了火车，车窗外闪过浓绿的田野。我的思绪不觉回到十六年前那段来巴黎的时光。那个时候我在阿尔巴尼亚经商，遇上了这个国家的一次政治危机。为了躲避可能发生的战乱，我来到了巴黎。那一次，我在游览了卢浮宫、枫丹白露、先贤寺、蒙马特高地之后，去参观了奥赛美术馆。我已经想不起来当时是怎么知道奥赛美术馆里收藏了大量的印象画派作品的，之前我在卢浮宫的时候，在大量的古典油画的迷宫里感到头晕。由于我对于西方美术史了解甚少，那些宗教题材的巨画让我感到千篇一律，只有那幅伦勃朗的《夜巡》让我激动了一阵，因为之前我写过一个同名的短篇小说，就是从这幅画里获得灵感。但是在奥赛美术馆，几乎每一幅的印象派画作都让我心里感到喜悦，也就是说，能看得懂。我大概是在1978年的时候开始知道有法国印象画派这件事的。那个时候在当兵，一次在小县城的供销社里看到架上有几本书，翻了一下都不是我想看的，只有一本薄薄的画册看起来还不错，那书就是《法国印象画派》。我买了这本书，开始知道塞尚、高更、德加、凡·高，当然还有莫奈。从那之后，我对印象画派有了很大好感，着迷于这些画里的色彩光线变幻和浓重的气氛感。及至我开始写小说后，一直是模仿印象画派风格作为自己写景物场面的主要方法。

但1997年的时候，我已经离开中国四年，在欧洲最落后的国家阿尔巴尼亚苦心经营生意，心已远离文学艺术，只是想如何在海外谋得立身之地。然而那次在进入奥赛美术馆之后，突然沐浴在艺术的美丽光辉之中，想起了自己曾经有过的文学梦想，想起对于光和影的描绘和梦想。我在雷诺阿的点状画的美丽妇女前、在塞尚的远山风景中、在高更的塔希提岛上流连忘返。当然，我看到最多的是莫奈。他的晨雾中的海港、教堂尖塔在不同时间的光影变化、那雪地上的喜鹊，而让我最动心是莫奈晚期的睡莲，那些图形已不再是植物莲花，而是成为超然于生命之上的神性符号。

　　一晃十六年过去，我再次回到巴黎，最想做的就是去看看莫奈故居莲花池塘。经过这么多年的颠沛流离，我终于从下海经商重新回到了小说写作，那是一个梦想回归的过程，而向往中的莫奈睡莲池塘似乎连接着我这么多年来心底的光和影。这天启程之时，心里有个声音说：一个还不错的作家要去探访一个伟大的画家了。

　　火车到达了 Vernon 车站，这里并不是终点站，火车还要往前开的，但是车上大部分的乘客都下车了，他们和我一样都是来探访莫奈故居的。

　　下了车之后，出了火车站，马上又转乘巴士，路上经过了一个小城市，看到小城里有一条河，还有一个带尖顶的教堂，然后很快就到了 Giverny 巴士站。有许多的人从这里出来，开始沿着公路边的人行小径向莫奈花园前行。这个时候雨又开始下了，在大雨滂沱之下，来自世界各地的人打着伞簇拥着缓缓走向莫奈花园，我汇集在人流之中，忽然感觉到了一种朝圣者般的怡然自得。在人群中，我想不会每个人都是画家，都懂得油画，但是他们至少都会知道现在要去的这个花园里住过一个画了很多好看的图画的人。有了这样的一种朝圣心情，我对接下来会看到什么并没有特别期待，只要能够在莫奈花园里走上一圈就会得到很大满足了。

　　莫奈故居是一座正面开着十一扇绿色窗户的两层房舍，墙上攀爬着藤蔓。屋里除了他的家具遗物，有很多幅他的原作油画，有的尺寸很大，也有些小小的，非常随意地陈列在屋中。屋里还有大量的日本浮世绘画卷，比他本人的作品还要多，足见他的画风是受到东方绘画很大影响的。到了他的故居，倒觉得最值得看的不是他的作品，而是要感受他在这个房屋里留下的气场。当我在一个个连接在一起的房间里走过时，那绿色百叶窗外的花园总是把我的注意力吸引过去。我觉得我现在所处的地方才算是真正的"看得见风景的房间"。在最后一个房间里，墙上挂满了厨房用的铜锅，说明以前经常有很多人在这里吃饭。故居内展出的许多张巴黎的画家在屋前台阶上拍的集体照片，想象得出当年这里名流云集、艺术家们开怀畅饮的景象。

　　由于参观的人数众多，狭窄的屋里每个人只能停留有限的十多分钟，很快后面的游客就把你推进到了屋子外边的花园里。看过一些莫奈作品的人会觉得这个花园很是熟悉，因为莫奈有很多幅画作的背景就是这个花园。当时的莫奈摈弃了传统的按几何图形栽种和修剪花木的法国花园模式，而是像天女散花般，把上千种奇花异卉抛撒在园地上，任其争奇斗艳，任其自由发展，整个花园的配色之完美，犹如画家的调色板一样五彩缤纷。而花园现在还完全保持了原来的模样，中间夹杂着大片的薰衣草和各色花卉。但是莫奈真正的"秘密花园"是在后面的部分。从前面的花园走到头，要经过一个地下通道。当我从地下通道上升时，看到了后面是一大片的莲池，这里就是莫奈晚年画出大量莲花作品的地方，也是莫奈花园里最美丽的部分。

　　这个时候雨下得很大，我打着伞在这个方圆百米的大型池塘边上慢慢走着，每移动一步都是一个风景、都是一幅莫奈的画卷。当我站在一个莫奈画出最有名的那几幅睡莲的位置时，看到水面都是雨点溅起的水雾，盛开的莲花在水面上闪着奇妙的微光，我已分不清眼前的真实景物是莫奈的莲花，还是那些收藏在博物馆和收藏家密室里的莫奈画作！晚年的莫奈就是住在这里，足不出户，凌晨三时就起床，一连几个小时静坐在池畔，感受和大自然的心灵交融，捕捉不同季节、不同气候和一天不同时刻里光和色在水池和睡莲上面的瞬间变化和动态，把稍纵即逝的印象固定到画布上去。

　　大雨依然下个不停，莲花池塘在雨中的日光之下闪着奇妙的反光。当我随着人流往外走出时，看到越来越多的人打着雨伞排着长队缓缓地进入莫奈花园。

　　看到这里游人如织的景象，我突然想起来沉睡在美国南方的伟大作家威廉·福克纳。作为一个用文字描写人类精神的文学大师，福克纳给人类创造的精神财富应该和莫奈是一个等级的。但是，我去年春天去美国密西西比州探访他的故居时，看到的是一座十分安静的没有围墙的房子，来探访的人寥寥无几。相比起莫奈故居的门庭若市，福克纳故居真是寂静冷清。我想着这可能是因为地理的原因，莫奈故居靠着世界旅游胜地巴黎，而福克纳则在相对边远的美国南方小城，普通的游人到不了那里。但我总觉得安静和寂寞或许是福克纳更喜欢的方式，是另一种的显赫和光荣。

　　我这样想着，慢慢沿着原路往车站走去，中途找到了那个有灰色尖顶的小教堂，莫奈的长眠之地就在教堂的墓园里。墓园里一片寂静，大雨中只有我一个人打着伞在寻找。我很快就找到莫奈的坟墓，上面有一块很低调的小小石碑，比我在密西西比州牛津镇看到的福克纳墓碑还要小。这个时候我突然知道了，莫奈和福克纳这些大师们把上帝交给他们的事情完成之后，只有这一块小小的墓地对他们是真实的，而那些喧嚣骚动和寂寞冷清，则是别人安排的事情。

古巴：海明威故居

陈河

　　那年冬天，我从大雪纷飞的多伦多机场出发，飞了四五个小时就到了气候炎热的古巴。我住的酒店在古巴北海岸一个叫维拉迪罗的半岛上，那里有无数个漂亮的假日酒店。白人游客喜欢整天躺在金色的沙滩上，面对着像宝石一样湛蓝的加勒比海晒太阳。但我除了要享受阳光海水之外，心里早计划着要去哈瓦那看看，尤其是要去探访一下海明威留在那里的踪迹。

　　两天之后，我搭乘长途巴士前往一百五十多公里之外的哈瓦那城。让我意想不到的是，哈瓦那竟然是一个美丽得让人透不过气的城市。哈瓦那原本是一个非常繁华的西班牙殖民城市，有着非常美丽的欧洲建筑，上世纪 50 年代这里的人还把迈阿密称为乡下。而在它闹革命被美国孤立制裁这么多年之后，这个城市出现了一种残败的奇特美感。城市的街头到处是一些古典建筑的废墟，好几座美丽之极的门墙具有历史价值，但是政府无力维修，只是用铁杆支架支撑着这面断墙，那些锈迹斑斑的铁支架上开着野花，也不知是否风还是鸟雀带来的种子。街头的汽车大部分还是上世纪五六十年代的老爷车，漆着鲜艳的颜色，上面坐着看起来很快活的人们。城市里有很多处关于卡斯特罗和切·格瓦拉的巨大画像作品，有的做得很前卫。我搭乘哈瓦那的观光巴士游览了市内的名胜，在经过一座高级旅馆大楼时，导游漫不经心地说这个旅馆里面有海明威经常住的房间，已开辟为小博物馆，房间号是511。我的兴趣马上提了上来，问导游，这里就是海明威的故居吗？导游说这个不算，哈瓦那城里有很多海明威的遗迹，他告诉我海明威的故居在郊外的瞭望山庄，白天可以去。如果有时间还可以去海边的柯西玛尔渔村，那里是海明威钓鱼以及和渔民喝酒的地方。晚上则可以去"5分银币"酒吧，喜欢海明威的人都会到那里看看。

第二天，我搭上一辆50年代出厂的福特老爷出租车，前往离哈瓦那几十公里的瞭望山庄（La Finca Vigia）。车子在小山里转了一下，在一个停车场停了下来。然后我沿着石级往上走，远远望见高坡上一座淡黄色的房子，心里觉得这房子像是座小小的希腊神庙。这里的主体建筑是一座大开间的住宅楼和一座四层塔楼，此外还有大片花园绿地和游泳池。住宅部分很宽敞，门是打开的，只有一条红色的绳子提醒游客不要入内。海明威在1939年买下这处房产，到1960年才离开这里，整整住了二十二年。我对屋内的第一印象就是这里展示了海明威酷爱打猎的特性，在屋内很多个房间的墙上、桌子上，放置了非洲水牛、角马、羚羊的标本以及头骨，在一张写字台上，还有一个豹子头。屋内有好多幅毕加索斗牛题材的画。在不远处的游泳池边，还展出了他出海捕马林鱼的游艇"皮拉"号。事实上，海明威成为一个知名度特别高的作家，主要还是因为他写了一些打猎斗牛和打鱼的小说。说起他，人们就会想起《老人与海》里面那条被啃得只剩下骨架的大鱼，想起了乞力马扎罗的雪峰上那头著名的被风干的豹子。

但是这些房间内真正让我感到吃惊的是数量庞大的藏书。这屋里有许多个大小不一的书架，里面是一排排精装的看起来很陈

旧的书籍，据说有九千册之多。《百年孤独》的作者加西亚·马尔
克斯在这里惊叹：这哪里是住宅？简直就是个完整的图书馆！在
没有看到这些藏书之前，我一直以为海明威善于户外行动，而不
是一个特别爱读书的人，而现在这个偏见完全颠覆了。此时我想
起了我反复读过的海明威三个长篇小说：《太阳照常升起》、《永别
了，武器》、《丧钟为谁而鸣》，这些书写的可不只是简单的打猎斗
牛，而是探讨人的生存意义和勇气的富于哲学意义的巨作，只有
读过很多书的人才会写出那么有深度的小说呢。

接下来的时间，我就坐在屋前的台阶上，看着远处的大海。
在我目光所及的海边，是一个叫柯西玛尔的渔村，那里有个露台
饭店是海明威经常光顾的地方。他曾这样描述过他所看见的风
景："在春季的一个阳光明媚的上午，风从东面吹进敞开的饭店。
从露台上我凝望大海，深蓝色的海面上泛着白色浪花，穿梭的渔
船追逐着多拉多鱼。"这是一个十分惬意的时刻，我总觉得去朝拜
一个你敬仰已久的名人故居，会让你回忆起自己过去的好时光。
1981年，我花一元五分钱买了一本《海明威短篇小说选》，开始
喜欢起他的小说和他简练和富于气氛的语言。几十年过去了，我
依然喜欢他的小说。就在不久前，我还在读他的《永别了，武器》
的某些章节。我这时还想起了海明威一段有趣的话。他想象站在
拳击台上的人打架，他说巴尔扎克、屠格涅夫根本不是他的对手，
一拳就可以把他们打懵了。雨果、陀思妥耶夫斯基他得认真对付，
得打上好多个回合才能拿下来。但是有一个人太厉害了，他根本
不是他的对手，他就是托尔斯泰。想起海明威孩子气的话让人忍
俊不已。我盘算着获诺贝尔文学奖的几个作家要是和海明威打架
结果会如何？福克纳大概是可以靠点数赢他的，索尔·贝娄、帕
斯捷尔纳克以及后来的马尔克斯、帕慕克也许可以和他过几招，

但是大多数人可能第一回合就会给他一拳打昏了。此时坐在海明威的家门口台阶上想这些往事，只觉得很是开心。

踏访瞭望山庄，我能感受到海明威作为一个成功的大作家的荣耀和富有。他真是个时代的幸运儿，几乎拥有了所有的东西：传奇式的经历、名誉、爱情、女人、财富。然而，不知怎么的，我在这个豪宅故居里总是感觉到一种不安的气氛。这种不安也许是屋内过多的动物标本造成的，也可能是那几幅毕加索的作品透露出来的。我围着故居众多的房间打着转，从各个角度打量着每个房间。我突然看到了一个奇怪的事情，在一个卫生间里面，抽水马桶之上，一台人体秤旁边的墙上密密麻麻写着一排排的数字。我查看了导游书，才知海明威为了保持健壮的身体，防止发胖，每天都要做运动。这是他每天运动后称体重，顺手记在墙上的记录。我心里一笑，觉得海明威心里充满童真。但是，我马上感觉到海明威如此关切自己的体重，会不会是他的身体已经出现了状况？事实上的确如此，在他住在这里的最后几年，他已开始受到身上各种疾病的折磨了。在他离开瞭望山庄的第二年，准确时间是1961年7月2日，地点是他美国爱达荷州乡下故居，海明威早晨7点起床后拿着钥匙去了储藏间。他打开储藏间后，选了一支在阿伯克龙比·菲奇商店里买的12毫米口径双管英式猎枪，装上两颗子弹，然后上楼到了前厅，掉转枪口对准自己开了火，打掉了自己半个脑袋。这是他的最后一次打猎，打死了一头真正的狮子。

在哈瓦那的最后一个晚上，我在老城里寻找那个叫"5分银币"的酒吧。这个酒吧的门脸并不起眼，但因为当年海明威经常在这里喝到通宵，所以后来的名人只要来到哈瓦那，都会到这里吃顿饭喝杯酒。拳王阿里、萨特、贝利这些人的画像和海明威的画像一起挂到了酒吧里面，而普通的海明威"粉丝"只能在店外面的墙上留名涂鸦。我找到这里时酒吧已客满了，要在门口等座位。我看到一个女酒保忘记了端盘子给客人上酒，只顾自己站在那里纵情唱歌跳着西班牙舞，好多醉醺醺的客人围着她拼命叫好。

我等了好久，还没见有座位的迹象。我知道今晚我是等不到座位了，因为所有的座位都被海明威的朋友订走了。而海明威大概还坐在里面，一杯杯往肚子里灌朗姆酒，开怀大笑。带着这样的美好想象，我离开了"5分银币"酒吧，转身走向那条很长很长黑黑的街巷，去远处依稀亮着灯光的地方去寻找可以进餐的地方。

杜伦一日

侯宇燕

故园风雨后

汽车行驶在绿意笼罩的公路上，沿途一掠而过的都是集历史与文化气息于一身的秀丽小镇：教堂、修道院的园林、石头城堡、墓地、河流、高高的桥、海滨、雕花铸铁的阳台……它们形成欧洲风景的灵魂。

这是 2005 年盛夏时节，这个国家罕有的一个阳光灿烂的清晨。我们正在向英国北部古老小城杜伦进发。不远处的山峦上飘浮着一层薄雾。我望着窗外绿得发黑的丰茂草地，想着自小在译制片里看到的审美的欧洲。尽管此时人就在欧洲，却挡不住记忆中的那些影像争先恐后地伴着湿润的清风一个接一个明亮地、令人心醉神驰地走了过来——卖花女在街道上四处游荡；蜿蜒盘旋的狭窄石阶路陡峭峻拔，夹道皆为常春藤掩映下鳞次栉比的古老房屋；馥郁的繁花顺着延伸的枝条爬满雕花铸铁的阳台……对欧洲文化的影像记忆将随着旅行的展开与对这座山城兼水城现实的真实印象融为一体。

杜伦到了。坐在飞驰的汽车里，窗外的风景一闪而逝。比起英国北部的其他城市，杜伦的五官明显更细致柔和，更烟水氤氲。

我暗暗吟咏着济慈的诗：

> 这座小镇，教堂的墓园，圆顶山，
> 这云雾，树木，夕阳，虽然美丽，
> 却显得寒冷，陌生，像是在梦里，
> 很久以前梦见过，现在我重新梦见。
> ……

杜伦是个大学城。这个城市最为人所知的就是它的学院制大学——杜伦大学。杜伦大学是一所由十二个学院和两个社团组成的联合大学，是英格兰最早创立的第三所大学（1832 年创建）。英国仅存的其他两所学院制大学为牛津和剑桥。据《泰晤士大学指南》报道："长久以来，作为牛津大学和剑桥大学之外最好的选择，杜伦大学吸引了大量来自中产阶级和更富有家庭的学生。"

路过清澈的蒂斯河，透过柳荫，可见河上漂着三三两两的泛舟人。此情此景，很容易让人联想到那首永恒的《再别康桥》："波光里的艳影，在我的心头荡漾……那榆荫下的一潭，不是清泉，是天上虹；揉碎在浮藻间，沉淀着彩虹似的梦。寻梦？撑一支长篙，向青草更青处漫溯……"虽然此地并非徐志摩笔下的剑桥，但作为唯一一所位于英国北部的学院制大学，校园连同它的城市都散发着一股古老的羊皮卷味道。

车子最终停在湿漉漉的陡峭石板路边。英国的气候就是这样恼人，时不时地就会飘阵细雨。迷离的雨丝中，可见一群群围着围巾，脚踏皮靴静静等候红灯的学生。我注意观察这所学堂的青年男女与其他英国北方城市学生的区别。一个人的阶级，可以从其衣着、举止、气度以及脸上微妙的神情体现出来。比较其他地区略显粗直的同龄人，杜伦的学生是高贵冷艳的。我看着他们，不由想到伊夫林·沃在《旧地重游》中塑造的没落贵族家庭子弟塞巴斯蒂安。BBC 根据此书改编的电视剧《故园风雨后》上世纪 90 年代曾在我国放映，获得大学生的拥趸。

一个国家是需要精神贵族的。虽然在一个善于自嘲的国家，贵族往往是被嘲讽的对象。微妙的是贵族自己反倒常常是其中最出力的一个。这就是阶级的差别。

我还记得王小波在《君子的尊严》中这样说："从字面上看，绅士（gentleman）是指温文有礼之人，其实远不止此。绅士要保持个人的荣誉和尊严……坦白地说，他们有点狂傲自大。但也有一种好处，真正的绅士绝不在危险面前止步。大战期间，英国绅士大批开赴前线为国捐躯，甚至死在了一般人前面。君子的标准里就不包括这一条。"

自然，我们讨论的是英国绅士文化里积极的那一面，把别人的国土抢过来当做自己殖民地的那些人是不算的。

教堂花园，这才是"我的"欧洲

杜伦的诺曼大教堂（The Norman Cathedral）被称为世界上最美的哥特式教堂。教堂对面是一座古城堡，据说一部分学生就有幸在里面居住！城堡和教堂都属于世界文化遗产。二者之间横亘着一片绿得无边无际的草坪。

走进穹顶高阔的诺曼教堂，只见一位身披教衣的女修士站在门口笑眯眯地接待来自世界各地的川流不息的参观者。信教的人们坐在一排排长椅上默默祈祷。同行者中没有教徒，大家很快就走散了，分头行动。

美丽的教堂内院有一道长长的门廊。一群刚刚排练完唱诗、披着长长风衣、明眸皓齿的歌童在教士带领下静静转过回廊，被亚洲面孔惊起一滩鸥鹭。可爱的孩子们在不知谁按亮的闪光灯照射下悄悄跑开，跑到转角处，又回过头来投过偷偷的一瞥。

绕过回廊，又见一个小咖啡厅，售卖咖啡和简单的点心。顾客多是成双成对的白发老者。桌旁坐得满满登登，看来游客的胃口都很好。

接下来我又发现了什么呢？是一个秀丽无比的后花园，草木间弥漫着天堂的静谧！花园衬着头顶不知何时起彤云密锁的天空，后面衬着的背景仿佛是一望无际的荒暮。这就是教士们的起居之所吗？在这些长满迷迭香、开着地黄花的花园旁边，住在那些静悄悄古老房子里的人一定能听到每日从教堂里准时响起的悠扬钟声。而在迷人的花园那高高的围墙外，是一条长不见底的石子路。

我不得不承认，这座花园狠狠地打动了我的心。这才是"我的"欧洲。我随身带着一本《纪德书信选》，这会儿我坐在静得只能听到风声鸥啼的花园里，把它打开来，翻到应景的一页：

　　我当时坐在这个花园里，看不到太阳，但空气中闪耀着四射的光芒，仿佛湛蓝的天空变成了液体，正飘着雨丝……是的，在这条长长的小径上，的确好像有光在流动，而在那流泻的光芒之中，树枝梢头缀满金色的泡沫……

乐声悠扬的古城堡

接下来，在花园外那条带着中世纪风格的，常春藤蔓延于两侧墙面的石子路上，我无所事事地绕来绕去，不经意间又绕到了诺曼教堂的前面。

教堂对面古老的石头城堡是不允许外人进入参观的，正值学生就餐时间，城堡里的食堂景象想必是那种极其正规、不闻人语的"排排坐"形式（多数英国大学都没有正式食堂）。城堡旁有一座二层小楼，倒是不避外人。里面同样静悄悄的，原来是座小图书馆，大约这是杜伦大学历史上较早的一间图书馆。

我上到二楼走马观花。书架上多是介绍英国某地历史的泛着鲜明维多利亚气息的旧书，小牛皮装订，书脊印着烫金的花体字。或许董桥先生见了它们会津津乐道。此外还有一些法律书籍。书架边摆着几排桌椅，若干学子正在那里埋头苦读。其中一个男孩子，看样子顶多十八岁，乌黑的鬈发静静地垂落在耳畔，看上去很有肖邦范儿。

我忽然有些想念清华园里墙面上缀满常春藤的老图书馆。就像我知道将来回国后一定会怀念自己读书的桑德兰大学那灰色的天空下一望无际的草坪上点缀的美丽校舍和清新狂劲的海风，也会怀念眼前惊鸿一瞥的杜伦。这种总是在怀念他乡的感觉是一种珍贵的感情！

走出小楼，草坪上多了些热闹，几个青年在那里嘻嘻哈哈地踢球。突然间又毫无预兆地下起了一阵骤雨。碰上这等瞬息万变的天气，我只得咬紧颤抖的牙关。谁让我今日心血来潮，穿上了在英国难得一穿的裙子？谁让英国偏偏有着济慈笔下那"短促而苍白的夏季！"

一阵悠扬的乐器合奏的天籁之音在此时传了过来。原来是教堂西、草坪东的音乐楼开始排练一支协奏曲。底楼东向原来深闭着的门现在终于敞开来了，稚嫩清新的旋律与旁边诺曼教堂悠扬的钟声共奏出和谐乐章。一位穿灰白套头毛衣的瘦高青年走出来，向路人分发着音乐会宣传单。

就像英国许多城市一样，杜伦是座山城。听着悠扬的乐曲，我信步走下附近一个生长着美丽树木的山谷。蜿蜒的溪流在林间汩汩流淌，直流到我脚下厚厚软软的苔藓上。此地空无一人，只有大自然的呼吸声在树叶间流动。忽然我听到有人在上面呼唤着我，清脆的声音在山谷里传得很远很远。原来是一个稚童，显然刚从诺曼教堂参观出来，站在悬崖边好奇地向下面的我打招呼，他的父母站在他身后向我微笑。我也向他们微笑，向那个孩童招手。

杜伦的夜晚

星星都暗淡无光，尽管像蓝宝石；

一切都是冷的美……

这是济慈那首诗余下的几句。

仿佛火红的晚霞只是一瞬的光景，星光下蒂斯河水闪闪发光。杜伦的夜来到了。

我独自走进一家麦当劳餐厅。排在队伍里，偶见操作间中一戴眼镜的黄皮肤男孩端着裹了面粉的炸鸡腿向我投来一瞥。正在空荡荡的大厅中拖地的女服务生也是年轻的亚洲面孔。如果我没猜错的话，他们都是我的同胞。

他们大约都是本科刚毕业就出来深造的吧？为了减轻家庭负担，也为着锻炼自己，利用他人狂欢的闲暇时间来勤工俭学——我这样想着，找了一个角落吃自己简单的晚餐。不久后旁边坐下一位白人青年，他一面喝咖啡一面聚精会神地用铅笔在本上画着小蝌蚪。显然是音乐系学生。而我来到英国这么久，只认识一个学纯艺术的同胞，绝大多数中国学生选择的都是热门的商科。

走出麦当劳，我与同伴会合。英国的许多城市，从某种意义上说就是一个镇，漫步而行就可到达每个角落。而杜伦麻雀虽小却五脏俱全，还拥有一流的博物馆和剧院。

像英国所有城市一样，杜伦到处都是酒吧。在颜色深重的石墙后面，每隔十几米就能看见一个个风格迥异的霓虹灯牌。白日里整条宁静的石子街现在成了狂欢的世界。英国的夏天，夜晚也是冷的。可寒风里穿着吊带装的女子和戴着毛线帽、下巴缩在衣领里的男青年都毫无畏惧地在路上走，涌进各家灯火辉煌的酒吧里去。

一日的游程即将落幕。在风中我们沿着高高的河岸步入一片古老的墓地。厚厚的落叶在脚下发出沉闷的声响。大家都低着头，想自己的心事。突然有人问一个已在杜伦住了多年的同胞："你曾经感到过寂寞吗？"她静了几秒，回答说："每当委实熬不过去的时候，我就会漫步到市中心，长长地遛上一大圈。"

为什么去蓝毗尼

旅行，大都是一次小的人生模拟，在你还不知道为什么去蓝毗尼，已经回来了。只有算上回来后的七年时间，才算是一次完整的旅行。

在我寂灭之后，哦，阿难达！
After I am no more. O Ananda!
信众将会来此地，心怀虔敬，
men of belief will visit the place with faith,
热忱与奉献……
Curiosity and devotion...
蓝毗尼，我出生的地方，
Lumbini, the place where I was born.
抵达无上安宁之途，唯有遵循精神的戒律。
The path to ultimate peace is spiritual discipline
——佛陀（Lord Buddha）

这趟去尼泊尔真是一波三折，一连往后推了三次，要么因为天气，要么因为机票，拖了两三个月。旁人见了就问："你还没走？""既然等了——我还是等吧。"其实，你拿到手上的日程安排里并没有蓝毗尼这一站。

公元前 625 年 5 月，一个"月圆之日"，摩诃摩耶夫人按习俗回娘家生小孩，途经蓝毗尼花园，感受到产前的阵痛。她在水塘中沐浴之后，上岸手扶无忧树，顺利地生下了小王子。当然，他现在还不是佛陀，只是个人类的小孩，以人类繁衍的自然方式降生，并将示现和你我一样的、人人必将经历的生老病死之苦。

《大唐西域记》（玄奘、辩机著）记载：这位释迦族的小王子降生之后，不需要人扶，朝四方各稳稳地走了七步，步步生莲，而且是大莲花，自言："天上天下，唯我独尊。今兹而往，生分已尽。"圣迹就是这般不可思议，但是，世界上偏偏有一个叫尼泊尔的国家，一个叫蓝毗尼的地方，非要把这一切都落到了实处不可。据说，在蓝毗尼摩诃摩耶夫人祠里至今还保存着一块印有佛陀足迹的石头。

蓝毗尼在尼泊尔南部，靠近印度边境，从加德满都出发，乘车要五个小时。尼泊尔的陆路交通不敢恭维，堵车是家常便饭。既然路上的时间不能保证，日程安排紧凑，能不能挤出一天来去看看真不一定，可是你却很自然地报定了去的决心，对此没有怀疑。你只想看看，"那个时候"你就知道这个人究竟是不是"真的存在"。你想亲自跑一趟，亲自去证明，你想穿越两千五百年。

十四岁的你，偶像是离家出走的乔答摩·悉达多王子。那个时候，中学生离家出走是一种惊天叛逆。你看着班里两个同学离家出走，到了外地的亲戚家游山玩水一遭，又乖乖地溜回来。你保存着心底这个秘密：有一个人，可以抛下一切，他什么也不缺，可是这些他都不想要，因为生死之事没有解决。那个时候的你，人小，可是心不小，心有弹性，有光彩，嗅出了这其中清新的空气——人完全可以打破既定的道路，去选择另外一种生活，一种解决自身和他人根本问题的真实生活，为之而付出一切。

说起"那个时候"，你自然会想起那个时候的蓝天，晴朗而单调，到处绿树非常少，低头只看见短短的影子踩着你的脚，在灰色的地面上移动。晴空烈日，天高云淡，风沙呼啸，时间会突然地静止不动。天上一朵云，也会长时间地停在一个地方不动很久很久。有人突然仰头跑出教室，流鼻血了。你也想这样来一回，但是，你从来也没这样干过。"那个时候"的天气和那个时候的气氛，似乎配得上你有这样的偶像。

月光移入窗棂，移入纱幔，照亮了妻子耶输陀罗熟睡的脸，非常安详。小孩子罗睺罗在熟睡当中，额头柔和的弧线几乎是银色透明的，睫毛又密又长，随着呼吸轻轻地颤抖。这一刻，他几乎怀疑自己做出的决定。

仅仅是一刹那的犹疑——他想起在城外的贫民窟里见到的那些麻风病人扭曲的脸，就像是被诅咒了一样，在黑暗和污浊的环境里躲躲闪闪，还有那些老人、病残者和死人……他感到无法抑制的悲哀，好像他就是他们，或者，曾经是他们。宫墙再高，也不可能锁住生命的流逝，更无法阻断病痛的侵袭和折磨。娇妻爱子同样也没有办法幸免。世上有没有什么办法可以击败这种普遍存在的痛苦？如果人之将死，财富和权势终将撒手，那么，人生命一场的意义何在？

殊不知，在他降生之时，就有智者对净饭王预言：王子将来不是一位伟大的国王，就是一位伟大的精神导师。正是为了避免后一种可能，父王对他百般呵护，挖空心思地满足他所有的欲望，不让他有一丁点儿不称心。净饭王想把一切不幸都隔绝在宫墙之外。

　　他定下心来，悄悄地走出门外，牵起白马，可是宫门看守得那么紧……此刻，一阵奇怪的大雾弥漫开来，宫人仆役全都昏沉沉地倒地偃卧。马蹄轻轻地叩打砖石地面，发出清脆的回想。城门自动地打开，夜色如同白昼，四周声息皆无。他策马疾驰而去，如凌空飞行。

　　他在森林当中苦修六年，身体虚弱到了极点。他察觉六年的苦修并没有解决当初的疑问。当他想放弃断食苦行，走出森林的时候，再一次洞察自己的心念，是否受到了无明的蛊惑。他意识到，刻意地让身体受苦，同样是对身体的执著，苦修已经成为习惯和习气，于是，便不再犹豫。尼连禅河边，牧女难陀波罗供奉新鲜的乳汁，恢复体力的他在菩提树下禅修，悟出"中道"。此后，他在菩提迦耶讲解"四圣谛"，初转法轮。

　　这"离家出走"的一幕给那个时候的你留下了极深刻的印象。很久以来，你并不十分清楚，这一出走背后的寓意，也许正是没有得出答案，才让你念念不忘。距离你第一次看到这故事过去二十多年了，看似你放弃了猜谜语，可是，它显然没有被彻底地忘记，只是被喧嚣的泡沫遮蔽。于是，悉达多王子慢慢地褪色成了故事中人，离你很远，不再跟你没什么关系，好像他从来没有打动过你，而只是一尊供人叩拜的金色佛像，仅此而已。

　　从加德满都乘上午十点半的十八座小飞机，飞行四十分钟，抵达目的地白尔瓦（Bhairahawa）。飞行途中，绵延不尽的喜马拉雅雪山美景一直陪伴着你。你已经有点儿喜欢上了雪山，它不再单调冷酷。每一个喜欢蓝天的人都会喜欢上雪山。它的巨大体量和纯净光辉，就像闪耀的奇迹。雪山辉映蓝天，始终是一个提醒，有超越的可能，有另外一个境界存在。

阳光炙烤，这里海拔只有 700 米，比加德满都降低了一半。顺着一条笔直的田间沥青路，行驶在 2.56 平方公里的蓝毗尼发展区内，逐渐接近圣园。两侧平原田地空荡荡地展开，这时候的你，心同样空荡荡，没有好奇，也没有激动，好像体内蕴藏这两种情感的生命物质已然固化，它们本来是透明的、流动的、无形的。也许，没有比这更为悲哀的迷失。

圣园门口的菩提树下是一家简陋的咖啡馆兼餐厅，一个西方面孔的人坐在树阴下喝咖啡。主人从咖啡店里出来，给你的印象是从一个黑黢黢的山洞里出来。他皮肤黝黑，双眸晶亮，手脚快当地递上一张油腻腻的封塑中英文菜单。你用手指勉强捏着，翻过来、掉过去地看。你要进店看看还有什么可吃。店里可真暗，是啊，外边的日光太强烈。主人掀开锅盖，给你看那些咖喱啊、黑豆啊之类的菜和饭，还有三明治、汉堡等等。苍蝇跟外头一样多，嘤嘤嗡嗡地乱飞乱撞，逍遥自在地在吧台和锅灶上倏忽爬行。

正午的日头正毒，四处如此寂静，猛地一阵蝉鸣。你感到惊愕，还有一丝丝怨怒，掉头就想走。你想，大老远慕名而来的佛陀诞生地就这样？——那么，你想象的圣园该是什么样子的呢？一个正觉者并不需要建一座有形的殿堂来纪念。你的心里其实是有一个愚蠢而陈腐的范式，只是你意识不到而已。你认为这地方"应该"是干净的，并且一意孤行地想按照你的描画继续。生命的本身也许只是不可思议。你到底是为什么非要来蓝毗尼呢？

你气哼哼地，也只好进了圣园对面的饭馆，就像一个没有得到玩具的小孩。这个饭馆不过是一座帆布的大棚。只有几个食客，连同一两个喇嘛。你要了蛋炒饭，硬的米粒，慢慢地嚼。这里面的人几乎都要的是蛋炒饭。你依然深陷在一个梦境当中时，还没有意识到眼前的一切都是舞台布景，都是临时的和随机的，根本不需要介意。

　　进入圣园大门，即见到许多座低矮的佛塔基座和庙宇建筑的地基，历经风雨侵蚀，颜色深红。这些佛塔的方位和纪念意义在《大唐西域记》中有准确详细的记述。又据《因果经》所记载：摩耶夫人在花园中见到无忧花树，举起右手想牵摘，婴儿就渐渐地从右胁下产出。

　　帝释天跪接出生的小王子，四大天王转手抱过来，放在金机之上，送到摩耶夫人的面前。"二龙踊出，往虚空中而各吐水，一冷一暖，以浴太子。"小王子洗澡的地方，二龙跃出的地方，以及帝释天捧着衣物跪接婴儿的地方，四天王抱持婴儿的地方，分别建有佛塔。

　　你从这些佛塔前经过，嗅出时间清冽的气味，它们溜走，就像潺潺溪水。你走到了佛陀诞生之确切地点，那棵葱郁的无忧花树下。当年那一株已经不复存在，在相同的位置上种植的是一棵枝叶繁茂的菩提树。

　　"澄清皎镜，杂花弥漫"，玄奘见到的情景更加荒僻幽静。没有诵经人，没有树下的禅修者，更没有这么多世界各地来的游客。你看到他们的发自内心的笑容，甚至是幸福。他们好像一颗颗饱满的水珠，透明安静地映照万物。你的焦灼反而像是火，在不管不顾地烧，你的脚步也显得奔突和凌乱。

　　"无忧花树，今已经枯悴，菩萨诞灵之处。"玄奘见到的也只是一株枯树而已。真不知这位出外游学多年的高僧站在佛陀的出生地，会有怎样的心境。他只是用近乎吝啬的笔法准确地记述了所见的景物与它们所处的方位，给今天的考察者提供了极准确的资料。物是人非，原不过是是非非，在玄奘澄明宁静的心境里，只是浮云吧。

　　玄奘的眼睛也曾停留在一泓池水之上。三级台阶向下，可以接近这池水。比起加德满都的杜巴（广场）上那些雕刻精美、深入地下的露天浴池来说，摩耶夫人产前沐浴的水塘十分朴素。

　　算不上极清澈，却是活水，水面有微微的波澜。又听说，那汩汩的就是一冷一热两眼地下泉，形成这方池塘。一只不知道被谁放生的小龟浮出水面，愣怔地瞅着你，你不由跳下台阶，匍匐在地，刚好手够得到池水，洗去额头的尘劳。你不知道，这圣园内的一草一木，连同这水，都是极其神圣的。每年，斯里兰卡、（原）锡金的国王都会到此取水，祈求庇佑。你当然也没有意识到，你刚刚五体投地做了一个大礼拜。

　　再爬起来，刚好就看见摩耶夫人祠。佛陀的足印石就在一座小小的玻璃栈桥的下方，在灯光的照耀下，极其清晰的足印。如果说它是个婴儿的足印，那这位王子一定是一位巨人吧。也许，那就是一个巨人的年代，起码是思想巨人的时代。为了所谓的"进化"，人也许在生理和心理上都付出了极大的代价。

　　你想到在斯里兰卡博物馆里看到的那颗佛牙的复制品，有大拇指那么长，还很尖利。为了朝拜佛牙，你在佛牙寺排好几个小时的长队。不同肤色、各个国家的人，都为了这个来。在拥挤而狭仄楼梯间里，人挨人，憋闷极了。你的心却出奇的安静，终于，到了跟前。就像看到其他期待已久的人与事，你的第一个感觉是惊愕，好像那是不真实，应该是另外一种样子——的确，这许多年来，你对很多事情，包括自己都是一个不肯接受的姿态。

　　一座金光灿灿的印式佛塔，一米左右，各色的斯里兰卡宝石点缀其上，堆积四周。看来，用多少奇珍异宝来表达敬意和虔诚都不过分。佛陀，这个介乎于人和神之间的存在，究竟何以受到如此尊崇？

　　阿育王石柱的发掘，让佛陀的诞生地变得肯定，也让佛陀变得生动起来，全世界的佛教徒为之一振。石柱露天立于摩耶夫人祠外，上面用你看不懂的巴利文写有："天佑阿育王，即位二十年，因此地为释迦牟尼佛诞生地，亲来敬礼。王命建周匝石墙、立此柱。因为是世尊诞灵地，蓝毗尼村免征税且只缴纳土地收成的八分之一为赋。"靠着旁边的英文铭牌翻译，你读懂了阿育王巡游的经历。

　　在发展区内，许多国家都建了寺庙，中国也不例外。中华寺按照中国传统的寺庙样式修建，而德国的佛教寺庙非常有设计感，色彩简洁明亮，庭院里花木繁盛。圣园四周还有大片的区域没有开发，时至今日，不知道那一圈泥泞的道路和泥地上生长出了什么样的景象来。然而，留在心底里却是仍旧带着点荒芜色彩的朴素的小小圣园，它确实是十分接近佛陀诞生之初的样子吧。

　　当晚，回到入住的酒店，你还要参加一个航空公司的发布会。也许是太累了，你觉得很难过，起身跑到门廊里透口气。抽了一支烟，你还是觉得难过，于是又点着一支，猛地吸了几口。透过玻璃窗，你看大厅里坐满的好几百号人，你却有一种呐喊的冲动：你们在干什么呀？你在干什么呀？你置身世外，为自己难过，也为这些人难过。你觉得自己被遗弃了，一直是这样。有什么在不知不觉地打开了你心的阀门——它通常被你忽视，你只是在一味地压榨它，而它每每也跑出来给你捣乱，大声宣布：这些都不是我想要的！你辛辛苦苦堆沙成堡转眼就灰飞烟灭。

　　你开始小声啜泣，泪流不止，就像开闸的水龙头。大庭广众，你有些难为情，想要掩饰，可是，泪水的阀门关不上——你也说不清在为什么而哭。也许是失败感，也许是迷惑，也许……过去的一幕幕情景在冷静地疾速回放，就好像人之将死，他一生所经历的各个瞬间的经验迅速地闪回。

朴素而近乎荒芜的圣园的夜晚来临了。那些为纪念佛陀诞生所建起的佛塔再次拔地生长，一砖一石；二龙腾空跃起，冷热二泉汩汩冒起，蓝莲花灿然绽放，晶莹剔透。宇宙之内有个地球，地球之上有一个蓝毗尼。从夜晚的圣园仰望繁星灿烂，群星拱月，它就在眼前，触手可及，无比清凉，平静，温润。是的，所有的天籁都化为寂静，心底里浮现出唯一的声音是深广无边的寂静。

一个故事，它只要被人讲述，被人传唱，被人阅读，就会一再奇妙地重新演绎和发生，如果它继续被人讲述，就意味着它从未结束。

你回想起了蓝毗尼之行富有色彩的部分：从圣园驱车返回白尔瓦机场的途中，落日在背后火红灼热，树拉长了影子，斑斓铺陈在地，一路紧随。村民的集会让车子不得不停下来，白色的圣牛安卧在路当中。你觉得，即使飞机误了也没有什么吧，任何事情都有它的时刻，任何时候都不必匆匆忙忙。

在明亮到几乎透明的光线里，你第一次看清了人们的脸，黝黑的面孔，也许并不洁净，却透着自然的安详。也许是人种的原因，他们的面孔犹如花生一般饱满，黑亮的眼睛就像孩童的一样，大而清澈。他们行走在田间，衣着艳丽，脚下生风，衣袂飘飘。他们的物质生活没那么富足，但他们淡然的微容和满足感却是什么也换不来的。同时，你的耳朵的舷窗也猛地拉了上去，你看见了喜马拉雅雪山连绵，洁净宏大，绵延不绝。

此刻，蓝毗尼圣园的寂静粉碎了大厅里麦克风里传出的喧嚣，也超越了推杯换盏的俗世，寂静朝你覆盖过来，就像温暖的白色的光芒静静地照耀，如同夏日暖阳下的毛毛细雨，深入每一个毛孔。你一向受挤压的心得以自由，朝向海面义无反顾地俯冲下去，却原来是天空——海和蓝翻转了过来。

　　原因即是结果，在你尚未察觉的时候，它已经显现出来。你终于冲破了一个长长的梦魇，醒来，一切水落石出。你只是还不清楚，是否在堕入另一个梦境。此后的七年时间，你学习怎样获得寂静，怎样辨识梦境，怎样自由自在地生活。虽然在打字的时候，你又一次回到蓝毗尼，可是，你清楚得很，它已经不再是你看见的那一个了。所有好的感觉，所有坏的感觉，就随着旅行的结束，统统死去吧。

日内瓦的博尔赫斯迷宫

杨栗

对于我来说，瑞士是海蒂，日内瓦是博尔赫斯。1879年，约翰娜·斯皮利写了阿尔卑斯山的小女孩海蒂的故事，我曾渴望着像海蒂一样能躺在干草上，透过阁楼斜窗遥望星空，阿尔卑斯山的璀璨夜色在那一刻几乎触手可及。而著名小说家豪·路·博尔赫斯让许多中国作家为之着迷，他那"像数学一样简洁"、"像钟表一样精确"的文字具有巨大魔力。1914年，因父亲患眼疾，他和全家住在日内瓦，他在此上中学，待到第一次世界大战结束。晚年的博尔赫斯与玛利亚·儿玉在日内瓦结为伴侣，1984年6月14日在日内瓦辞世。对于我来说，日内瓦首先是博尔赫斯的城市。阿根廷给他的文字原始力和魔幻，但是，种子仍旧是来自欧洲，西方文化的核心地带。

"日内瓦和别的城市不同，它不强调自己的特色。巴黎始终意识到自己是巴黎，自尊的伦敦知道自己是伦敦，日内瓦却几乎不知道自己是日内瓦。加尔文、卢梭、阿米耶尔、费迪南德·霍德勒的巨大影子笼罩在这里，但是谁都不向游客唠叨。"

现在，我终于靠近这座伟大的城市，连写下这话的人也成为值得纪念的一部分。

清晨，站在圣皮埃尔大教堂的北塔顶端，俯瞰莱芒湖（日内瓦湖），罗讷河中矗立的是以在此出生的哲学家和诗人卢梭命名的小岛。作为日内瓦象征的大喷泉据说到10点之后才开启。南面近邻的是青铜绿色的尖塔，整点的钟声发出铜器般铮铮的缥缈之声，浮云掠过，如置身在一条飞奔的小舟之上，速度之快让人眩晕。这座建立在1150到1250年前的罗马式和哥特式大教堂，在宗教改革之时，剔除了内部华丽的装饰，但是，许多美丽繁复的柱头雕饰仍有许多观赏性。因赶去采访，疾风暴雨般我们掠过老城区，卢梭的故居、加尔文学院、老喷泉，一闪而过，即便如此，我仍旧在一座建筑上意外地看到关于博尔赫斯在此居住的标示。

下午，独自沿着一条山地小巷向老城区走去，一路上有不少极其美丽的橱窗。季节性的打折刚刚过去，一些小店内热潮未断。纸品店、书店、画廊、手工艺品店、老酒店、露天咖啡馆、喷泉以及老城区那一侧的跳蚤市场和绿草如茵的公园和日内瓦大学，都是值得一逛的所在，但是，我还是想找到上午看到的博尔赫斯住过的地方。

站在佩隆喷泉前，看着加尔文街转角墙上悬挂着的一盏唯一幸存的树枝照明的油灯。转角处是一家温馨的小旅馆，主人知道克林顿用过餐的餐馆就在斜坡上，却不知道博尔赫斯的住宅。早晨走过的那些令人沾沾自喜的当地人才知道的小巷，现在却成了干扰记忆的岔道。未仔细研究地图，也无法分辨刚才走过的路，巷口一面墙上表示清晰得像是一面镜子，但是我却无法找到通往镜子的路径。

决定按照回忆中的路线重新走一遍早晨的路，唤回回忆，相信一定会重逢博尔赫斯。一张橱窗里的佛像的招贴，一盏老灯罩和几件家具，几本画册和一个画廊，加尔文学院门上的纹饰，每每发现一个符号就像获得一点让人欣喜若狂的启示。又上了那个斜坡，一侧是阴暗的拱廊，一侧是陡斜的路，早晨那个牵着黑狗经过的老妇人宛如历历在目。在孩童们嬉戏的加农炮前我停下了，三幅描绘亚历山大·辛基克的马赛克拼图，而这些加农炮是共和国时期的遗物。刚刚我还来过这里呢。这个路口，这条街，是早晨，还是一个小时或几分钟以前？

我开始看见博尔赫斯转动活动的迷宫。他说，棋如果是谜底会怎样？那么，棋一定不会出现在谜面上。格兰特大街26号也一样。

时间一分分过去，在我准备彻底放弃的时候，我却见到了那标志。我无法读完整上面的字，我只知道，那是关于博尔赫斯的。

我到后门去敲，十几个台阶，窗口有花，佛像，沙发，亮着灯，主人却不在。听到敲门声，出来一个赤脚的青年，他跟随我来到街上，解释说，这里是28号，你必须找到26号。我顺着他指的方向走过去，31号。我不知道，而且我已经没有了时间再去找。我知道，这是博尔赫斯的一个迷局。

行至

辑二

湖东汪曾祺

这个老人，是不随和的

今年春节，一个下午我特别无聊，于是就从湖西天长开车去湖东高邮。冬日的天空清冷寂寞，车子驶出县城，很快上了乡村道路，没有一刻钟，就完全行驶到高邮湖区的低洼的水荡之中的土路上了。四周河汊交横，大片的芦苇高过人头，一丛一丛，像一束束箭矢。正如汪曾祺在《受戒》的结尾所说："紫灰色的芦穗，发着银光，软软的，滑溜溜的，像一串丝线。"

这样去高邮对于我已经不是第一次了。去了也只是在街上转一转，大运河边走走，或者，文游台汪曾祺纪念馆的石阶上坐一坐。不会去麻烦一个人。麻烦了别人，你自己也拘束受累。其实你是没有什么别的事情的。

对湖东的汪曾祺也是有一个逐步认识的过程。从刚开始学习他的小说创作法，到后来迷念他的人格和风采，到写出《忆·读汪曾祺》这样一本书，其实我至今并没真正读懂汪曾祺。

我是走了捷径了的。从抄了他的《晚饭花集》，到上鲁迅文学院结识他，一切仿佛那么自然，又是那么的顺汤顺水。他对我和另外一个青年总是客客气气。他说过："你们两个人身上没有什么俗气。"这是对我们最高的评价了。我也曾经给过他两篇小说，私心中想请他写几句话，也好抬高抬高自己，可是并未能如愿。那个事也就过去了。

提起这件事，是因为我刚听说了一件事。说有个文学青年在某个场合认识了汪先生，不久就到汪宅去拜访。这是一个痴迷得有点癫狂的青年。他为了能每日聆听教诲，索性就住到了汪宅。汪宅的居所并不大，他于是心甘情愿睡地下室，这样一住就是多日，每天大早就举着一把牙刷上楼敲门。有一次他还带来了儿子，老头儿还带着孩子上街去买了一只小乌龟。可是这个青年实在是没有才华，他的东西写得实在是不行。每次他带来稿子，都要叫老头儿给看。老头儿拿着他的稿子，回头见他不在，就小声说："图穷匕首现。"

这个湖东的老人，他是善良而纯真的。他在《自报家门》中说："我父亲是个随便的人，比较有同情心，能平等待人。"这个老人，他也从他的父亲那儿学习了这些品格。他认为这个文学青年，从事一种很艰苦的工作，挺不容易的。可他确实写得不好。每次带来的稿子都脏兮兮的。老头终于还是无法忍受，他用一种很"文学"的方式，下了逐客令——一天大早，青年又举着牙刷上楼敲门，老头打开门，堵在门口。一个门里，一个门外，老头开腔了：一，你以后不要再来了，我很忙；二，你不允许在外面说我是你的恩师，我没有你这个学生；三，你今后也不要再寄稿子来给我看。

讲了三条，场面一定很尴尬。

我听到这个"故事"是惊悚的。也让我出了一身冷汗。十五年过去了，今天回忆起那时到这个老头家的那些快乐时光，更加庆幸自己的无知和年少时的无畏了。

　　这个老头是不随和的。我们多数时候，是误读了这位老人。以为他做做菜、画画画、喝喝酒，就好说话了。他是不随意附和别人的。他不会敷衍和应付。这从他的文学观就能看出，他在1986年为《自选集》写的自序中说："我是相信创作是有内部规律的。我们的评论界过去很不重视创作的内部规律，创作被看作是单纯的社会现象，其结果是导致创作缺乏个性。"其实，这个观点，不仅仅是他六十岁后的认识，他二十七岁，在上海写的《短篇小说的本质》，就庄严地宣布了"要在一样浩如烟海的短篇小说之中，为自己的篇什觅一个位置"。之后他的一生，都在追求"创作的个性"（所以这个文学青年，是无论如何不可能成为"汪曾祺的学生的"）。不久前扬州的杜海公布了汪曾祺一篇极短的逸文《说"怪"》，此篇也是他读了杜海给他看的习作之后写的读后感。他在文中希望家乡的文学青年，"要充分表现个性，别出心裁"，"能够继承扬州八怪的传统，尽量和别人不一样"。

　　我在今年这个春节到高邮转了一圈，回来思考思考，我发现了以上的结论。在高邮的文游台，我坐在青石台阶上。身下的青石透凉浸骨，它却对我的思索是有益的。是的，看看汪曾祺留下的文字吧：《受戒》、《大淖记事》、《异秉》、《葡萄月令》，就连《沙家浜》的剧本，无不"充满个性"。

汪先生研究的几个空白

　　汪曾祺是对故乡最充满深情的一位作家。他笔下的作品，大部分是描写故乡的。可是有一个现象学界一直没有注意过：汪曾祺十九岁离乡，直到六十一岁才第一次回乡。他为什么四十多年不回故乡？是千山万水、旅途阻隔？不会吧，即使在上世纪六七十年代，京沪线还是相对方便的，到了南京，换乘长途车直达高邮，也不是太困难。是没时间？没旅费？都不像。而他却通过笔下的文字，一次次抵达（回到）故乡。故乡的风物、人情、吃食以及街衢巷里、三教九流，都在他的笔下得以复活。陆长庚（《鸡鸭名家》）、王二（《异秉》）、小英子、明子（《受戒》）、王瘦吾、陶虎臣、靳彝甫（《岁寒三友》）、巧云、十一子（《大淖记事》）、王玉英（《晚饭花》）、叶三、季匋民（《鉴赏家》）、陈小手（《陈小手》）、章叔芳（《小姨娘》）、崔兰（《小蛇腰》）……我想，这些名字的背后都是有一个真实的高邮人存在的。或许他们已经故去，但他们是真实存在过的，并且是高邮人。汪曾祺是多么热爱他的故乡啊！他为高邮留下了那么多优美的文字。

　　汪曾祺四十年不回乡的问题我虽然始终没有搞懂，但从创作上来讲，这一种与故乡保持一定的隔膜，对创作是有益的。这使记忆中的故乡，相对较完整地保存，是会产生一种创作上叫做"离间"的效果的。但我想，汪曾祺绝不是为了保持这种"创作效果"而故意不回故乡，一定是另有隐情。他自己不说，别人也无从理解。但从汪曾祺研究上来说，这一段空白，是有意思的，是值得注意的。

　　在生活中，汪曾祺并不是一个特别善于表达的人。他的话并不多，有时喝了几杯酒，话稍多一点，但也不是很多。他也不是一个善于交际的人。虽不如他的笔下的高北溟（他的小学和初中老师）那样"看起来是个冷面寡情的人"（其实不是这样，他只是把他的热情倾注在教学之中），但他终归不是活跃的、喜于表达的那一类。

　　他把他的热情全部倾注到创作中去了。他年轻时就写得那么好。他早期一篇很长的散文《花园》，对于研究汪曾祺，应该是一篇很重要的作品。《花园》充分显示出汪曾祺的创作才能。他对事物的细部描写得那样丰沛、细微和准确。比如："一下雨，什么颜色都郁起来，屋顶，墙，壁上花纸的图案，甚至鸽子：铁青子，瓦灰，点子，霞白。宝石蓝的好处这时才显出来。于是我们，等斑鸠叫单声，在我们那个园里叫。等着一棵榆梅稍经一触，落下碎碎的瓣子，等着重新着色后的草。"足以证明汪曾祺早年才华的展露，也印证了汪曾祺自己所说："沈从文很欣赏我，我不但是他的入室弟子，可以说是得意高足。"（《自报家门》）汪先生的这句话并非空穴来风。

　　不久前，山西的李国涛先生给我寄来了汪曾祺 1987 年 8 月写给他的两封信。这是两封非常重要的信。其中一封信中写道："一个人不被人了解，未免寂寞。被人过于了解，则是可怕的事。我宁可对人躲得稍远一些。""让那些学我的人知道我是怎么回事，免得他们只是表面的模仿，'似我者死'。——我很不愿意别人'学'我，一个人的气质是学不来的。"《职业》是我自己很喜欢的一篇。但读者多感觉不到这篇小说里的沉痛。"这对解开汪曾祺对自己作品的认识颇有帮助。汪曾祺曾在《晚饭花集》的自序中说过：我对自己的作品都还喜欢，无偏爱。别人若问我喜欢自己的哪篇作品，我也是笑而不答。而这一次，对李国涛的信中，汪先生却着重说出《职业》我自己是很喜欢的"，可见他对《职业》的重视和偏爱。

　　1995 年，长江文艺出版社给汪曾祺编了一本小说集《矮纸集》（1996 年出版）。这部作品集应是汪曾祺作品的一个重要文本。它的编法是"以作品所写到的地方为背景"，进行分组，这个主意是汪曾祺自己拿的。编完，汪先生发现"写得最多的还是故乡高邮"。这个集子的后面附有一篇李国涛的跋《读〈矮纸集〉兼及汪曾祺文体描述》，这是汪曾祺研究上很重要的一篇评论，但多被忽略。我希望今后出汪曾祺作品集时能将这篇评论给附上，这对理解汪曾祺是有益的。

今天的高邮，岁月的影子

　　这个春节的午后，高邮的街上相对显得寂寞冷清。路上行人并不多。特别是到了黄昏，店铺和人家几乎都关了门。我游荡在运河大埂上，运河的水面还是很广阔的。运河上现在建了一座很现代的桥，过了桥，到河的西岸，就是浩浩渺渺的高邮湖了。我将车直接从桥上开过去，停在湖边的一片空旷处。湖面上冷冷清清，水波涌动着，无边无际，让人心中生出一种空虚的感觉。一个老人弄了一只游艇，在兜揽游客，可是没有一个人。他对我说："兜个风吧？"我摇摇头，他见我没兴趣，便去忙自己的了。

　　我在湖边坐了一会，冰冷的风灌到胸口。我转身离去，当车驶过一处僻静的街巷，一股青烟飘了过来。这个时候还有卖吃食的小摊呢，我寻着青烟走了过去，空荡荡的街边只有这一个卖面饺馄饨的妇人。坐下，要了一碗虾仔面，酱油很浓，我热热地吃下去，身上马上热了起来。

　　这样的行走虽然并不能回到汪曾祺时代的高邮，但多少还是能感受到半个世纪前旧高邮的气息的。小城虽变化很大，可生活在其中的人，还是高邮人。他们的口音、习性、饮食，甚至泼痞骂街，还是会带着岁月的影子。人的有些东西是很难改变的。正如汪曾祺在《钓人的孩子》中所说"每个人带着一生的历史，半个月的哀乐，在街上走。"

　　高邮使汪曾祺从小受了美的教育。他在《自报家门》中说，我的写作跟我从小喜欢东看看西看看有关。这些店铺、这些手艺人使我深受感动，使我闻嗅到一种辛劳、笃实、轻甜、微苦的生活气息。他同时说："我的审美意识的形成，跟我从小看父亲作画有关。"这些童年印象，深深地注入汪曾祺的记忆，他一生中的很多篇文章便都是写的这座封闭的、褪色的小城人事。

　　这个十九岁从湖东高邮走出去的青年，正如他的老师沈从文所说："凭着手中的一支笔，真的打下了一个天下。"

　　（注：本文作者苏北系高邮湖西岸安徽天长人，他们将湖对岸的高邮人称为湖东高邮人。）

福山路 3 号：沈从文故居

苏北

福山路 3 号是沈从文故居。

我上午就要离开青岛，我必须去一趟。于是我早晨六点多钟出门，打车来到小鱼山，寻找沈从文故居。那个出租车司机，只把我放在康有为故居，说，就在附近，不远。

我知道他不能准确地告诉，于是用这话来搪塞我，好在我时间还早，我也乐意在这僻静优雅的山腰闲逛。

这样的独处对于我是相当的幸福。来青岛两日了，被海鲜和无趣的旅游弄得苦不堪言。这种饕餮，使我的灵魂仿佛被掏空。我来觅沈从文故居，就是一种心灵的修补，逃避这种无奈的空虚。

洁净的沥青路面，坡坡地延伸，两旁欧式的老建筑，随处长着自由的花草树木，让你仿佛置身在欧洲小城。那些早起的人们，匆匆地催促孩子上学去。卖早点的摊子，也摆在了门口。我见一个年轻的女人走过，便上前问她：请问沈从文故居在哪儿？她默想一会儿，用手指了指，不确定地说，恐怕在上面吧。她不能确定，又摇摇头，说，不清楚。你再问问别人。

其实我的目光已停留在福山支路 9 号院里。那人家别出心裁，在院子里种了一棵瓠子，枝蔓绿生生的，披挂下来，开着白色小花，真好看！那半大的小瓠子藏在绿枝叶中间，露出半张小脸，一副幸福的模样。它真的很幸福！小瓠子，你幸福吗？边上好大一棵无花果！真大，这棵无花果，你真棒！

我真的无意于她的抱歉。我对那年轻的女人说了声"谢"字，便径直去了9号大院。我知道，它们是修补心灵的最好良方。别出声，让我同它们说会话。

何不做一回王子猷呢！乘兴而访，兴尽而归。同这些小小的生灵说会话，你的触须会是多么的敏锐，你必须静下心来，小心呵护。它们虽是一个个小哑巴。可它们是多么有灵性，那小模样又是多么的俊俏！

我又往前走，见到一个老人。我对他说，请问沈从文故居在哪儿？老人似乎耳背了，他说，什么丸？我大声对他耳朵说，沈从文！老人默了一会儿。他很想帮助我，可老人无奈地摇了摇头。

我是漫走的专家，我心中决定：再也不去问人，我一定能自己找到。在走过几条路——鱼山路、恒山路和芝罘路——之后，我终于见到福山路。我大步向上走去，拐过几个路口，我终于见到了那个门牌——福山路3号，和那一块黑底金字铭牌——沈从文故居。

一座斑驳的铁门半掩着，半边有青藤披纷下来。迎门一堵石墙，石墙同样被青藤所伏。无人，院子里静静的。我的心一下子提了起来。我悄声说，沈先生，我来看你了！我一趸身，进门横折一溜石阶，我缓步拾阶而上。

嘻，这就是一座花园。院子里树木扶疏，一棵大的紫薇开满了缎子一样粉红的碎花。可是并不热闹，似乎还有那么一点冷清。别急，让我静下来。一幢两层的老楼掩映在这些树木花草之中。我一层一层看过去：几棵椿树，几棵常青树，两棵柿子树，结着青疙瘩的青柿子，前院还有一处种了玉米，枝叶全枯，可仍立着；走过后院，一棵枫树倚着高坡，后院竟种了南瓜，南瓜藤铺张着，爬得到处都是，开着大大的黄花，结着大大的南瓜。登楼的石阶是弧形的，那石阶的扶手上，也摆了几盆花：一盆蟹爪兰，几盆雏菊，几盆苦瓜低垂着，有的已经腐烂，仍垂在那里，有一盆竟是辣椒，一头结了许多朝天椒！

这是一座花园么？是一座破败的废园？它还是一畦菜园。它仿佛很有点人间烟火味，又似乎有那么一点典雅浪漫，可是显然很久没有人收拾过它了，有那么一点荒凉。这是沈先生当年的模样么？

小院静寂着，没有一个人。为什么一个人没有呢？可是我又多想没有一个人啊！千万不要有人进来，我可不是小偷！不信，我背一段《边城》给你听。你住在这里，你难道不知道翠翠么？

别出声，让我坐下来，同沈先生说说话。

沈先生，我读过无数遍的《湘西》和《湘行散记》。有一本"开明文库"的《湘行散记》小册子，我一直随身带着，我在扉面上记了"河底各色圆如棋子的石头也感动我"。我还算"耐烦"吧？那一个戴水獭皮帽子的"大爷"还好么？我可是去过永顺、保靖、泸溪和凤凰……沅河的水和吊脚楼……翠翠是你在崂山北九水见到的那个姑娘为原型么？

我自语了半天，没有听到一点声音。是我慧根不到么？我侧耳去听，恍惚在那紫薇丛中，沈先生的圆圆脸庞一闪，他眯眯笑着。沈先生！我差点叫出声来！可那圆圆的脸庞只一闪，便不见了。

我又默坐了一会儿，站起身来，悄悄走上台阶门口，屋里有说话声音！还有倒水声！我赶紧后退了几步。

好了，沈先生，我得走了。这里是有人给你看房子的。你放心吧。

　　我走出了门，又回过头来，看了看那半掩着的斑驳的铁门。我又凑近去读那铭牌上的字：

　　　　沈从文（1902—1988），湖南凤凰人。现代作家。1931年在国立青岛大学任教。在青期间完成了《从文自传》、《三个女性》、《月下小景》和《三三》等文学名著。

　　我走了几步，又蓦一回头，目光正好落在掩映在青藤下的蓝色门牌上：福山路3号。

林斤澜与矮凳桥

解玺璋

一直没有来过温州。在我的想象中，温州除了打火机一类的小商品，只有林斤澜笔下的矮凳桥，盖因为林斤澜曾为矮凳桥写过一系列小说也。

关于矮凳桥，林斤澜是这样写的：

> 那一座桥，就是远近闻名的矮凳桥。这个乡镇也拿桥名做了名号。不过桥名的由来，一般人都说不知道。那是九条长石条，三条做一排，下边四个桥墩，搭成平平塌塌、平平板板的一条石头桥。没有栏杆，没有拱洞，更没有亭台碑碣。从上边看下来，倒像一条长条矮脚凳。（《溪鳗》）

矮凳桥周边环境也有其特点：

> 矮凳桥四围是高高矮矮的山，真就有叫做锯齿山的。这些山也和破缸一样光溜溜，种不得粮食，树木也少有。山中间是个盆地，有一条溪随便弯来拐去，比作裂缝也不错。（《袁相舟》）

矮凳桥就架在这条溪上。说起这座桥，还有一首诗：

> 矮凳桥
> 石头滩
> 一川碎石如磨盘
> 中间溪水绿又蓝
> 磨盘不磨半粒米
> 绿绿蓝蓝鬼眨眼
> ——《袁相舟》

写得有鼻子有眼儿，不容你不信。但汪曾祺说，真有这样一座桥吗？"可能有这么个地方，有一点影子，但未必像斤澜所写的一样。斤澜把他自己的生活阅历倾入了这个地方，造了一座桥，一个小镇。"（《林斤澜的矮凳桥》）

究竟如何？十月底，首届林斤澜短篇小说奖颁奖典礼在温州举行，我有幸受邀参加，遂有温州之行。临行前，我对林斤澜的女儿、我的老同学林布谷说了我的愿望："这次我一定要去看看矮凳桥。"

听说要去寻访矮凳桥，温州作家程绍国主动提出陪我去。事后证明，绍国兄的确是此行的上佳人选。他既是温州通，对温州的前世今生了如指掌，又追随林斤澜三十多年，尊林斤澜为老师，自称是"林斤澜在这个世界上最坚定、最扎实的读者"。一路上，听他讲了许多关于林斤澜和矮凳桥的掌故。

林斤澜写作"矮凳桥系列"，源于1979年秋天回温州住了一段时间。温州是他的老家，他十四岁离家，投身救亡运动，从此久居他乡，算来已有四十余年了。这次回来，恰逢十一届三中全会开过不久，安徽凤阳小岗村的十八位村民也已在有史以来第一份土地承包责任书上按下了他们粗大鲜红的手印。犹如早春一样到处萌动的生机，同时给温州这片土地带来了清新气息，并深深地感染着寂寞了很久的林斤澜，程绍国形容他"像是枯萎了的卷柏一样，见水又吐绿"了，创作激情开始在他的心底涌动。回到北京不久，他便陆续写出了一系列关于矮凳桥的小说。

不过，说起来，林斤澜笔下的矮凳桥，并不在温州市区，而是在与温州市区隔江相望的永嘉县桥头镇。这里所谓隔江之"江"，便是自西向东流经温州直入东海的瓯江，江南为温州市区，江北即永嘉县界。古代，至少唐以前，温州归属于永嘉郡，其所辖地域甚至超过今天的温州市，著名山水诗人谢灵运的官职便是永嘉郡守。而当下，永嘉只是温州市所辖三区六县中的一个县而已。那天我们驱车直奔桥头镇，一路北上，经瓯江大桥，再沿江岸公路向西，时近中午，太阳还躲在云层背后不肯露面，阴霾弥漫在溪滩上，恰如林斤澜小说中所写，"像水墨在纸上洇了开来"，别有一番味道。

永嘉县桥头镇被称作"中国纽扣之都"，早在上世纪80年代初，这里就形成了规模巨大的以纽扣为龙头的小商品市场，时至今日，这里生产的纽扣仍占全国总产量的80%，难怪林斤澜关于矮凳桥的小说，几乎篇篇离不开纽扣。我们站在桥头镇的街上，举目望去，一条笔直的大道，两侧店铺林立，巨大的广告招牌，纽扣倒占了一多半，一座圆形的"中国桥头纽扣城"矗立在街口，更显得气象万千，那上面七个大字居然是费孝通题的，使人联想到它在新兴小城镇中非同寻常的地位。

当然，三十多年前林斤澜初来这里的时候，"原不过一个十字街，东西长点也才一里半，南北就只有大半里"。那时，"两街两边，街头街尾竟摆开了足足六百摊子"，"摊子上是纽扣，店堂里是纽扣，后院作坊里也是纽扣"。这纽扣把北至东三省、内蒙古，南到香港的客人都招来了，总要有吃饭的地方，于是，"街上开张了三十多家饮食店，差不多五十步就有一家。这些饮食店门口，讲究点的有个玻璃阁子，差点的就是个摊子，把成腿的肉，成双的鸡鸭，花蚶港蟹，会蹦的虾，吱吱叫的鲜鱼……全摆到街面上来，做实物招牌。摊子里面一点，汤锅蒸锅热气蒸腾，炒锅的油烟弥漫。这三十多家饮食，把这六百家的纽扣，添上了开胃口吊舌头的色、香、味，把成条街都引诱到喝酒吃肉过年过节的景象里"。

林斤澜笔下的这种景象，弯曲狭小的老街，以及街上麻将牌那样挤着的两行摊子，三十多年后的今天，早已了无痕迹，而小小的纽扣，竟也堂而皇之，登堂入室了。我们在"纽扣城"里，就瞻仰了拥挤在一起的成千上万的纽扣，真是梦也梦不到，温州人怎能把这么个小东西搞得轰轰烈烈，名闻天下。还有东口溪边那家"鱼非鱼小酒家"和女店主溪鳗呢？自然更不可寻了。但镇子东口确有一条溪，叫做"菇溪"，溪上架着一座桥，当然不是九条长石平搭的桥，而是一座现代公路桥。我们来的时候，正逢枯水季节，桥下没有水，河滩上架着起重机，正在施工，也就没能看到溪上无处不蒸发着的体温，"像雾不是雾，像烟云，像光影，又都不是，只是一片朦胧"的景象。

其实，林斤澜的矮凳桥是他想象出来的，是他的创造，我非要按图索骥，看上去很有些可笑。小说是需要虚构的呀，短篇小说就更需要虚构，作家要有超强的虚构能力，否则，是写不出好的短篇小说的。《溪鳗》写得好，勾魂摄魄，但溪鳗究竟如何，连作家也说不清楚，"世界好比叫嫚嫚着，千奇百怪，你当是看清了，其实雾腾腾"（《小贩们》）。好处似乎就在这里，做实了，倒无趣了。这次在温州探讨短篇小说艺术，来的作家和评论家都把作家的虚构能力看得很重要。不过，林斤澜并非凭空造了这样一座桥，实际上，1979年的桥头镇之行，让他看到了一个乡镇的暴发，暴得猛了，"比一团面发得还快"，这种情形给他留下了不可磨灭的印象，他把自己的生活阅历加进去，把自己熟悉的人物加进去，于是就有了这些小说。在这里，永嘉县桥头镇已经隐退，现在它是林斤澜的矮凳桥了。

"可是，在温州市区，真有一座矮凳桥啊。"程绍国告诉我，"而且，林斤澜家的老屋八仙楼，离这里并不算远。"从永嘉回到温州市区，程绍国把车开到矮凳桥路东口，与灰桥路交界的地方，我看到灰桥还在，他不无遗憾地说："可惜矮凳桥已经拆了。"据说，这里是温州老城的东门外，矮凳河就从这里流过，几块巨大的条石搭在上面，很像一个矮凳安放于河面，故名之为矮凳桥。关于桥名的来历，还有一个传说：有一年，朱元璋逃难至此，无法过河，危急之中，土地以矮凳引渡，救他一命。后来，他做了皇帝，遂将此桥封为矮凳桥。

如今，皇帝已成粪土，桥也化为尘埃，代之而起的是新的城市。后来的人们到哪里去寻矮凳桥呢？也许只有去读林斤澜的小说了，他的美妙文字，把这座桥留在人们的心里，永久作为温州的一个标记。

梁启超故居

解玺璋

　　梁启超，这个长久以来被人们所遗忘的巨大历史性存在，正以不同的方式回到我们的生活中来。人们忽然发现，梁启超在百余年前思考过的许多问题，正是今天我们不得不面对的；他所得到的答案以及为解决这些问题所做的努力，无论有效还是无效，都将成为我们重新思考这些问题必不可少的思想资源。

　　因此，当今之世与梁启超相遇，就有其必然性和必要性。那么，他将以怎样的方式复活，并重新介入到已经延续了一百五十年之久的现代国家建构以及社会转型中来呢？我们所能做的，首先是在现代叙事中重新激活他的生命。这不仅是我写作《梁启超传》的动力，也是我寻访梁启超故迹所期待的。正值梁任公先生诞辰一百四十周年即将到来之际，走在他曾经行走的路上，感受着他的呼吸和目光，我们也许会跨越百年时空，再次聆听到心声和脉动。

　　一个淫雨霏霏的冬日的早晨，我们驱车前往南粤最南端的新会茶坑，探访梁启超的故居。这是一次期待已久的造访。从深圳出发，车行于广深高速，一路向西，行至虎门，过虎门大桥，烟雨迷蒙中，林则徐当年焚烧鸦片的雄姿已邈不可见。继续南行，经中山、江门两市，车窗外时紧时稀的雨，或轻或重，敲打着车身和玻璃窗，像一支悠长的乐曲，不知何时才能停下来。

时近中午，我们的车挟泥带水驶进茶坑。村里静得出奇，但闻雨声，不闻人声。间或有一二行人走过，为我们指点路径。遥想百余年前，这里岂非"世外桃源"？这里距新会县城尚有二十余公里，正当岭南两大水系西江与潭江流入南海的交汇处，从这里向西，不远就是著名的小鸟天堂。我们的司机是个来此地打工的湖南小伙子，他对小鸟天堂赞不绝口，对新会梁氏却一无所知，尽管车上有卫星导航仪（GPS）引路，我们还是走上了一条"歧路"，不仅泥泞难行，还常有车陷泥"坑"之扰。

茶坑位居两江入海口冲积而成的一座岛上，所以，梁启超在《三十自述》中自称："余实中国极南之一岛民也。"这样的小岛在这里共有七个，茶坑所在的岛恰居中央，虽然雨水充足，四季常青，却也天灾频繁。据《新会县志》记载：

> 夏秋之间，时有飓风。其作也，断虹先兆，海气沸腾，狂飙震撼，毁屋拔树，徙舟于陆，浮苴于林。其势起东北而竟西南，或一岁一发，或数岁一发。又有石尤风。其作也，黑云翔涌，猝起俄顷。……濒海地卑土薄，故阳燠之气常泄，阴湿之气常盛。二者相搏少寒多暑，而村落依山者炎气郁蒸尤甚。

茶坑便依山濒海而建。村前的耕地，是乡民在江水长年冲积的基础上自填自围开垦的。溪水流经梁家老屋，穿村而过，我们的车就停在溪旁梁启超故居纪念馆的门前。村后便是绿树葱茏的熊子山，在这个阴霾密布的日子里，只能看到隐隐约约的山形，而最初给了梁启超浪漫遐思的凌云塔，这时也只剩下了若隐若现的影子。

　　走进纪念馆的大门，我的心里贮满了一种温暖的情愫，眼前的景物涌进我的眼里，竟有一种似曾相识的感觉，这是我始料未及的。纪念馆分为两部分，东侧为故居，西侧为展厅。展厅是新式建筑，取中西合璧的设计，既有晚清岭南侨乡建筑的韵味，更隐约可见天津饮冰室的风格。

　　自然是先看故居。穿过宽敞的回廊，我只看到很少几个游客，雨中的庭院则愈显空旷，只有雨打花木枝叶的沙沙声，像是有人在窃窃私语。故居不大，既非深宅大院，也非崔巍高堂，在当地应该就是一所普通的民居，青砖土瓦，只有一正厅、一便厅、一饭厅及两间耳房，两厅前各有一天井，便厅内侧有木梯可达其顶部楼亭书房，考虑到安全和保护文物，目前已不能踩踏。纪念馆馆长是个年轻姑娘，她把每间屋子指给我看，告诉我当年这里发生了什么。我看到梁启超父母的寝室，不过一床、一柜、一桌而已，据说梁启超就出生在这里。在客厅的另一侧，有一间同样大小的屋子，清光绪十八年（1892）夏天，梁启超偕新婚妻子李蕙仙回乡，这里便是他们的新房。他们在家乡住了一年有余，梁启超先是闭门读书，继而到东莞讲学，李蕙仙则与公婆一起操持家务。转过年的二月末，长女梁思顺在这里出生。

　　这位李夫人其实大有来头。她的父亲李朝仪，清道光二十五年（1845）进士，历经道光、咸丰、同治、光绪四朝，从直隶（河北）平谷知县，一步步做到顺天府尹，相当于今天的北京市市长。她的叔伯哥哥李端棻，幼年丧父，叔父李朝仪很赏识他，待他就像自己的儿子一样。李端棻也处处学李朝仪的样子，立身行事都很正直，后来，官做到礼部尚书，成为著名的维新派大臣。光绪十五年（1889）广东乡试，李端棻任主考官。梁启超是众多参加考试的举子之一，那年他只有十七岁，考试结果一公布，他名列第八，成为当时十分耀眼的一颗新星。面对这样一位少年才俊，前途不可限量，李端棻马上想到堂妹李蕙仙。此时的李蕙仙已经二十一岁，尚待字闺中。发榜后，按照规矩，中举的士子都要来拜见座师，李端棻便事先请了副主考王仁堪（字可庄）做大媒，把妹子许配给梁启超。初来乍到，茶坑闷热潮湿的气候让李蕙仙很不适应。但是，这位生长于官宦之家、从天子脚下嫁到中国极南一个乡村的大小姐并没抱怨，也不嫌弃，她很快便适应了梁家贫寒俭朴的生活，梁家上下都对这个新媳妇交口称赞。这时，梁启超的生母赵太夫人去世已有五年，继母只比李蕙仙大两岁，但她仍能极尽孝道，日夜操劳，精心侍奉，在乡里博得了贤妻良母的美名。

站在这个简陋破败的狭小房间里，我有点浮想联翩。我不知道现在的人是如何看待李蕙仙的，也不知道人们究竟能否理解她。离开这里时，我见有一对男女往里面张望了一下，却没有进去，是不是觉得没啥可看呢？不知道。旁边像是一间厅堂，正中挂着孔子像，下面摆一张香案，两侧是"读圣贤书，立修齐志"的对联，那几张桌子显然已是仿制品。这应该就是梁启超少年时代读书的地方吧？梁家世代务农，自耕自食，祖父梁维清是村里第一个秀才，除了曾在县里担任"教谕"一职，也在乡里教授自家子弟。平时则耕种从祖辈那里分得的几亩田，中了秀才之后，又用家族公尝奖励的"封包"置了十几亩田，合起来有二十余亩。他有三个儿子，第三子宝瑛，即梁启超的父亲。梁宝瑛仕途不行，屡试不第，秀才都没考上，退居乡里教授私塾。他从父亲那里分得六七亩田，收入有限，靠教书所得弥补家庭生活。"田可耕兮书可读，半为农者半为儒"，可谓梁氏一族的生活写照。

梁启超最初跟着祖父读书，六岁以后，进了父亲主持的学堂。有位朋友对我说，你没有去过新会茶坑，无法感受那里的氛围，在岭南这个化外之地，梁启超能够脱颖而出，一飞冲天，成为中国近现代历史上领风气之先的人物，只能说他是个天才。我对这种说法一直心存疑惑。不错，若论富庶，这里不及江浙；若论政治、文化，这里甚至不及百余公里之外的广州。即便是我现在看到的这几间旧居，恐怕也非梁启超少年时期的陈迹，而是他成名之后为父亲出资新建的。由此可见，他的确生长于贫寒之家，家中经济，在乡里也仅属于中等水平，但他早年所受教育，却不比许多出自书香门第、官宦世家的子弟差。不幸中的万幸，皆因为他的祖父、父亲和母亲，在他十岁前后，为他的求学、立志、立身打下了坚实的根基。

　　梁氏家教有两个很重要的内容，都和新会这片土地有关。其一，岭南人家在思想上受到陈白沙的影响比较大。陈是明代与王阳明齐名的儒学大师，学问受到宋儒陆九渊比较多的影响，特别强调立志、修身，主张教育从两个方面入手，从自身的角度来说，在于认识天命，激励节操，积极把握个人命运；从外部的角度来说，就是要将自己的所学尽力为社会服务，报效于国家，即儒家常说的"内圣外王"。陈白沙是新会人，他的学术、思想在岭南传播很广，不仅书生士子受其滋养，一般农家子弟也不同程度地受到熏陶。梁维清津津乐道的"田可耕兮书可读，半为农者半为儒"，就出自陈白沙的手笔。他死后，新会建有白沙祠，家乡人都很推崇他，祀奉他，一直香火不断。

　　其二，梁维清对梁启超的教育，除了读书，还有更重要的内容和方式。从有限的记载来看，当地的历史遗迹、人文环境、节日庆典、祭祀活动，都被他当作教育儿孙的场所和素材。梁家居住的茶坑，离南宋王朝最终覆灭的崖山不远。七百多年前，大宋

忠臣陆秀夫誓死抗元，在此陷入绝境。面对波涛汹涌的大海，他
先让自己的妻子投海自尽，然后背起九岁的小皇帝赵昺，一起投
海身亡。许多宫人、官员也都跟着投海，在这里，南宋军民没有
一个人投降。后来有人在此建起慈元殿，奉祀帝后和死节的臣民，
其中还有陈白沙、陈独漉等人的题诗。明朝成化年间，这里又建
起一座大忠祠，祭祀抗元牺牲的文天祥、陆秀夫、张世杰三位忠臣。
为此，陈白沙还撰写了门联：宇宙万年无此事，春秋一例昉诸公。
为了祭祀宋元时期死难的忠义、节烈之士，崖山还建起了忠义坛、
全节庙，以表彰这些先烈。而梁家的祖墓恰恰也在崖山。每逢清
明节，梁维清都要带领儿孙们去祭扫祖墓。从茶坑到崖山是要坐
船的，途中经过南宋舟师覆灭的古战场，有一块高达数丈的巨石
突出于大海之中，上书八个大字：元张宏范灭宋于此。每次从这
里经过，梁维清都要把这段故事讲了又讲，说了又说，直讲得心
情沉痛，直说得老泪纵横。这时，他往往还要声情并茂地背诵陈
独漉的诗篇：

> 山木萧萧风更吹，两崖波浪至今悲。
> 一声望帝啼荒殿，十载愁人拜古祠。
> 海水有门分上下，江山无地限华夷。
> 停舟我亦艰难日，畏向苍苔读旧碑。

听着祖父的慷慨悲歌，不知梁启超做何感想？但是，看他
成年以后所表现出来的爱国情怀和民族气节，我们得承认，梁维
清把忧国忧民的种子，播撒进梁启超的心田，并且扎下了根，至
死不移。固然，梁启超天资聪颖，才思敏捷，这是他成功的重要
条件，但是，如果没有"家教"这碗酒垫底，天才的幼苗也是会

枯萎的。

离开故居时，我曾建议去看一看崖山，这个曾经上演过一幕绝世之战的古战场，让我觉得似乎有些什么启示在前面等着我，却终因天气作怪，不果。

万木草堂畅想曲

拜访了新会梁氏故居的第二天，我们前往广州万木草堂。当年，梁启超离开家乡茶坑，到广州求学，只能乘船，走西江，逆流而上；今天，我们乘汽车，走高速，不过数小时，已在广州推杯换盏了，遗憾的是，少了些西江两岸青山绿水的赏心悦目、心旷神怡。

万木草堂坐落于广州市越秀区惠爱东路（今中山四路）长兴里3号。虽然四周挤满了高楼大厦，因为临近通衢大道，却也并不难找。这里原为邱氏书室，是邱氏子弟读书的场所。1891年，康有为应弟子陈千秋、梁启超之请，创办长兴学舍，遂将此屋租为聚徒讲学之所。在这里，他曾写下一部《长兴学记》，作为学规，确立了"志于道，据于德，依于仁，游于艺"的教育宗旨。很显然，从一开始，康有为便致力于要在这里办一所为维新变法大业培养人才的干部学校。此后，国内各种报刊、学会兴起，其创办人和中坚力量，几乎都是他的弟子，或再传弟子，则不为怪。

最初，康有为的学生只有不足二十人，后来，声誉鹊起，学者日众，遂迁至卫边街的邝氏宗祠（今广卫路附近）。1893年，学生猛增至数百人，于是，再次搬迁至广府学官仰高祠（今文明路广州市第一工人文化宫内）。离开长兴里邱氏书室后，康有为接受大弟子陈千秋的建议，改长兴学舍为万木草堂。这四个字是从梁鼎芬《赠给康长素布衣》的诗句"万木森森一草堂"中择取的，陈千秋称"义极佳"。他说，"将倾之大厦，必须有万木扶持，而非一木所能胜任，故欲集天下英才而教之，冀其学成，群策群力，以救中国"，因此，这四个字最能表现康先生的政治抱负。后来，人们习惯于将邱氏书室、邝氏宗祠和广府学官仰高祠统称为"万木草堂"。如今，后两处已在历史的浮尘中消失得杳无踪迹，倒是邱氏书室，竟意外地保存下来。

邱氏书室是一座非常典型的岭南硬山顶祠堂式建筑。看上去是新修过的，外貌多少还保存了当年的模样，碌灰筒瓦，两边保留有部分灰塑，青砖石脚，砖木结构，包括三间三进两天井的主体建筑格局也还在。但其内部设置似乎已非昔日可比，当年的气息、神态更是邈不可寻了。听工作人员介绍，多年前，一家工厂曾占据这里作为车间，以后陆续住进四十余户居民，成了名副其实的大杂院。近年来，政府出资千余万元将这些住户全部迁出，又投入数百万元对主体建筑加以全面修缮，周边的临时建筑及违章建筑也得到了彻底清理，于是，这座百年草堂才有了"重见天日"的机会，我们也才有可能来这里追寻康、梁的神迹。

我站在青砖灰瓦之下，漫步于高悬着"万木草堂"牌匾的厅堂，仰观匾上四字，竟出自康有为的亲笔，颇感意外，想不到经历了百年种种磨难之后，它还能安然无恙，冥冥中给我一点安慰。我凝视这几个字，神采飞扬的笔画之间，似乎隐藏着什么秘密，但我找不到合适的语言把这种感觉说出来，那情形就像陶靖节先生看着天空有鸟飞过时曾经说过的"此中有真意，欲辨已忘言"一样。但我还是竭力想从四处弥漫的潮湿空气中嗅出一点康、梁的气息来。我默默不语做沉思状，这时，忽闻一丝悠长的弦音从高堂梁栋的缝隙间飘来，且伴有清音雅唱，问过才知，这是此地开办的昆曲培训班在上课。转过前厅，果然看到十几个女子正围坐在一起，轻拍素手，跟老师学唱。

无奈，昔日康有为"以大海潮音，作狮子吼"的雄浑，已被今日的清音雅唱所取代。我从墙上贴的招生简章得知，除了昆曲，这里还在举办国学、淑女、君子、礼仪，乃至武术、女红等各种培训班。新生的万木草堂，俨然已成大众流行文化的普及学校。走出草堂的大门，向北眺望越秀山，中间隔着万千楼台，竟有一种咫尺天涯、苍茫路断之感，逝去的，真的就逝去了，不能追回了吗？

1927年，康有为七十寿辰，梁启超写了《南海先生七十寿言》，其中讲到当年在长兴里万木草堂读书时的情景，字里行间依然充满了无限深情。他记得，那时的万木草堂，学生不满二十人，年纪多在十五六岁乃至十八九岁之间，弱冠以上的只有二三人，都是天真烂漫、昂扬向上的青年。大家相濡以沫，像亲兄弟一样，先生则像对待自己孩子一样对待他们。学堂里的藏书多达数万卷，都是先生家里的藏书拿出来供学生们阅读的。那时，学堂还置办了很多乐器，准备习礼之用，有钟、鼓、琴、竽之类。先生每天过午升座讲课，主要讲古今学术源流，每讲历时二三小时，"讲者忘倦，听者亦忘倦"。下课后，同学们各个欢喜踊跃，都以为很有收获。晚上，先生会约见学生，有时三四人，也有单独约见的。"每月夜吾侪则从游焉。越秀山之麓，吾侪舞雩也，与先生或相期或不相期。然而，春秋佳日，三五之夕，学海堂、菊坡精舍、红棉草堂、镇海楼一带，其无万木草堂师弟踪迹者盖寡。每游率以论文始，既乃杂还泛滥于宇宙万有，芒乎泛乎，不知所终极。先生在，则拱默以听，不在则主客论难锋起，声往往振林木；或联臂高歌，惊树中栖鸦拍拍起。于戏！学于万木，盖无日不乐，而此乐最殊胜矣。"这样的学生生活真是令人难忘，也是令人羡慕的，以至于三十年后梁启超回想起来仍然津津乐道。我第一次读到这段文字，很自然地就想到了《论语》中所记载的那个经典场景："莫春者，春服既成，冠者五六人，童子六七人，浴乎沂，风乎舞雩，咏而归。"戊戌前后同为维新阵营重要人物的张元济曾有诗赞曰：

> 南洲讲学开新派，万木森森一草堂。
> 谁识书生能报国，晚清人物数康梁。

然而，时隔百余年，康梁的魂魄我们还能追回吗？在现代叙事里，如何使他们重新获得生命，这是摆在很多人面前一个十分严峻的问题。

江南寻阿炳

曹利群

到无锡，第一个想到的就是瞎子阿炳。

多年不来，无锡竟也繁华起来。穿过闹嚷的街市人群，找到当年阿炳居住的崇安寺旁的老屋，现在的"阿炳纪念馆"。屋内的复原陈设足够真实，恰如当年和他一起卖唱的人说的那样，就像是叫花子巢，一塌糊涂，钻都钻不进去。老屋的外边是向上伸展的高楼，阿炳广场中间塑有他弯腰低头吃力拉二胡的雕像，见过阿炳的老人都摇头说不像。

读到一本《二泉映月——十六位亲见者回忆阿炳》，终于让些粉饰在阿炳身上的各色油彩剥落下来。他们都曾和他有过交接，一起喝过酒，卖过艺，听过他演唱，看过他拉琴，或是捡拾过他死后的尸骨。他们断不会说什么"他的伟大的名字应该用黄金写在中国音乐史上"这类拔高的话。于是，一个穿长衫、头顶铜盆帽、戴一条断腿眼镜、头挽道髻的瞎眼民间艺人活脱脱站在面前。

这个人吃喝嫖赌抽几乎占全。抽鸦片之前，个子高大、留着小胡子的"阿炳人还是长得蛮神气，蛮挺的"，不像现在的铜像，头那么低腰那么弯。浴室老板惦记侵吞阿炳继承的庙产引诱他吃了鸦片，在风月场所鬼混患上梅毒又让他瞎了眼。他鸦片的念头重得不得了，挣了钱，"有一块吃一块，有十块吃十块"。他在雷

尊殿守业的日子里，一季香汛的正常收入可以应付两年的生计，
却被他一下子吃光。

不出家门的时候邋邋遢遢，出来必是身着长衫，有形有相。
就连死的时候都是头顶道髻，一派安详仪容。庙产没有了以后，
阿炳必须自食其力。为了在江湖上混得开，官府商贾，引车卖浆
者，包括日本人他都要巧妙周旋应对。不能砸了饭碗，更不能送
了性命。所以他谋生的重要手段"说新闻"就颇有讲究。当着街
坊百姓他可以骂日本人骂汉奸，一副同仇敌忾的样子；但进出城
时，他也会识相地用二胡模拟"阿里阿笃"向鬼子问好。不必说
他多有骨气，他也不是讨好日本人，都是生存之道。他嘴里的新
闻都是噱头，杀人越货，轧姘头，巷中奇谭无所不有，极大地满
足了市民的好奇心。唯有这样大家才爱听爱看，他才能赚得人气
和钞票。

草根之人活一个真性情，阿炳也不例外。虽然五毒俱全，做
人却有底限，所谓盗亦有道。不坑人，不骗人，不害人，大不了
也就是蒙吃蒙喝。酒瘾上来就去店里赊账，只要有了钱立刻就还
上。人家给钱，有交情的收下，没交情的坚辞不纳。一生全凭手
艺吃饭。卖艺时摊开一个小本子，分唱、拉、弹三个部分，上边
有二胡、琵琶曲子若干，明码标价。有一毛两毛的，也有五毛的，
丰俭由人，客人想要听荤段子就得多付钱。很像今天流行的二人
转。唱完了说完了看客该给钱了，给得多自然开心，给的少就发
脾气，骂人，"要围观的人再凑"。有时还出损招儿：用二胡拉出
唢呐的哭丧调，诅咒那些不给钱的人。

见多识广，左右逢源，痞气浊气邪气骨气灵气才气，鱼龙混
杂泥沙俱下，这才有了血肉之躯的阿炳。

当年的"无锡八怪"，最有眼球效应是哭丧、算命、卖艺的

三个人，而阿炳最受捧。手拿二胡，肩背琵琶，阿炳的样子让人
想到带着小提琴和吉他巡演的帕格尼尼。高超的弓法和指法之外，
还有滑稽声音的模仿。这也是民间艺术家出来混的套路。光是技
巧高超还不够，必须取悦于人。除了头顶弹琵琶，阿炳的二胡绝
顶一流。他能在胡琴儿上模仿鸡鸣狗吠，各种鸟儿叫，男女苦笑
叹息之声和无锡的土话白话。虽然这些他不看中，但混饭吃是少
不了的。倚靠从小转益多师的刻苦学习，他的琴技非常人可比，
"小天师"的名号不是浪得的。给他录过音的人回忆说，他的二胡
厉害在两根弦，别人用的弦是丝质的中弦和子弦，阿炳用的是粗
一级的老弦和中弦，发出的声响自然大不相同。加上他的两根弦
绷得又紧又硬，按弦非得用足力气不可。多年下来，阿炳的两手
都是老茧，那些按弦的手指满是苦做的印痕。这样的老弦，老练
的手段，拉出来的声音既劲道十足又传播得很远，细听下来却又
甜而不腻，糯而不黏。真是好手段。

　　后来学习阿炳拉二胡的人过于想当然，或者被意识形态化的
高调所误导。冷月清泉的惠山脚下，他们把阿炳想象成为劳动人
民的代言人，乐曲声中满是哀怨，心酸，苦痛，委曲，充满了对
万恶社会的深仇大恨。速度也慢，节奏拖沓，似乎这样才得阿炳
的真传。有的国际巡演更是离谱，现代化的乐队，钢琴伴奏，声
光电像天上的雷电，极尽婉转流畅华丽，煽情到极限。听了看了
苦不堪言。市面上有的《二泉映月》差不多都听过，不管风格如何，
水平参差，无论独奏还是乐队版，有意无意都在泣涕涟涟地"营
造苦难"，独独少了阿炳行走江湖的落拓与散淡。

　　乐由心生，琴声即是心音。一首曲子拉成什么样子本无定
论。上个世纪三四十年代，阿炳外出演奏经常从无锡的吉祥桥到
老北门走过。人们往往从他的琴声来判断他今天生意的好歹。生

意好，一路琴声轻快，只消十分钟这段路就走完。若是琴声缓慢哀伤，一定是没挣足钱，同样的路，二十分钟也不一定走得完。好好坏坏，有起有落，这是人生的常态，也是音乐的常态，和阿炳 1950 年的钢丝录音如出一辙。那时离他的死日不过几月，临时从商店里借来的乐器，只练习三天的手艺，不会是他最好的状态。何况大烟断了之后，他人已经脱相。只是曲子仍然饱满，不疾不徐，势大力沉，味道重浊，不是临终的哀鸣，却是平常日子的存照。不是对生活的哭诉，而是对生活的担承与化解。无惧无恐，无忧无喜。

　　录音后，杨荫浏先生让阿炳为这个无名的曲子起了名字。在先生的建议下，"二泉印月"被改为"二泉映月"。一字之差，意境损了不少。天上月水中月阿炳本是看不到的，无所谓"映"不映。而心中的月琴中的月，却给阿炳的一生留下了难以磨灭的印痕。"印"是足迹也是心痕，几十年里与山与水与树与风与人的交集，一个"印"字有多好。

隔壁是菱窠

——李劼人故居

何大草

　　我任教的大学，在成都东郊狮子山。出北校门，下缓坡，有一座朴素、安静的宅院，这便是作家李劼人故居，他亲笔名之的"菱窠"。二十年前的盛夏，我还在晚报做记者，曾和好友曾智中骑车上山，头一回到菱窠喝茶。那时的菱窠，已是免费开放的小公园，花影摇曳，好些老人在这儿喝茶，遛鸟，颇有故主人喜欢的市井气。门前是菱角堰的一池微澜，再引颈遥望，就是蜿蜒翻越龙泉山脉的东大道。菱窠的位置，正处在成都的郊区，暗合着文学的处境，即边缘。

　　菱窠占地近五亩。据故居文管所副所长郭志强先生介绍，抗战中，为躲避日机轰炸，李劼人在此买地，修建了一座"疏散房子"，即现在的故居主楼。当时是以黄泥夯墙，茅草覆顶；为了存放书籍字画，在房上修了低矮的一层阁楼。此外，还有三间厢房、一间厨房、一个猪圈、一个厕所、一口水井。1957年后，李劼人用稿费将主楼改造成砖墙和小青瓦屋顶，系典型的明末清初川西民居风格。他在这儿生活起居、写作阅读，直到1962年病故。

　　今日菱窠，李劼人离世虽已五十年，故居有过翻修，但陈设如旧，仍保留着故人犹在的旧风貌。常有市民在主楼下喝盖碗茶，摆龙门阵，而李劼人盘桓抚摸过的五棵马樟、一棵柳树、一棵银桂，亭亭如故，见证着流年、风雨。

上世纪二三十年代，一批批有才华的文学青年纷纷走出外省，投身主流文化的中心城市如北京、上海等等，住会馆睡亭子间，组建社团，创办刊物，或吟风弄月，或激扬文字，蔚为一时的主潮。而与此同时，1891年出生的李劼人，却安坐在自己的家乡，写出了长篇小说《死水微澜》、《暴风雨前》、《大波》等等。半个多世纪过去以后，彼时的主潮已经凝冻为历史，当初曾使人激动不已的许多小说多半已难以卒读，但李劼人的作品却正像巨大的冰山一样朝读者漂移而来，诱使人去一次次探寻它们潜在的意义。以《死水微澜》为例，上世纪八九十年代，曾被改编为话剧、川剧、舞剧、电影、电视连续剧，除电影稍逊之外，其他形式均获得了很大的反响，荣获过中国戏剧、戏曲界的各种重要奖项。中国近现代多如牛毛的长篇小说中，在当代被这么多艺术种类移植，并取得如此成功者，《死水微澜》可能是仅有的一部。

李劼人是一个完整意义上的外省作家，他在故乡成都度过了作为文人的一生。他不仅说成都话，而且用成都话思维和写作，甚至还善于品尝、烹调成都的美食，这不仅可以他书中对美食的描写为证，而且他还真的开过题名"小雅"的菜馆。但是，李劼人不是一个只识得"子曰"的老塾师，也不是在悠然间采菊东篱的隐士。他说成都话，同时他还会说巴黎话。当五四运动的风潮翻过秦岭、穿越夔门波及偏僻的西南时，李劼人离开成都，行程万里，于1919年12月抵达法国。在巴尔扎克和雨果的故乡，李劼人主要从事法国文学的学习和翻译。四年半之后，他返回了中国。巴黎生活对李劼人的影响，也许可以从多年后另一位旅法画家的自述中得到印证。1961年，在巴黎功成名就的赵无极说："在我成为艺术家的过程中，不能否定巴黎的影响，我必须同时指出：随着我的成长和自信的确立，我逐渐发现了中国。……是由于巴黎，我才回归到根深的本源。"在取道南京回成都的过程中，李劼人还做出了一个具有象征意义的决定，那就是坚辞了朋友推荐他到东南大学执教。李劼人说，因为"东南大学复古空气甚浓，与我的怀抱大异"。李劼人从遥远的法兰西，回归到自己的根深的本源，却并不想变成一条腐朽的根须，他拒绝复古。

　　李劼人的艺术本源，存在于成都的乡音和乡土之中。只有坐在自己狭窄的家中，他才能够真正写出那些超越时代和地域的不朽之作。家，对李劼人来说，不是巴金笔下用来控诉的家族和祖宅；也不是浪漫主义者口中又伤感又抽象又虚玄的字眼。他的家、家乡，弥漫着成都潮湿清新的空气，茉莉花茶飘香，床头桌椅因长久摩挲而现出温暖的纹理，细节精细，手感舒适。1935 年，李劼人在家中写出了《死水微澜》，又接着写《暴风雨前》和《大波》。他自然不知道，这一年，远在北美大陆的某个偏僻之处，也有一个作家像他一样安坐家中，写完了他的代表作之一《押沙龙，押沙龙！》的初稿。这个人叫威廉·福克纳，注定要影响 20 世纪小说写作的"美国南方的土生子"。李劼人的本意也许是要写出左拉式的"卢贡·马卡尔家族"，然而他在精神气质上，其实与素昧平生的福克纳更为生气相通。乡土人情的观念，贯穿了东西方两位小说家生活与创作的始终。福克纳在好莱坞打工期间，老板见他在闹哄哄的办公室无法工作，就让他把任务带回家中去做。老板所说的"家"是指他在好莱坞的公寓。而对于福克纳来说，"家"却只有一个，那就是千里之外的密西西比故乡，于是他理所当然地遵命回到了那里。这就和李劼人一样，家就是邮票般大的故园，家就是朴素而温暖的菱窠。当一代苦闷的青年愤而离家出走的时候，李劼人成了一个"家"的文学守护者。当文坛为"启蒙"与

"救亡"的主题而争鸣不休的时候，李劼人则用小说的形式，从容不迫地再现了本世纪初"启蒙"、"救亡"、"革命"、"爱情"在外省上演的悲喜人生。

中国近现代的著名小说中，以"家"和乡土为主题的，当然不止李劼人一个。巴金是李劼人的同乡，他也姓李，他的《家》，在当时曾发出过振聋发聩之音，对"家"的黑暗、礼教的虚伪、人性的丑恶所发出的痛彻肺腑的控诉、谴责、诅咒、鞭笞，曾有力地呼应过大时代的家庭革命、社会革命。湖南作家沈从文反复描述的故乡湘西，则有着桃花源一般的宁静和美丽，氤氲着梦想中的乌托邦色彩。但是在李劼人的笔下，故土却充满了日常生活的烟火气息，有冬天死水般的沉重，也有着春情勃发的波澜。有贫穷、愚昧，也有憧憬、抗争。有批判揭露，更有悲天悯人。声色肉欲，波谲云诡，放在那个世纪之交的大动荡时代里，无论是邓幺姑、罗歪嘴、顾天成、刘三金，还是楚用、黄表婶，谁不是善恶同体，正邪难分，让人爱恨交织！

我个人以为，中国现代文学史上，长篇小说以萧红的《呼兰河传》、钱锺书的《围城》、李劼人的《死水微澜》为最好。《呼兰河传》乃诗化小说，是一种异类的好。《围城》在形式上接近完美，但它过巧，过巧则轻。唯有《死水微澜》携带的历史最为厚实，而故事又最为精彩，书中那个亦侠亦邪、烈火情欲的邓幺姑，之令人难忘，只有话剧《雷雨》中的繁漪可以媲美。

十七卷本的《李劼人全集》已出版了，二十年前和我同去菱窠喝茶的智中兄即是编者之一。我是李劼人辞世那年出生的成都人。今天，我翻阅着他的书，感慨他旺盛的创作力，也叹息他留下的遗憾。他眼界之广、识人之深，更有才华纵横，是很有可能成为福楼拜、乔伊斯、福克纳般伟大作家的。然而，他没有。他因为爱成都，一辈子都在写成都，从细微末节上写透成都的特质。很多特质就普通人而言，都是可爱的，然而，放在他身上，却成了小毛病，他最终就是被这些小毛病耽误了，太名士、太合群、太多才多艺、太多想做的事、太琐碎（每天用一分钱也要亲自上账）、太耐不得孤单。譬如他办报纸，因为纸张贵，就自己办纸厂，这个纸厂耗了他二十多年的光阴，身心俱疲，然而没有赚到钱。但，作为作家，他静下心来创作小说的时间，才仅仅两年多。即便是天才，两年多也很难写出一个伟大的作家来。《死水微澜》之后，李劼人的小说一部比一部长，却一部比一部粗，如果说旧版《大波》瑕瑜互见，那么新版《大波》几乎要硬着头皮才啃得完。

伟大的作家一生只做一件事，写作。但写作，只是李劼人做的许多事之一。

天气好的时候，我会携本书，步出北校门，下缓坡，去菱窠喝一碗茉莉花茶，发一会儿呆。窗内人影一晃，我恍然觉得，他正伏在桌上续写成都的春秋。

满纸苍凉：寻访巴人故居

赵柏田

门口的一对石狮，已静静蹲伏了数百年。大溪在门前日夜喧腾，它流经的时日更为久远。这奉化江的源头，在王任叔（作家巴人）的远祖王钫那个时代，想必还是清澈的，现在已略显浑浊了。沿溪的村街上，几堆老人扎成团，下棋，喝茶，闲话。三五个孩子好奇地跟在一群外来人的后面。牛甩着尾巴悠闲地走过。秋日的阳光在溪石和水流中鸣响。这僻远小村岁月不惊的生活，劈面撞来真让人不知今是何夕。

四十多年前的那个春天，七十岁的王任叔被押解遣返奉化大堰镇时，他没有料想到这初始之地也是他的终焉之地。当他走到卵石铺成的乡间小路上，面对这满溪滩巨蛋似的石头，憎恨在他荒凉的心里像草一样疯长，他是憎恨这里出世的宁静的。不然何以解释他落魄至此还要在京城苦苦地守候十年，直到没有了生活自理能力才不得不回到这里？遣返是遗弃的信号，在一个变动不居的社会里，他成了一块丢弃的木头，任由南方山村迷蒙的水汽和贫瘠的生活腐蚀，直至耗尽血气而腐烂，自动消亡了他的肉体和精神。

大堰镇大溪路狮子闾门 33 号，一幢建于 1906 年的南方普通民居是二层木结构楼房，共两间一弄。这是王任叔初婚的新居，也埋葬着一个叫张福娥的不幸女性长达半个多世纪的孤独、屈辱、咒骂和弥留之际的泪水。王任叔的一生中至少有两个时期在此生活，1917 至 1926 的十年和 1970 年 3 月至死去的两年，加起来有十二年的时间。如今人去屋空，徒留恨声。一楼东间是其晚年卧室，临窗的木桌是他写作的地方，摆放着笔筒、砚、镇纸和一沓已然泛黄的人文社的稿纸。据说《印度尼西亚历史》就是在这里定稿的。屋角有一 50 厘米见方的大木箱，旁边的纸片介绍说是他遣返回乡时用来装运印尼史资料书籍的，从北京一路带到此地。

　　1959 年，作为资产阶级人性论的代表人物，王任叔因一篇《人性论》遭到全国性批判。过了六十岁的王任叔，他的生命转入了一个急速向下的坡道（但他自己还不知道，他还在谵妄地等待山回路转的一天）。以后十年间，他仍居京滞留，其间，妻子爱女分离，因脑血管病变引起的晕眩，连续昏厥，冬天缺煤，大小便失禁，生活的辛苦自是不难想象，他写给儿子的几封信是这一时期忠实的生活记录。想想近半个世纪前京城角落这个孤独的老人，让人吃惊的是到底是什么力量竟能让他苦撑十年。1970 年 3 月，他失去了生活自理能力，被遣返回乡，随身所带只有几件衣服和两大箱印尼历史稿件资料。他感到还有力量，希望在放逐中完成这一异国历史的写作。

　　然而离开了数十载的故乡已不适于他的病体，浙东群山包围中的小村阴晴无定的天气和弥漫的水汽浸透了他的躯体和大脑的所有神经脉络。连绵的山峰是天然的幽闭的石墙，使他的情绪愈加松垮和濒于绝望。病情迅速恶化，直至脑血管严重病变而神志不清，精神分裂。他疯了。大雪天的晚上，他蓬头跣足，赤裸着身子，在村子里狂奔嘶呼：打鬼！打鬼！有一次甚至在雪地里躺了一夜。还有一个传闻是：当时生产队派给他的活是搓草绳，他搓完了就用草绳把自己拦腰捆绑起来，叫道：我把你捆住了，看你还往哪儿跑！后来有其后人说这传闻是假的，那就不妨姑妄听之吧，考辨细节的真伪不是本文的任务，作为一个寓言或者象征，相信很多人会发现其中的真意义的。两年后的夏天，王任叔在小村大堰默默死去。

弃文而从史，就像沈从文1949年以后的被迫转向一样，王任叔此举也有钳制声口不得已而为之的苦衷。但沈为人温和，自行消解了内在的紧张和冲突，在故宫博物院尘封的典籍和一大堆花花朵朵、坛坛罐罐中发现了乐趣。而庞大的历史著述对王这样一个渴望行动的人来说却是一桩苦差，遑论乐趣，简直就是一副重轭。我这么说的意思是，一个从没有受过现代史学训练的作家去从事历史著述实在是勉为其难了。从他留下的二百多万字的印尼史著作和译著来看，主要用力是在史料的收集和整理上。但印尼史料文献很大一部分是荷兰文写的，王不懂荷兰文，只能阅读译成日文和印尼文的荷兰史料，资料有限，限制了作为一个史家应有的开阔视野。另外，结构的松散和逻辑的不严谨也是一大弊病。而最大的问题，则是他的研究方法，那基本上是在一种封闭式的环境里封闭式的方法。我不知道史学界对王的印尼史研究是怎样一样评价，凭直觉，不会太高。

傍晚，从王任叔的墓地回来。站在这间他的生命最后居留的小屋里，坐在桌前的椅子上，推窗即见青山。四十余年前，这满山的葱郁怕也滋润过一双因长久伏案而酸痛的眼睛？清风不识字，穿堂来去，哗哗地翻动桌上的稿纸。书生长已矣，徒留世间的是满纸的苍凉。

生于此，又归于此。他好歹也落入了自然生命循回的轨迹。天道循回，精神不泯，比之同时代更多受难的、沉默的灵魂，他也算是幸运的了。

明亮的喀什

深夜 11 时，我像一滴东来的雨落进了喀什城里。

东部海滨正是潮湿的台风天气，在这里，又干又硬的空气却让人的鼻腔一阵阵发紧。2 小时 40 分钟的时差，使得这座亚洲腹地的古城一点也没有睡眠的迹象。白杨树梢戟指着的天空，也好像才暗下来不久。9 月初的喀什，夜晚已有了沁人的凉意。大街两边树下的一张张方桌前，围坐着一群群消磨时间的人们。边上的货摊上齐齐地码着馕，还有各式瓜果。有女人穿着长裙戴着头巾走过，黑暗中面容莫辨。年轻人坐在车上打着鼓，车子开得徐徐缓缓几乎跟不上鼓点的激越。

还没来得及看看这南疆的首府之城，就匆匆踏上了去帕米尔的路。通向帕米尔高原的 314 国道，又称中巴友谊大道，经山上关口可直达巴基斯坦。车子一路跑去，才发觉喀什噶尔实在是太辽阔了。这或许是中亚最大的绿洲了，在它的胸怀里不只是生长了喀什一个城市，还有无数的村庄和市镇。一路都是葱绿的玉米、高粱、水稻和棉花。毛驴拖着车在田野上的林荫道上小跑，青黛的绿荫向前遥遥延伸。雪水在路边急急奔流，一井井平房掩映在挺拔的白杨树林背后，从打开的院门看进去，很大的院子里树荫匝地，头戴花巾的女人在洒水打扫。出城不久，过了克孜疏勒（维

语，红色）河就是疏附县，再到其下辖的乌帕乡，辽阔的喀什噶
尔绿洲才到边界。乌帕尔，维语的意思是深远之地，再往西就是
不见树木只见骆驼刺的高原边缘了。

过了乌帕尔，缓缓上升的山路前面像升起一幅巨大的画一样
升起了雪山。天是一点没有杂质的蓝，这么蓝的天空映衬着雪峰，
几让人不敢逼视。接下来是一百多公里长的盖孜（维语，灰色）
山谷，山势陡峻一如刀削，路边水流激涌的就是盖孜河，忽在道
之左，忽在道之右。峡谷尽头是一个宽大的河滩，远看草地上缀
着一个个黑点，走近了才知是放牧的牛羊。雪峰倒映水中，清竣
得像肯特的一幅版画作品。据说这就是玄奘西行时经过的流沙河
了。它对面就是白沙山，远看山形如女体柔和，那是因为覆盖着
一层厚厚的白沙的缘故。原来以为这都是山体销蚀而成，后来才
知道，河滩一到冬天枯水期积淀了大量沙子，穿过盖孜峡谷的风
把沙子向山那边吹起，日积月累才有了这样的景观。这是从喀什
噶尔到帕米尔的途中最宁静的一处了，日光泻地，风尘不动，空
气里静得一只昆虫的拍翅声都能听见。

这里是佛教东传时最早开化的地区之一。伊斯兰教在中亚兴
起后，它成了该教在帕米尔以东的重要基地。早晨的艾提尕尔清
真寺安静无比，阳光透过白杨的重重树荫落在庭院里开成一个个
光斑。这里逢到"居玛日"（星期五），做礼拜的有六七千人，逢
到盛大的肉孜节和古尔邦节，内外跪拜的教徒更有四五万之众。
这座全疆最大的清真寺建于 15 世纪中叶，距今已有五百六十年的
历史。天蓝色的寺门是一个八角形的穿厅，两边砖砌贺柱上各有
一个邦克楼，为寺内教职人员召唤教徒祈祷礼拜之用。塔楼顶端
立着的铁杆上高擎着绿色新月。阳光透过庭前的树叶照在礼拜殿
长廊的地毯上，地毯已起毛，色泽黯淡，不知有几千几万双膝在

此叩拜？

　　明亮的喀什，阳光下一切都是这样的明暗分明：建筑，树木，脸部的轮廓。人们在街上走来走去，踢踏着干白的尘土。喀什市区北郊的阿帕克霍加麻扎（又叫香妃墓）也是南疆著名的穆斯林礼拜中心。这是全疆境地内规模和影响最大的伊斯兰教"霍加"（圣人后裔）陵墓。始建于17世纪中叶，墓主是喀什"霍加政权"之王、白山派首领阿帕克霍加以及他的家人。陵园由高低礼拜寺、主墓室、果园等几部分组成，小尖塔、木栏杆、圆拱顶错落有致。墓中葬有阿帕克霍加族五代七十二人，据传乾隆皇帝的"香妃"也葬于此。她是阿帕克霍加的重侄孙女，因自幼体有异香被称为"伊帕尔罕"（香姑娘）。她于1788年在北京病逝后，皇帝派了一支一百二十人的队伍，用了三年半的时间把她的遗骸运回了喀什噶尔。墓道大门口有一香妃小像，是一个鼻子高挺的维族女子像。

　　黄昏的艾格致艾日克巷，余晖正在白杨的顶梢燃烧着。街口的维族匠人正在打制铜盆铜壶，并在一件件成品上雕刻花纹，他们的目光像创作中的艺术家一样专注，一家家店铺门口，挂的全是他们的作品。烤羊肉串和烤馕的香气飘满了整条巷子。孩子在奔跑，面相庄严的维族老人在街角慢腾腾地走过。巷子的深处是一场正要开张的婚宴，一身西装的维族新郎坐在门前，他的两边，似乎整条街上的青年男子都出来做他的伴郎了。这浓重的烟火气息，这快乐、平和而知足的生活，或许正是喀什的迷人处了。快到九点了，整条街越来越明暗分明，阳光照到的一边是金黄的，另一边则沉入了黄昏如水的幽深里去。

从天水到敦煌

一

出西安城，沿渭河向西，秦岭分列左右如两排青色的屏风，时而在天底下横着，时而又奔突到眼前。车过宝鸡，才真正进到它的心脏。从西安到甘肃省的天水，一路相随的是在岭坡上出没的陇海铁路，和黏滞浑黄的渭河。

万物各归其位。世界有着它恒定的秩序。路，桥，山，水；山上的树，石，鸟，虫子和流云……千百年来怕就是这样的吧，甚至人，又有多少改变呢，一样的族群，血缘，表情，甚至活法也是沿习直至今天。有一个比喻，岩中花树——是四百年前我的一个同乡（他那时的官职是明朝蛮荒之地的一个驿丞）放逐到湘黔道上时说过的一番很有意思的话，大意是，我未见岩中花树，则它与我同归于寂，待我一见它，世界便生动起来，于是知心外无物。一个人一生中又有几句话能让人记住呢，能成为智慧传灯的更不会多。我对着变动的山川默默地说：万千世界的物像，都进到我的心里留下你们的投影吧，因为心要给你们一个秩序——如此，世界才真的"生动"起来。

出行前，匆匆忙忙抓起两本书放进已塞得很满的行囊，一本是福柯的思想传记，一本是写得风华而又糜烂的《唐代的外来文明》，原名又叫《撒马尔罕的金桃》的。我计划在旅途中把它们看完，再不济也可以解解路途上的乏。同样的反理性主义的立场，我喜欢福柯甚于尼采，是因为他不像尼采常常说些突兀的没来由的话。他这样说了，还要告诉你为什么要这样说。而尼采呢，似乎总是"大风吹过落下思想的果子"，神秘而先验。从这个意义上说，福柯更像一个现代学者，一个思想史家。他站在人文主义和理性主义对面的声音似乎也更有说服力些。从我个人的理解来说，福柯是有着赋予事物以秩序这一庞大的野心的。在他转而探究权力的微观层面前，他就把知识的密码确定为，词与物的关系。而这也是思想史的深层结构。他的《词与物》，英文版的题目就是《事物的秩序》。相反的，《唐代的外来文明》则是一本秩序散乱的书，这本从中国古代对事物一种古怪的分类开始的书，讲述的是公元7～9世纪作为世界中心时期的唐朝的物质和精神生活，满眼带着异国风情的物的碎片：野兽，飞禽，羽毛，食物，香料，宝石，药品，器皿……如果前者是收缩的，后者则是铺展的。信手带了这两本书在路上，或许流露了一个念想：我希望有尽可能广阔的世界维度，更希望它们在一个人的心里井然有序。

二

在藉河边上的一家客栈里，醒来已是9点。河就在窗下，河滩宽大。城不大，呈狭长状。步行街、自由市场和住处相去五分钟的脚程。货物丰足，核桃、枸杞、花牛苹果（出自当地一个小镇）、木耳、大枣这些土产的中间也放了很多添加了防腐剂的南方来的鱼虾和竹笋。街上女子皆身量小巧，挺拔，脸型线条柔和，很有水色。中午，住的酒店有一婚宴，新娘着大红礼服，身量窈窕。8
世纪时这里应该是一个靠近中国心脏地区的一个所在吧，无数从
波斯、大食和中亚诸国来的使臣、僧侣、商人穿越那条以丝绸名
之的商道，在此歇脚洗尘后，又赶往梦中之都长安。说到"金桃"，
确有其物，公元7世纪，撒尔马罕国的国王两次向唐朝进贡这种
珍异的果子，据说"大如鹅卵，其色如金"。谢弗以此作书名，是
把它做了未知事物的一个象征，他这样说及外来事物对唐朝人生
活的影响：

　　——一只西里伯斯的白鹦，一条撒尔马罕的小狗，一本摩揭
陀的奇书，一剂占城的烈性药，等等，每一种东西都可能以不同
的方式引发唐朝人的想象力，从而改变唐朝的生活模式。

　　这是一本充满了物质碎片的书。但谢弗这样说，他虽然在
谈"物"，目的并不是开列一份唐朝进出口物品的清单，而是研
究人——通过对物的研究来研究人。这或许是可能的，普鲁斯
特——这个有着"第二重视力"的伟大的哮喘病患者——在写到"斯
万家那边"时说，历史，隐藏在智力所能企及的范围以外的地方，
隐藏在我们无法猜度的物质客体之中。在他眼里，物，囚禁着逝
去的时间，成为记忆的库房。只是打开这库房的钥匙，总是掌握
在通灵者的手里——谁又能像他那样，一眼就在一个事物的后面
找出另一个事物的影子？就像舍斯托夫说的有双重视力。

　　这个得名于"天河注水"的传说的陇东南小城，地处秦岭山
脉西端，靠近中国的地理版图的中心，被当地人自豪地称为"陇
上小江南"。看地图，天水去西安、兰州和成都都在三百到五百公
里之间。这个地区以西秦岭为界，北面属黄河流域，南面则是长
江流域。中学课文里的"但使龙城飞将在，不教胡马度阴山"的
龙城，说的就是这里，它还有个古称叫秦州。8世纪后期，杜甫

曾流寓到天水和附近的同谷，留下了一组《秦州杂咏》。那是大唐走入向下的坡道的时候，他为避一场战乱而来。他只住了半年，离开后的下一个驻脚之所是蜀中成都，最后死在从岳州到湘潭的一段长江上。上个世纪 90 年代初，有个大人物来此，题留下四个字，"羲皇故里"——传说中三皇之首的伏羲氏，据说就出生于此，炼五色石补天的女娲，则是他异父同母的妹妹，后来两人结为了夫妻。伏羲庙在秦城区，离市中心不远，这里供奉着的与其说是一位"龙祖"，倒不如说是一位上古时代的文化英雄。创八卦，造书契，制礼仪，圈养牲畜，营造建筑……几千年的文明就是由此滥觞。那是一个确定词与物初始关系的时代，一个建立大秩序的时代，在那时，词与物几乎就是一体，语言澄澈透明，"宇宙包容于自身之内：大地与苍昊共鸣，脸孔在星斗中望见自己，植物在根茎里保存着对人类有用的秘物"。

伏羲庙的几块匾：

——"一画开天"：一派开辟鸿蒙的混沌与大气。这"画"，是卦像，是指称世界基本物质形态的符号，也就是语言吧。

——"开道明道"：世界像处子的眸子张开了，智慧的地平线上依稀出现的是事物的秩序，"道"。

——"象天法地"：参详、穷究天地之奥秘，正是发见这一秩序的努力。

这或许就是福柯心目中的世界的古典时期？（他从西方的人文传统出发把这一时期放在了文艺复兴前。）词与物没有阻隔，它们由上帝同时创造。到了巴别通天塔之后，语言四分五裂，日渐丧失了与事物原始的粘连。这时的语言遭到扭曲远离了事物，一种文化是一种扭曲，世界不再是语言的库房，在世界的不透明度里，词的书写、语法与事物的本相扭结交错，或在事物下面川流。

世界再度陷入混沌、无序的黑暗。失去了透明性的言语，也再度回到了神秘与暧昧。它是表达的媒介，又是表达的障碍。因此产生了第二级的语言，不是名词，不是动词，而是一种评论、诠释、引言、博学式的语言，它们的功用是唤醒蛰伏于其中的初始的语言，并最终让事物开口说话。我好像有些明白，瓦尔特·本雅明为什么要写一本全部以引言组成的书了。

那么我在这里的言说，又能有多少能触及事物的本质？

三

麦积山。处处野花，空气湿润得可以拧出水来。出发时天色晦暗不明，到达时则天朗气清。山形绝类农家麦秸垛，山岩上石窟如蜂房密布。佛像多为南北朝至隋唐时所塑。西魏、北周时的，多为"瘦骨清像"，隋唐时的，则大多丰满圆润。佛教自西汉传入中土，历七八百年至隋唐，已彻底世俗化和人格化了。比之其他形式，造型艺术反映外来事物总是要快些。所有对他者的反映，都带上了自身的想象，或者是一个时代的风尚和趣味。

出天水向西，高原起伏绵延的山体如大地赤裸的肌肤，路边的村庄、集镇，墙体和屋顶也都是泥土的颜色，一色儿灰蒙蒙的。忽然整个天地都暗了下来。闪电的鞭子抽打着高原。雨迹蜿蜒在车窗玻璃上。昏暝中前方的道路也似乎变得叵测起来。有一段路，还下起了婴儿拳头大的冰雹，山梁上碎碎点点的全是白。俄顷，雨收，大地回复清朗，北面岗峦起伏的皋兰山，在夕照下脉络清晰。晚7时，车子驶进兰州。整个城都笼罩在金箔一般的阳光里。这是唯一一个黄河穿城而过的省会城市。因河还在上游，尚不显浑浊，这也是兰州人所津津乐道的。晚饭后走在江堤，夜色中的黄河在隔岸灯火的映射下像一个铺展的女体，做着轻轻的呜咽。

　　这里已经是中国陆域版图的几何中心，假如在比例尺为1:26000的中国地图上，以兰州为圆心，以90毫米为半径画圆，你会发现这个圆基本圈住了中国版图。经地理学家测算，这一陆都中心就在兰州市区东部的榆中县定远镇。因此，兰州又被誉为"陆都"，据说孙中山先生生前曾有在兰州建都的设想。昨天的一场大风也吹进了兰州的街巷。当地报纸上说，"一场莫名其妙的大风"。它吹倒了铁路道口的一株枯树，造成路阻三个小时。它折断了一个50米高的一个电讯塔。它还吹走了商场庆典仪式上的一个大气球并砸到了一个行人。兰州人爱喝，说是在某街某巷，有两个兰州人打架砸破了头，警察赶到一问缘由，两人却是朋友，是因抢着付酒账，拉拉扯扯而动开了武。夜，在广场附近走，见两个男人在马路边上对着瓶子"吹喇叭"，也没什么下酒的，边上躺着七八个空酒瓶。当地的一个朋友说，一顿酒喝下来，如果菜是三百元，喝掉四百元的酒是常事。呵，真是一座泡在酒里的城市。

　　这个陆都心脏曾是古丝绸之路上的一个重镇，中原通往西域的一个枢纽。当时从长安经兰州入西域的路线基本上是：从长安出发，经渭水流域，越陇坂（陇山），经成纪、天水、陇西、定西、榆中到兰州，从兰州再沿黄河西行。唐朝使臣及地方官员多循这条路进入西域，中原和西域的商贸和文化交流也大多沿这条路进行。贞观三年，后来写下《大唐西域记》的玄奘离开长安，就是经天水，过临洮后再沿阿干河谷到兰州，过黄河出金城关西至河口，再沿庄浪河谷西行去天竺的。贞观十五年，唐朝文成公主、金城公主嫁给吐蕃首领松赞干布和弃隶松赞，两位公主据说也是沿这条路入藏的。到了北宋末年，兰州以西地区逐渐纳入西夏版图。宋与西夏既对峙，又在经济上互为依赖，这里遂有了以茶马互市为主的商贸来往：南方的茶叶由此进入西夏，北方的良马也由此进入宋朝的疆域。

四

武威，头顶的云弯成了一把张开的弓的模样。时当正午，长日贯空，高原的阳光让人不敢逼视。

武威这个城名与西汉时一个著名的将军霍去病连在一起（据说是为了表彰霍大败匈奴的武功军威）。在唐诗中，它一次又一次以"凉州"的别名进入我们的视野。西汉初年，匈奴入侵河西，两次挫败大月氏，迫使大月氏人西迁到锡尔河、阿姆河流域。整个河西走廊成为匈奴的领地。此时，匈奴"控弦之士三十余万"，对汉王朝构成了严重的威胁。建元二年（前138），汉武帝首次派遣张骞出使西域，联络大月氏、乌孙夹击匈奴。元狩二年（前121）春，骠骑将军霍去病统率万骑从陇西出塞，进军河西走廊，大获全胜，不仅生擒了浑邪王的儿子柏国，还缴获了匈奴的"祭天金人"。汉武帝把这一战利品放置在"甘泉官"（陕西凤翔）加以供养礼拜。莫高窟第323窟北壁壁画绘有这段故事。这年夏天，霍去病亲自率骑兵过居延水，直冲祁连山，斩杀敌兵三万余人，使河西的匈奴受到毁灭性打击。其间，匈奴上层内讧，浑邪王杀死休屠王，携部四万余人投降汉朝。汉元鼎二年（前115），张骞第二次出使西域，顺利地从乌孙凯旋而归。从此，通往西域的丝绸之路开通了。随着战争结束和进一步的河西经略，出现在这片黄沙黑山之间的是城市。为保护这条路的安全畅通，在河西设置了酒泉郡和武威郡。同时采用了设防、屯垦、移民等措施经略河西。后又将酒泉、武威二郡分别拆置敦煌、张掖两郡。又从令居（今永登）经敦煌直至盐泽（今罗布泊）修筑了长城和烽燧，并设置阳关、玉门关，即史称的"列四郡，据两关"。就这样我来到了从初中历史教科书上认识的河西四郡中的第一郡。

"凉州大马，横行天下。凉州鸲鹆，寇贼消。鸲鹆翩翩，怖杀人。"西晋时的这首民谣，说的就是凉州的军功之盛，像猫头鹰捕猎土拨鼠一样，而这又是那样的让老百姓害怕——怖杀人，一股子凉气从字里冒上来。

开边置郡后的武威，汉武帝一次又一次地从这里得到他梦想中的乌孙、大宛的名马。有一年，朝廷的一个谪臣在这里一个叫渥洼池的地方得到了一匹通体乌黑的黑马献上，汉武帝高兴地名之为"天马"，并作《太一天马歌》。有名的"马踏飞燕"，就是出土于这里的雷台汉墓（雷台在城北，原为一道观，此处的箭杆杨都有两百多年的树龄了。而这种树一般也只能活两百年左右）。隋唐时，陇右一带广阔的草地是政府巨大的天然牧马场。

马对一个国家来说真的有那么重要吗？《新唐书》说，"马者，国之武备，天去其备，国将危亡"。唐朝人在观念上是把马看做了外交政策和军事政策上的一个重要筹码。7世纪初，唐朝刚刚建立，政府发现陇右草原上牧养的只有五千匹马，其中的三千匹还是从前朝手里继承过来的，于是专命地方官悉心照料，到七世纪中叶，政府宣布已拥有马匹七十万六千匹。这些马当时就分开安置在渭河以北乡村的八坊之中，还有一部分在甘南草地，因为那里的草甸子草（草名）马特别爱吃。

同时马还是一种贵族气息浓厚的动物，上古时代流传下来的种种传说使这种动物罩上了神秘的光环，赋予了种种神奇的品性。有一种说法是，马是龙的近亲。这种天使般的动物（同时它又是多么的矫健啊）曾陪伴周穆王穿过被视为圣地的昆仑山。而伟大的玄奘法师的那匹白龙马，则从印度驮回佛经让佛教征服中国。最有天赋的诗人李白这样赞美传说中的天马——"天马来出月支窟，背为虎纹龙翼骨"。

对天马的信仰和膜拜，可以追溯到公元 1 世纪时的汉武帝，他曾梦想借助炼丹术士配制的神奇的食物、或者通过精心安排又不无可疑的仪式，来保证他的长生不老。他渴望拥有一批超自然力量的骏马，以便带着他飞升天界。张骞出使西域，公开的说法是为了联络大月氏共同夹击匈奴，但实际上他只是皇帝的个人使节，他的真正的秘密使命是去寻找传说中的"汗血马"。然而也正是他，在 2 世纪时开通了一条中国人进入西方的陆上道路，即那条以长安为起点，横贯亚洲并连接欧洲、非洲的以丝绸命之的古道。

《唐代的外来文明》里讲到凉州，说是这里曾向唐朝进贡一种御寒的"瑞炭"。据说这种炭坚硬如铁，"烧于炉中，无焰而有光，每条可烧十日，其热气逼人而不可近也"。还有就是外来音乐兴盛时期，许多从突厥斯坦和印度进入唐朝的幻人、走绳伎、柔软伎、吞火者和侏儒伎（他们又被称作散乐艺人）常在这里的祆神寺里进行表演。凉州的葡萄酒，在当时被认为是一种能唤起迷人的联想的精纯稀有的饮料（甚至在它驼路更西的敦煌，葡萄酒也是重要庆典上的附加饮料）。在非正式的杨贵妃传记《杨太真外传》中，就曾经提到过"妃持玻璃七宝杯，酌西凉葡萄酒"的事。"七宝"可能是一种古老的珐琅制品，在唐朝和唐前的工艺中，是在浇铸的彩色玻璃杯中滴入景泰蓝，再加黏合剂固定而成。

出租车绕城开到第二圈的时候，快到城外，我们看到了凉州的月亮。它是那么的圆，亮。从岑参、高适时代一直照临到今天。在武威街头的一家书店，看到一直觅而不得的费尔南·布罗代尔的两卷本的《菲利浦二世时代的地中海世界》，因还要西行，怕路途累赘，摩挲良久还是放下了。现在，对一座城市的念想成了对一本曾经迎面遭遇又错肩而过的书的怀念，它还要在书架上沉睡多少个时日，才会被一双手打开？

五

　　朝发武威，经张掖，暮至嘉峪关。从武威到张掖的 280 公里，时可见大片的草地，著名的山丹军马场就在路经的山丹县。国道南面是连绵的祁连山脉，隐约可见皑皑雪峰（其实这条嶙峋的山脊从兰州不远的乌峭岭就开始隆起了）。北面是马鬃山，山势如马鬃飞扬。中间就是著名的河西走廊了。窄处仅 15 公里。张掖位于走廊的中段，这里已时可见到汉长城的遗迹，绵延数十里，忽在路之左，忽在路之右。甘州，《八声甘州》好像是宋词的一个曲牌。宋时的文人们不再有汉唐时的雄健张放，只是在幻想中经历着边关的雄奇了。张掖之得名，是霍去病破匈奴后，汉武帝有"断匈奴之右臂，张中国之左胁"之谓故（"胁"同"掖"）街上卖枣的姑娘，头缠白围巾，问之，说是为防风沙，也防太阳灼人。忽然想到刚刚车上看的叶舟的小说《风吹来的沙》。小说写得并不怎样，倒是沙尘暴写得颇为生动，"从下午开始，这个深陷在黄河两岸的微小盆地，就被成千上万吨的沙尘遮没了"。他写一个人从屋外进来，低头在水龙头下洗，嘴里吐出了一口又一口的沙子，眼眶和耳朵里掏出了层出不穷的沙子，头发里也还是不住掉下的沙子。可是眼下的张掖很平静，几乎感觉不到风吹。城中大佛寺，是西夏国王室寺庙，传释迦牟尼涅槃时姿势为卧，此处卧佛长可达七八间屋面。寺藏有明永乐年间初刻的《北藏经》（即《永乐北藏》）数千卷。相传忽必烈曾降生于此，不足为信，但忽必烈确曾在其母殁后守灵于此。康熙也曾西巡到此。另一个到过此地的，就是乡人蒋介石先生了。

空气燥烈得几乎闻不见一丝水汽。戈壁在灼人的秋阳下向四面八方铺展，远远望去，几以为是海。偶可见祁连山溶化的雪水在视野的尽头如一条白亮的带子飘来。祁连，一个同古代史一样古老的词，是匈奴语？还是别的什么语？失我胭脂山，使我妇女无颜色，失我祁连山，使我六畜不蕃息。像这古歌，一样的直白而费解。如有成群的白杨林和大片的玉米地出现，就知道快到城市或集镇了。

酒泉，这个古称肃州的城市更为干燥。嘉峪关，傍晚七点钟的阳光下，广场上飘满了风筝。还有一种叫八瓣梅的高原小花，色彩艳丽，极是媚人。城中有一湖，系从地下引祁连山的雪水而潴……河西走廊，唐时即为陇右（甘肃）富庶之地，大量贡品和外来物品由此源源不断送往长安，官府具列陇右道的土贡为：厥贡敉金，砺石，棋石，蜜蜡，蜡烛，毛褐，麝香，羽毛、皮革及鸟兽之角。在唐朝任何一个道的贡物中，都没有如此多的记载。嘉峪关长城南面祁连山，北临黑水。康熙征讨葛尔丹时曾到此。陈列在长城博物馆的魏晋时的壁画，线条流畅，色彩明艳，殊为可爱，画面内容多为民间日常生活景象：耕种，饮宴，帐篷里的男女，屠狗，交易。

出嘉峪关西行，那真是个海，旱海。阳光不是在上面跳跃，而是丝丝地渗了进去。宽大的河滩只见乱石，不见一滴水。长时间看着，眼睛都涩得痛了。黄沙，黄沙，黄沙，半小时一小时后睁开眼，车外还是如此的单调。一百公里又一百公里扔在了身后，经玉门、安西（瓜州），晚抵敦煌（沙州）。一路看够了左公柳、左公杨，这里的棉花也是一百三十多年前左宗棠从湖南带来的种子繁衍下来的。那时这里遍植大烟，绿洲里开满了妖艳迷人的罂粟花，左宗棠强令以棉花取代了这种恶之花。只是这种棉花秆子都很矮，农人们在路边田里收棉花，那动作不像是摘，倒像是俯着身子在捡。晚上住在七里河镇，这是个青海油田的职工生活区，去县城不远，也就七公里的车程。敦煌县城的商业街里坐满了吃烧烤羊肉喝啤酒的年轻人。还有一种卖"杏皮水"的，不知是种什么饮料。黄昏在街头看到一绝美的女子走过，全身穿的都是白色。

在路上读书很有意思，但首先是要找到一本好的书。《唐代的外来文明》去年曾粗粗看过一遍，很喜欢谢弗那种年鉴学派式的方法。后来还买来一本送朋友。出门前找一本路上读物的时候，我还是马上想到了它。这本书就像是专为这次近 2000 公里（从西安到敦煌）的旅途准备的。当我从古丝路地图上现在的吉尔吉斯坦看到撒尔马罕这地名时一下子找到了初读时的亲切。这使得这次旅行具备了双重的时空，当我远远地离开人群，我仿佛又看到了唐朝天空下行走的驼队，僧侣、商人、胡姬，看到了酒杯里的泪光和马背上的月亮。相遇——时间和空间的相遇会带来什么？一辆装满干草的大车远远驶来（那是种农用机械车，张承志说甘肃人叫"蹦蹦儿"的，车头是三轮摩托，车身小，满车金黄的麦秸却装得像座小山），我喜欢这空气中干草的浓烈的香气。而此时，书中的一行句子让我长久地盯着天空中虚无的一点出神。那真是个芳香的年代啊。

——"上层社会的男男女女都生活在香云缭绕的环境中，他们的身上散发着香味，浴缸里撒着香料，而衣服上则挂着香囊。庭院住宅内，幽香扑鼻；公堂衙门内，芳香袭人；至于庙宇寺观，就更是香烟袅袅、香气弥漫的所在了。"

我时常会为这样的句子动容。它本身带着令人心醉神迷的香气。这样的句子还有聚斯金德《香水》的开始，写巴黎城的那一段，杜拉斯在《情人》里说"那一年我十五岁在湄公河渡河的船上"那一段，海明威写部队经过扬起树叶和尘土"只死了七千人"的那一节。

六

鸣沙山，月牙泉，莫高窟……这些是一个外来者眼中敦煌的符号了，而我也只是在这些符号之上的行走。还有那个叫沙州的古称，也只是让人想象千年之前这西域极地的蔽天风沙。祁连山——塔克拉玛干沙漠——北塞山——三危山。大月氏、乌孙人和塞种人。这个"咽喉锁钥"之地埋葬着多少的马骨、箭镞和落叶般的世代。敦者，大也；煌者，盛也，我很喜欢这个从汉武帝时就有的辉煌的地名，尽管它一点也不大，只是个十万人口的城市。去鸣沙山时，七点过半，天还是半明半暗着，路上最多的是成群结队上学去的孩子。到达时天已亮了，但四周的山、树、人，还像是沉在微暗的水里。女人们从半山腰滑下时高潮般的尖叫一阵阵传来。月牙泉上像蒙着一层灰雾，莫高窟。一个个光线晦暗凭着讲解员的手电筒才可以辨清人脸的洞窟里，收敛声息，放轻脚步，脚下是宋或西夏的画砖，眼前是南北朝以来的彩绘和线条，甚至墙上小孩乱涂般刻上去的字，也是来自时间的静深处。这样的情势，一个生活在世代相袭的文化里的人，心里怎不涌上些敬畏。

1897 年，小个子的肃州巡防营兵勇王圆箓离开部队来到三危山下，在此脱胎换骨成了一名道号"法真"的道士。那时，一排排踞崖而筑的石窟正无望地张着大嘴瞪着大眼，看着这个蓦然的闯入者。一个极平常的日子，他和雇工一起清理壅塞洞窟甬道的流沙，劳累之后他顺手把一支点过烟的芨芨草插入背后那道裂缝，沉睡了九百多年的藏经洞就这样不经意间打开了。而这个小人物也一下子被推入了历史的旋涡。其举功焉罪焉，福焉祸焉？王道士去县衙"报官"。王道士赶着毛驴携着两箱经卷找上级的上级。上级的上级说："你看古人这些字，能和我写的书法比吗？"斯坦因灵敏的鼻子闻到了东方来的这一缕幽香，王道士再是"狡猾，机警，令人难以捉摸"，还是没有挡住他的一些许诺，几块银圆和一番连哄带骗的胡话加昏话。那些钱最后还是没有流入他的私囊。他用这些钱做了些修缮，使一些佛像免受风雨侵蚀。他始终是一个中国饥民，最后也是贫病而死。他始终很卑微，他的离世地，那座道士塔，至今还在经受着文字的鞭打……

　　藏经洞，那个叫王圆箓的道士兼兵勇，还有伯希和、斯坦因，经过一个明星式散文作家的卖力渲染，已经越来越戏剧化了。但陈寅恪的一句"敦煌者，中国学术之伤心地也"，还是让人心里一凛。脾气再好的人，眼睁睁看着自家的好东西在人家院子里也会愤怒的。1935 年秋，常书鸿在巴黎塞纳河畔一个旧书摊上，偶然看到由伯希和编辑的一部名为《敦煌图录》的画册到这里，就是为了守着这些遗世珍宝。常在安西小城眼睁睁地看着他娇小的妻子永远地离他而去，而他还是要骑着一匹老骡，回到这些土丘间过完他的大半世时光。这没有女人的日子的苦辛自不待言，按他自己的话说："从我们到达莫高窟的第一天起，我们就感到有种遭遗弃服'徒刑'的感觉压在我们的心头，而这种压力正在与日俱增。"

　　这已是此次行旅的终点，再往西，就是春风不度的阳关和玉门关了。晚饭照例喝了点酒，相互说的话里都有了些作别的意思。性子急的都买好了当晚飞西安的机票。回到房间，打开电视：女足世界杯，成都选美，渭河抗涝，叙以和谈，朝核，黄金周机票不打折。一个小妇人作女孩状喊着我猜我猜我猜猜猜。窗外的白杨树在黑暗中轻摇着它们手掌似的叶片，仿佛黑暗中轻轻的笑声。空气里渗着丝丝的凉意。忽然觉着了在渭河边说"秩序"时的好笑。这已经不是一个给万物命名的时代了，当然也不是一个给事物以秩序的时代了。该说的已经都说出。物先于我，词先于我，它们造就你也规定你，启蒙你也束缚你，一直以来，我们都生活在这样一种时势的积习里。我所能做的，或许也只能是让词与物贴得更近些——"让每个词都坐在实处"。

　　一次真实的行走，却又像是一个由传说、旧物、词语幻化出的想象之邦，一个非现实的世界。在途中，我时时有这样的感受，真的好像是置身于一个旷古的梦境，过往的文明就像洞窟里的烛光在梦境的深处微微闪烁。而周遭的世界——树、石、房屋、人——则成了世界的一个表征。世界就这样淹灭在了无边无际的表征和符号的海洋中，留下来的只是"一缕香魂"。就这样的说话，又能让多少个词"坐在实处"呢。但也只有这样说话，我才会邂逅语词那奔放不拘的活力。它好像在无限的曲线活动中又回到了自身。很多时候，我不无悲哀地发现，我的工作，它只是让词语在一线白纸上无声地流过——在这里，它既无声音又无对话者，只是在它存在的光辉中闪耀。

　　好多次，都不想在这条路上再走下去了，但一个声音说：你是个苦役犯，还是纹了身的。

　　——只能是这样的说话了。

正午的高昌古城

赵柏田

　　四处是静静的夜。飞机在一万米的高空平缓滑行，杯水不惊。在飞越天山上空时，机身有了些微的颠簸，机组小姐说是气流活动频繁之故。出得机场，刚下过雨的乌市，空气中有种久违的湿意。但在次日一早去往吐鲁番的途中，这湿意渐渐消散，终至于无了。

　　去吐鲁番要途经达坂城，这个小城以前是驿站。因了王洛宾的那首著名的歌，人们都以为达坂城里到处是长辫子的漂亮姑娘。但王洛宾在这里撒了个可爱的谎，达坂城的姑娘并没有他歌里说的漂亮。据说王写这支歌是为了在造路时鼓舞士气。在这个小城的附近，南部的天山和北部的博格达山之间宽阔的平原上，有一个规模颇大的风力发电厂。此地向东一百七十里，便到吐鲁番。这个地处新疆中部的低洼盆地，以出产葡萄而著名——"吐鲁番的葡萄熟了，阿娜尔罕的心儿醉了"。因为气候干燥少雨，此处特产葡萄和木乃伊也就不足为怪。这里的年降水量才 120 毫米，而蒸发量达到了 3000 毫米，人们能在这里居住生息，全赖"坎儿井"之功。这是利用地面坡度引用天山雪水的一项地下水利工程，据说《史记》中就有记载的，与长城、京杭运河并称中古时代的三大工程。19 世纪中叶林则徐发配至新疆伊犁时，曾对之进行改进，故当地人又称之"林公渠"。全疆境内的坎儿井共约五千余公里，全是由人在地底下爬行、掏挖而成，这是多么浩大的工程。谁能想象在地底下像鼹鼠一样爬行的一生？为了生存，人真是什么样的罪都能受。

这里是中国最热的地方了，叫"火洲"的。火焰山在日光下通红透亮，天却澄净透明，蓝得发暗。

正午的高昌古城，直射的日光几让人晕眩。这两千年的城郭，那一代代的生命穿过落日的灵棚都去往何处了呢？"地势高敞、人庶昌盛"的高昌，现在连一只飞鸟的影子都看不到，扑面都是黄土，黄土，黄土。

此城为西汉车师都尉国的都城，维语曰伊都护城，为王城之意。西汉时李广西讨大宛，他在那里建造了屯驻士卒的"高昌壁"。据传汉武帝着令寻汗血宝马，校尉与士卒跋涉于此沙漠火洲，长久粮草决绝，音讯渺茫，直至将军李广利攻破大宛，方获汗血宝马，高昌由此繁荣起来，成为西域及丝绸之路要冲，最多时人口达六万之众。5世纪以后它一直是北凉王朝的都城。高昌国数百年间朝代更替，尤以鞠氏传国九世十王，为高昌国鼎盛期。7世纪中叶，唐朝军队进入高昌，设立西州都督府。9世纪中晚期，回鹘人在这里建立了高昌回鹘汗国。上得城中丈余高台四望，可见城呈方形，子城、内城、宫城（可汗堡）依稀可辨。城计长三千六百米，与《隋书·高昌传》所记"周回一千八百四十步"相合。街衢城郭，断墙残垣，市集、军营、角楼、佛塔、寺院、殿堂、门廊和护城河道的遗迹尚存，只是都被千年风尘蒙了，只是那一代代的生命如树叶飘零归于尘土了。

走在这千余年前的街道上，耳边依稀还是市集的叫卖声、儿童的嬉闹声、马蹄声和风吹酒旗声，想想脚下踩着的竟是一千余年的历史，心里顿生异样，举手投足皆见庄严了。

千年风华，却又全被岁月抹得混沌一片，留下的只是苍凉。时间真是天地间最冷面的使者。

坐着小驴车到了城中大佛寺，寺中壁画残迹犹存。据传贞观二年（628）春天，玄奘西行至此，礼佛的高昌王优礼殊厚，大唐三藏和尚玄奘在此讲经说法一月。他答应高昌王西天回返时会再来，然而当他从印度取经回来时，在莎车国听说此城已破，高昌王死，遂改变了方向经由南疆回到长安。关于这个六万多人口的都城的消失，一般的说法是毁于13世纪下叶蒙古贵族发起的一场战争，1275年，蒙古贵族海都、都哇、卜思巴领兵十二万围攻高昌城，半年后城破，当时的高昌王被迫远走甘肃永昌。四十年后，高昌王虽"领兵火州，复立畏兀尔城池"，但繁华难追，再也无法恢复昔日的盛景了。

日光照着满目残垣断壁，却又风骨峻峭。看着这个泥筑的大城，在大漠中灿烂，而又静默着，一时无语了。

雨中雁荡山

宁肯

    一处历史人文圣地，有人喜欢去前功课，有人喜欢去后，各有千秋，不同心路，所得也不尽相同。我属于后者，极少前者时候，只有当年去西藏一次，那是要去得太久。因此，关于雁荡山过去只闻其名，隐约知道和徐霞客有些牵扯，实际上一无所知。一无所知有一无所知的好处，就像把心放空之后对一切都新鲜好奇，比如我不知道雁荡山原来就在温州，在乐清，在诗人马叙的家乡，就很惊奇。马叙是好友，过去只知他在温州，不知他竟是雁荡山人。比如我不知雁荡山离海很近，简直咫尺之遥，翻过一道山就是海了，因此当导游说雁荡山原来是海底世界的一部分，出水时间晚于黄山，我又很惊奇。要说黄山原是海底我有点难以想象，太遥远了，而且离海也太远，但此时要说雁荡山曾是海之一部分，我觉得还真有点像。我不能说自己或别人像鱼，但也的确和在别处不同，这儿的山都直上直下的，游人如织，确实有种"山高任鸟飞，海阔凭鱼跃"的感觉。

    正值南方雨季，湿漉漉的雁荡山真好像刚出海面不久，甚至好像还穿着水的衣裳，让人不禁想：或许是恋恋不舍海中情景，或是总是陷入回忆，雁荡山雨的种类之多简直让人惊奇，有急雨，豪雨，细雨，斜雨，微雨，毛毛雨，最小的毛毛雨几近于雾，伸出手心都感觉不到，只有手背才稍有感。我过去从来没做过如此好奇的试验，只是因为住在了景区，早晨起来，推开窗子，但见如盆景的幢幢的山影之中，微雨纷纷，极其细密，不由得就伸出手去接，却居然接不到，一点感觉也没有，真是让我奇了！不甘中本能地翻过手，果然像本能预料的那样，手背有了密密的若有还无的凉意，毛孔的梢上有触动感。过去我一直认为手心最敏感，小时常玩挠手心的游戏，此次才发现手背才最敏感，也算是一个发现。

　　虽然景观神奇，但因为对雁荡山一无所知，只是瞪大眼睛看。这样也挺好，你总能看出点什么，比如看雨，看云，看雾，真是美轮美奂，太虚幻境，遂发现雨云雾是有联系的，有雨必有雾，有雾必有烟，有烟必有瀑，那如线的瀑布就会不时从树丛中钻出，那么细小，那么密集，江南之细，在时空中的变化多端让我感叹，感叹江南的文化何以如此灵动、丰饶、幻化无穷。江南的文化绝不大而无当，也与愚蛮、粗暴、蠢劣与戾气不相干，绝不会产生《水浒》那样的暴力文化。因为没一丝风，我注意到雾完全依着山势升起，而山的千变万化使雾常常显得有些笨拙，如同一种情感的笨拙；雾太依恋山了，山什么样儿雾就什么样儿，直到脱离了山，成为一朵伞状的云，才成为正果。

　　流纹岩，到了雁荡山我才知道有这样一种岩，它差不多是我自己发现的，就在路边，有简单说明。我觉得这就够了，没必要导游拿喇叭对你背诵，事实上导游经常是破坏性的，许多东西因导游反而消失了。我喜欢这刻在石头上的三个红字，静静地看着薄薄的雨水顺岩石流下，像有许多钻石流下，禁不住又去拿手捧，结果瞬间消失，还是水。流纹岩是雁荡山一大景观，应该位列三绝之一。岩上刻字曰：雁荡山形成于1.28亿年前，由于火山喷发，岩浆喷涌，形成了许多流纹岩，其中有许多气体聚集，形成气泡，流水便跳跳荡荡，因此，雁荡山又被称作天然流纹岩博物馆。后来进一步看书，方知如此地形地貌对古代科学家产生了强烈的启智作用，北宋科学家沈括在著名的《梦溪笔谈》写道："予观雁荡诸峰，皆峭拔险怪，上耸千尺……原其理，当是为谷中大水冲激，沙土尽去，唯巨石岿然挺立耳。如大小龙湫、水帘、初月谷之类，皆是水凿之穴。"这是世界上最早有关流水对地形侵蚀作用的学说，比欧洲学术界侵蚀学说早了六百多年。看来做科学家也不难，只要善于思考就行了。但为什么只有沈括想到了水浊的作用呢？为什么只有牛顿发现了苹果的蹊跷？这又太难了。

　　前面说雁荡山瀑布之细小，那是还没见到大的。见到大龙湫瀑布我有点傻。远观还有些不以为然，但是越走越近，直到止步，直到一阵水汽将雨伞掀到了脑后，我感到大龙湫那不可捉摸的力量，这力量是任何一处瀑布没有的，以致我无法再往前走了。虽然还没看到瀑布全貌，但局部的瀑布，那种飞流直下、腾起的水雾、周边树草的大幅摇晃，有如阵阵七级大风，让我叹为观止。大龙湫瀑布高 197 米，自崖跌落，在潭中溅起水汽，形成瀑布风。我见过无数瀑布，包括黄果树，抱括国外的一些瀑布，但能够形成瀑布风的只有这 197 米高的大龙湫瀑布。瀑布风，应该是我的发明，因为恰是在这里我突然想到"风生水起"这个词不确，应该倒过来：水起风生。同时也理解了大海的潮汐：水为月引，风为潮生。唉，要是早几百年，我恐怕也成了沈括了，生不逢时啊！

　　别说成不了沈括，就是成为徐霞客也做不到，就是连他的一根小手指头也做不到。我因怯懦没敢走到瀑布跟前，更没穿过水帘，之前，我的伞被一阵瀑布风刮跑了，我怕自己成为云中的孙悟空再也下不来。可徐老先生不仅不惧瀑布风，不仅淋了腾起老高的瀑布，还追根溯源，登上了崖顶，立于瀑布之上。后来在展旗峰下见到徐霞客雕像，觉得他的雕像不应该在展旗峰下，应该立于大龙湫瀑布之上。他人都上去了，雕像还不能上去吗？

　　不过可能还真不能，大龙湫之崖太险了，公元1632年，为探得大龙湫瀑布来龙去脉，徐霞客以老迈之躯第三次来到雁荡山，其如采药人一般的艰险在徐霞客后来记述的文字中可见一斑。"梯穷济以木，木穷济以梯，梯木俱穷，则引绳揉树，足布被突石所勒而断，险掉下悬崖，粉身碎骨。后复续悬布，竭力腾挽，得复登上岩而出险。"呵呵，"引绳揉树"，如"灵峰飞渡"，脚布勒断，险些粉身碎骨。这便是徐霞客，而我辈只能鼠窜耳。

　　说到"灵峰飞渡"，那又是雁荡山一处名胜，那儿的山峰个个孤立，直上直下，所谓"飞渡"即两山之间一条绳索，采药人飞来飞去，差不多就是当年徐霞客的样子。一座座孤峰之间，构成了巨大的天井，天井中布满了观赏的座位，黑压压坐满了人，即使雨中，即使打着伞，这些人仍仰着脸。我不喜欢这类表演，加之观赏者大呼小叫，大吃大嚼，遂折进了左近高处的灵岩寺。进了寺顿时有穿越之感，寺内清静，四周奇峰嶙峋，古木参天，有殿宇，禅房，客舍，皆赭黄色，十分清静。清人喻长霖的一副楹联道出周围景色："左展旗，右天柱，后屏霞，数千仞，神工鬼斧，叹无双"，字相当不错。虽仍有隐隐的欢声传来，但已是背景，反而更衬出一种静。仰望佛像或驻足禅房，后来才知道这儿也是郁达夫来过的地方。

　　1934年11月，秋天，枕于浙东山水的郁达夫来到雁荡山，便宿于灵岩寺的某一间禅房，或许就是我所驻足的禅房。郁达夫睡眠不好，浮梦连连，后被一阵嘈杂声吵醒，以为寺里失了火，"急起披衣，踏上了西楼后面露台去一看，既不见火，又不见人，周围上下，只是同海水似的月光，"郁达夫后来记述道："月光下又只是同神话中的巨人似的石壁。天色苍苍，四围神秘，幽寂，诡怪，当时的那一种感觉，真不知道要用些什么字来才形容得出！起初我以为还在连续着做梦，这些月光，这些山影，仍旧是梦里的畸形；但摸摸石栏，看看那谁也要被它威胁压倒的天柱石峰与峰头的一片残月，觉得又太明晰，太正确……雁荡山中的秋月！天柱峰头的月亮！我竟像疯子一样一个人在后面楼外的露台上呆对着月光峰影，坐到了天明。"

　　那个夜晚，我也见到了灵岩的山影。虽然因为雨云，没有了海水似的月光，没有水中倒影般清澈的星空，虽然只是模糊的幢幢山影，我仍然满足。因为郁达夫不曾见过雨中的灵岩夜景，我替他见见也好。我想告诉郁达夫月光中的灵岩固然好，可直通古意，可见李白的月，陶渊明的月，谢灵运的月，但雨中的灵岩没有月亮实际上更古老，更接近深海中尚未出世的灵岩。深海晦暗无光，但山影仍然依稀可见，如果可能，我愿在这深海中坐到天明，如果有天明的话。

寂寞之声

舟平

　　5月，我们和阿拉坦其其格一行五人，从北京出发，直奔内蒙古西部，到阿拉坦其其格的家乡阿拉善盟去，探望她年老的母亲。阿拉坦其其格是一位蒙古长调职业歌者，用官方语言叫做著名蒙古族长调歌唱家。她来自民间，但不是民间歌手，她受过严格的美声训练。对蒙古长调的演唱有独特的发现和创造。在民间和世界舞台上都广受欢迎，属于顶级人物。我们准备以长调为题做一个电影。

　　阿拉善盟在内蒙古的最西端，再西是甘肃，北是蒙古国。我第一次去，据说那里是开阔的沙漠地区，与戈壁滩接壤。导演哈斯朝鲁开车，路经呼和浩特、乌海，一直往西。正值"五一"长假，出行的人很多。现在，到内蒙古草原去旅游已经成为时尚。但往西去的人不多，那里尽是沙漠、沙棘、骆驼、风。不如去中部和东部，蓝天白云，黑车白帐，蜿蜒的溪流，有奶茶、舞蹈、篝火晚会，都是当地旅游部门组织的，尽量迎合游客对蒙古风情的想象：神秘浪漫，诗情画意，比较爽，也安全。也有不信这一套的游客，他们结伙进入了库布其沙漠，迷失在那里，被当地政府好不容易才解救出来，成为中央电视台的一条重要新闻。在电视画面上，被解救出来的人都分别叙述了同一种东西：身处巨大、空旷的静寂中，那种无以言说的孤独，太可怕了。我相信这段经历将长久地留存在他们记忆里，想起蒙古文化就会想起它，刻骨铭心，去旅游点肯定体验不到。一位草原长大的蒙古族诗人给我这样描述过，说处在那种无边的寂寞和孤独中，你完全感觉不到自己，你站立或者行走，都听不到自己的呼吸和脚步，全被那空旷的沉寂吞没了。这时候你自然想唱，必须唱，放开喉咙，以歌声确认自己的存在，确认你和自然的关系。当然，唱出来的只能是长调，不会是短歌。

长调，蒙古语叫做乌日图道，意为长歌，长的歌。蒙古长调距今已有千年历史，被称为离自然最近的音乐。可以不用词，直接抵达内心。2005 年 11 月 25 日，蒙古族长调民歌入选联合国第三批非物质文化遗产。

再往西，车越来越少，视野越来越开阔，两边是沙丘，一丛丛的沙漠灌木，看不到边际。一条路，一辆车，车上放着长调歌曲《金色圣山》，这是阿拉坦其其格的录音，蒙古长调中的经典。歌词大意是这样的：

　　金色圣山的顶上
　　有只夜莺在唱
　　愿我能平安回家
　　见到我的妈妈

金色圣山指的是不儿罕山，现在叫做肯特山。相传当年铁木真为躲避敌人，独自藏在空寂的山谷里一共九天。那时候他还是个孩子，渴望生还，思念母亲的心情可想而知。后来他成为圣主成吉思汗，不儿罕山被称为金色圣山。这首长调歌曲在民间流传多年，哀伤，凝重，意味深远。面临困难的时候，思念亲人的时候，或者孤独的时候，人们经常唱起这首歌。意思和曲调相差不多，但每个人都揉进了自己的情感。流传和学习的方式和现在不同；大人们是想唱了就唱，有感而发。孩子们呢，有时跟着哼两句，有时候默默地听，不用特意教。当他或者她长大成人，某一天也有了那样的感受，歌子便自动从他们的喉咙里流淌出来，和当年母亲或者父亲腔调一样，以此类推。阿拉坦其其格的姥姥，六十年前去看望亲戚，就在那一年的某天，1946年中、蒙最后划定了国界线，她没能回来。当时留在内蒙古的一个女儿和两个儿子不过七八岁、十来岁。那个年代生活困苦，孩子成长起来相当艰难。身边没有母亲，对母亲的思念，只能表现在母亲唱过的歌子里。后来这个女儿长大结婚了，生下了阿拉坦其其格。最喜欢唱的还是金色圣山。母亲歌子里面的每一缕情感，阿拉坦其其格早就心领神会。

1993年，国际蒙古长调歌曲大赛在蒙古国的首都乌兰巴托举行。阿拉坦其其格获得了这次大赛的金奖。她唱的长调歌曲《金色圣山》在广播里传遍了蒙古国，一位八十四岁的老人听到了，即刻认定歌者是自己的家人。时间已经过去了半个多世纪，老人通过这首长调准确无误地找到了自己的女儿的女儿，这位歌者是阿拉坦其其格，她自然没有见过母亲的母亲，《金色圣山》使她们相认了。

这是流传在内蒙古的一段传奇故事，太巧了，有点像编的，但懂长调的蒙古人绝对不怀疑，那是他们的血，从心里流淌出来，世代相传，味道不变，比汉人滴血认亲的故事真实可靠。当年，老人家从蒙古国回来探亲，到了阿拉善右旗，她把已经五六十岁的女儿和两个儿子每人搂在怀里睡了一夜。儿子临走时撒了一泡

尿，老人用脸盆扣好，想念的时候就揭起来闻一闻。我们在阿拉
坦其其格母亲的家里看到了这位老人的相片，黑白的，已经是遗
像了。阿拉坦其其格说，当年八十四岁的老人在她的钢琴伴奏下
照样唱《金色圣山》，棒极了。可惜没有录下来，阿拉坦其其格说，
她没有想到这样的人也会死。

　　如今，阿拉坦其其格的母亲已经七十几岁了，见到我们很高
兴，流泪，又笑，笑容在她脸上像孩子一样。这话是哈斯朝鲁说
的，他不断地重复一句话：我爱死这个老人了！老人请我们在旗
里的一个餐厅里吃饭，还有她的亲戚。厨师端上来的菜尽是油焖
大虾、松鼠鱼之类，他们认为京城人爱吃这些东西。其实我和导
演都是内蒙人。席间，导演请老人唱《金色圣山》。老人的声音之
高亢，气息之悠长，令我惊异。后来，亲戚们和老人一起唱，轮
流唱，一首又一首，不觉得累。我不懂蒙古语，我知道听长调不
一定非要懂蒙语。6月10日阿拉坦其其格在民族宫举办独唱音乐
会，在她唱《金色圣山》的时候，我在观众席里突然泪流不止。

　　蒙古国有一个著名的纪录片，内容是母骆驼生下了一只白驼
羔，因为颜色不对，母骆驼不认它，不肯给它喂奶。小驼羔呜呜
地哭，让人伤心的不行。对现代人来说，问题很简单，找个奶瓶
把驼羔喂饱就行了，哭几声无妨。但牧民受不了，他们特意从镇
里请来琴师，歌手在琴师的伴奏下给母驼唱《劝奶歌》。这是一支
流传已久的蒙古长调，没有词。通常是遇到天灾人祸的时候，母
畜死了，留下幼羔，牧人要牵来别的母畜代替它的妈妈。一般来
说，非亲生的儿女母畜不肯喂奶，牧人就给它唱《劝奶歌》，十分
地耐心，十分地动情，一直唱到母畜接纳了幼羔，淌出奶水。在
严酷的自然环境中，许多的牛羊骆驼的幼畜就是这样活了下来。
我在纪录片里目睹了这个真实的场面：母驼被主人牵着，牧人们

郑重地围坐在旁边，一位妇女抚着母驼的颈背在唱，一直唱，起初母驼焦躁不安，渐渐地安静下来，它听着，神色认真，肯定知道歌是唱给它听的，它能懂。最后，终于，它的眼睛里出现了泪水，大颗的，很多，越来越多，看到那个镜头才知道什么叫做泪水飞溅。之后驼羔吮吸着母亲的奶水不再哭了。琴师收拾起琴弓，和牧人们一起站起身，放心地走了开去。

阿拉善盟属于腾格里沙漠，这里的人们和骆驼感情深厚。有人形容阿拉善的长调就像骑在骆驼上唱的，起伏大，比较苍凉，和呼伦贝尔、锡林格勒的长调不同，那里水草丰美，人们说那里的长调像喝醉了酒，骑在马背上唱出来的，悠扬，流畅。阿拉坦其其格的演唱风格就是西部长调的代表。她喜欢骆驼。不，应该换一个词，叫做热爱骆驼。她六岁的时候就独自一个人去放骆驼，带着食物跟着骆驼走，一走就是二十几天。晚上就睡在骆驼的脖颈底下，很温暖，不知道害怕。白天跟骆驼玩，跟它们说话，或者唱歌。不觉得寂寞。这种习惯一直延续到今天。阿拉坦其其格对寂寞有她自己的理解，她说那是一种享受。她做了一个手势，很难用语言描述那种享受的滋味。现在她自己住在北京，有的时候发现自己在说话，没有对象。她唱歌，一个人唱很久，没有听众，直唱到自己泪流满面，心胸舒畅。那个时候不是她在唱歌，是歌在唱她，在寂寞中，长调通过你显现了它，它肃穆的美。阿拉坦其其格说自己很小就唱长调，在文艺团体，在舞台上，说那时候只是爱唱，喜欢。直到四十岁以后才算真正会唱，她说这个时候她可以看到一首歌曲的形状，我唱它，只需把自己打开，控制节律，逐渐使它趋于完满。她说那一刻的幸福感无法形容，我就是那首歌。

现在，骆驼已经被列为国家二级保护动物，不准屠杀，伤害或者役使。阿拉坦其其格家还有二三十峰骆驼，用牧民的话说现在是靠老天放养，骆驼们在沙漠上随便行走，吃沙丘上带刺的灌木。虽然自由了，它们依然认识自己的家和主人，临近夏天，主人从自家的骆驼身上剪下驼绒，谁也不会弄错。旗里盟里每年还要举行骆驼选美比赛，阿拉坦其其格家的一峰白骆驼就曾经中选，有一根纯银的鼻弓，确实漂亮。我们有幸见到这位"美女"，并争相与它合影。阿拉坦其其格一定要我闻闻它的鼻息，热哄哄的，一股发酵的青草的香气，让我十分惊异。她说："香吧？"我说："香，是一种特殊的清香。"阿拉坦其其格自小闻惯了并铭记于心的，当她在无边的黑夜中蜷缩在骆驼脖颈下面的时候。

白天，我们看到这样的画面，半野生的骆驼在沙漠上行走，没人放牧，它们仍然列着队，仰着头，步履优雅从容。如果给这个画面配上音乐，也只能是长调，不能是短歌。

上溯一千年，或者更久，蒙古民族就生活在这样广阔的沙漠和草原上，那时候地更阔，人更少，几年见不到一个生人不算稀奇。因此，忍受寂寞的天赋留在了这个民族的基因里，他们创造出了无与伦比的长调，它不仅仅是一种演唱方法，更是一种生活态度。蒙古族长调民歌的内容常常带有叙事性，庄重，大气；感叹自然，歌唱生命，主题以表现思念、哀伤、爱情和死亡居多。不鼓噪，不轻浮媚俗，它是语言尽头的另一种沉默。如果仔细聆听，能感到歌子背后的空寂和沉重。它的美是安静的。

神

会

辑一

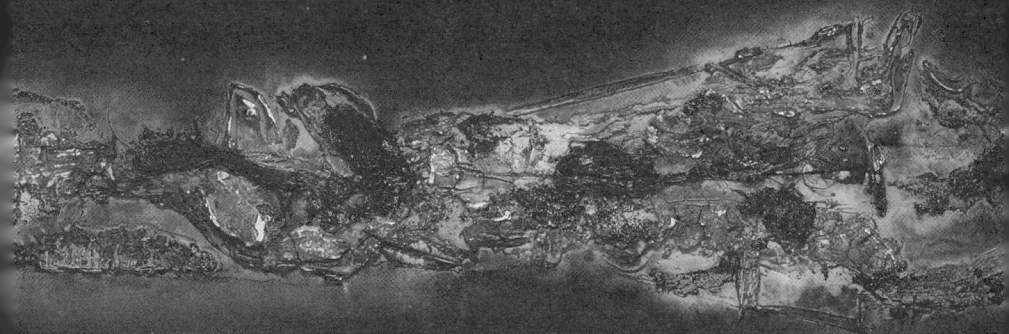

想起京都一只鸟

毛丹青

每年都去京都，算上住宿的时间在内，已经彻底经历了这座古都的四季。暂且不说夏天有多热，冬天有多冷，京都给人的直接感觉似乎与时间没什么直接的关联，这么说并不是出于京都地处盆地之类的地理缘由，而是因为人的某种心象风景的生成。

比如：夏天到了，古都的节日也来了。京都"祇园节"7月中旬又要开始了，一个节日每年都要重复，绵延不绝，千年岁月。我每年都去京都看，但去看之前也会犹豫，反正节日是同样的，服饰、人员、乐声乃至灯笼亮起来的街景大致都相同。回过头想想，也许唯有我的年龄不同了，一年又一年，时间就这样从节日的气氛中逝去。下回的祇园节该去看什么呢？

有一年的夏天，正当我继续犹豫，还没想好去看什么的时候，一位京都的长者打来电话跟我说了件事儿，他一开口就说："今年也来看么？要是来的话，我劝你好好看一只鸟儿。"

听他这么说，先是摸不着头脑，然后再听长者继续说下去，这才恍然大悟。事情的原委如下：京都有个神社，旁边是一家豆腐店，店的后边有个小院子，院子里面有一棵树，不知为何，树的上面出现了一个鸟窝。而且，鸟窝都是用神社里的纸签儿搭的。日本人到神社喜欢抽纸签儿，抽完了以后，见到"大吉"一般都带回家，见到不吉的就地系到树枝上。但凡是神社，大都有一棵枝叶往下趴的树，专门为众生回收不吉的纸签儿。

话说回到刚才的鸟窝，鸟窝里有个刚刚出生的小鸟儿，冲着天空使劲张开嘴巴，但不会飞。它的母亲每天从神社搬回纸签儿，为它们的窝维护修缮。这一切最叫人惊奇的是，从树下往上看，透过阳光可以看到纸签儿上的字，竟然全写的是"大吉"。

据说，这只鸟儿非"大吉"不搬，用它伶俐的嘴叼起"大吉"，好一阵盘旋，从天而降，一直降到鸟窝的中央。这虽然是几天内发生的事儿，可传说已经变成了传奇，眼下豆腐店的生意变得十分兴隆，说是买豆腐，很多人都是为了到后院看这只可爱的鸟儿，祝愿它们母子俩健康。

于是，我也打算去看看，不仅要看一下，而且还要解决一个悬念。这只鸟儿为什么只搬"大吉"呢？拿到"大吉"的香客都带回家去了，那它从哪儿搬的呢？难道这只鸟通晓人间的事儿？早就知道谁即使抽到了"大吉"也要系到树枝上？

后来，我到了京都，一边仔细观察这只鸟，一边慢慢领悟，最终明白了其中的道理，原来因为抽到"大吉"的她或者他，由于种种难言的理由是无法带回家的，于是就委托了这只鸟飞向天空。我越这么想越觉得京都的鸟儿真神了！

寿岳章子（1924—2005）的《千年繁华》是一本记录京都日子的好书，其中有很多内容让我想起京都的细节，一是由于她对日常生活细腻的发现，二是作为资深的国语学者，一贯坚持多用汉字的日语表达方式，使得全书形成了一种独特的风雅，读起来赏心悦目。不过，遗憾的是眼下的日本文坛已很难找到《千年繁华》的文体了。

其实，日本学者能有如此深厚的博识，跟其自身的文化环境有密切的关系。作者寿岳章子的父亲是以翻译但丁《神曲》而出名的英国文学家寿岳文章，作为长女的寿岳章子从小就受到了她父亲带进来的西方文学的熏陶，但同时又因为她的父亲热衷于研究和纸，于是对日本的传统工艺情有独钟。所谓"和纸"，是指日本式的传统造纸，京都有很多店铺专门出售和纸信签。本书有一章《我家的精神生活》描写了作者与父亲以及周围的交往，淡淡的叙述犹如和纸一样澄明。另外，寿岳章子生前还是一位著名的和平主义者，坚决捍卫日本宪法第九条，永远放弃战争，为此还曾参加过京都府的知事竞选。无论是对学问，还是对生活，甚至对整个社会应该承担的责任，寿岳章子始终是一位强势的日本女性，大概也正因为如此，当人们静下心来阅读她笔下的京都时，不难看出一种儒雅的存在与缓慢的生活格调。

寿岳章子写道："在京都，不论走到何处都是乐趣十足。这种漫步的习惯主要来自我孩提时期的生活方式吧。"（《千年繁华》）

不用说，作为生活于京都内部的人来说，上述的漫步从孩提时代起也许就是对时间的一个否定，或者按照文章开头说的"与时间没什么直接的关联"。但不可否定的是悠悠古今让京都把每一段美丽的时间都注入了后人的记忆之中。

日本寺院的山门所藏

毛丹青

　　京都有一处叫"吉田神社"的地方，从周围的山上看，其实就是一座小丘陵。中世纪的时候，这里是神道教学的核心地段，后来被人们信奉为治学之冠。著名的京都大学就坐落于附近，建校时期是明治三十年六月。无论是古都，还是现代大都市，但凡大学生多的街区，无怪乎有这么几类景色。一是学生操场，二是学生宿舍，三是找学生打工的招贴单子。走在这样的街景当中，哪怕是一个旅行者，有时也会觉得轻松，因为周边年轻的男女总是熙熙攘攘的，就像每天过节一样快乐。有一年，以小说《上海宝贝》而知名的女作家卫慧跟我一起走过这里似乎有些感慨，她说起了她复旦大学的日子，后来又是怎么走的路，一直到今天，写起了小说，同时还打坐修禅。对此，我对她说："离开母语国，冷不丁去异域，一开始的冲击总归很大，到了后来就越变越小了。"

　　"我也有同感。"卫慧当时接下了这个话题说，"开始一到纽约，觉得到哪儿，哪儿都人多，不同肤色不同民族，眼花缭乱。可后来，我安静下来了，学瑜伽、打坐什么的，心如一碗清水。"

　　我记得当时跟她闲聊一直聊到法然院以后仍然在继续，不过，当寺院的大和尚打开了山门，从中露出十分寂静的庭园式的情景时，卫慧止步了，不说话，用了很长的时间一直仰望。山门简直跟"秘门儿"一样，而且，越是院深的寺庙越藏得密实，如果没有僧人指点，我们恐怕谁也不知道。

日本大文豪谷崎润一郎曾经写下一篇随笔《阴翳礼赞》，他对日本人喜欢躲到阴影里的感觉近乎于某种崇拜。他的墓就设在法然院的境内，有两块形同豌豆一样的石碑，上面各写一字：一个是"空"，一个是"寂"。

法然院的大和尚是一个风趣的京都人，他说他自己永远是风，尤其一到酒绕鼻香的时候，风就会突然旋起，飞行千里。他跟我们说："人所有的感觉是从眼睛里面喷射出来的。"

卫慧好像不同意，她说："人的表达活动一大部分是用身体来完成的，眼睛很重要，但只是一部分，语言也许最无能了。"

大和尚继续说："语言的无能靠的是眼睛的救济，那是人的灵魂的外显。"他一边这么说，一边步入茶室。一股雨后稻草的清香飘然而至，淡雅除尘。

日本的茶室强调单一的色调，所有的摆设近乎于空荡，生怕饮茶的人被周围繁琐的装饰夺取了精力，于是，喝茶的声音变得十分细腻，本来不该听到的，哪怕是嘴角与茶碗相碰的那么一丁点儿响声也会随着清风吹来。茶、香叶，嫩芽与绿花，孕育出幽深而恬静的气氛。

卫慧问我："大都市住惯了，一旦掉到了这样的境界，就像换了一个脑袋一样。是不是？"我应她的话回答如下："京都是一块盆地，冬冷夏热，所以要求人的体感承受力比较高。"盆地的走向不是正方的，有一面直指大阪湾，是一面平原。据说，京都的起源是神泉苑。盆地虽不靠海，但地下水很丰富，所以京都人对水十分憧憬。包括京都的市政府，现在的地址也叫御池，跟水息息相关。

据史料记载，数万年以前，京都曾经是一个庞大的湖底。在远古的某一个阶段，它跟大阪湾是连接在一起的。从北往东，群山冲积出土砂，又遇地盘的隆起，于是就形成了京都盆地。地质上叫"砂砾地盘"，而这类地盘极有利于地下水的出现。京都市内有两条河，一条叫"高野川"，另一条叫"贺茂川"，它们是纵贯京都的两大水脉，四季许多的节日也是由此起源的。

卫慧对水的感觉似乎也很特别，当她从茶室走出来，沿着池边一条石子路走的时候，忽然有一只大白鸟飞来，点径岸边，居然表现出几丝傲气，不低头喝水，也不抬头望天，只顾听声，鸟头不时地左右摆动。卫慧像是自言自语，又像是对我说："这白鸟莫非是看破红尘了？"

如今，女作家卫慧早已退出了文坛，听人说婚后过着安静的生活。有时想起京都寺院的上述情景，就会内心祈愿，祝愿她什么都好，生活快乐！

村上与谷崎

毛丹青

2013年5月6日，几乎不在媒体露面的村上春树，时隔十八年后在京都举办了讲演会，消息一经公布，顿时吸引了大批媒体，除日本的报纸电视之外，包括海外专程赶到会场的记者在内，已经超过了四十家。当天，村上春树一副墨镜，一身休闲服，一顶棒球帽，而且还是反戴着的，留给记者抓拍的时间仅有几秒钟，然后就像一股风一样迅捷地钻入了讲演会场的旁门。整个过程犹如一位奔波于旅途上的达人。讲演会禁止媒体入内，同时禁止听众录像录音，全场两边的过道上站满了佩戴徽章的工作人员。这是我所见到的作家讲演会中最森严壁垒的一个。

不过，也许正因如此，村上春树在讲演中表现得格外轻松，妙语连珠。其实，继他最新的长篇小说《没有色彩的多崎作与他的巡礼之年》一周实销一百万册之后，很多读者都期待他能对当今的社会发表意见，就像他针对中日领土纷争在《朝日新闻》上发表檄文《让灵魂得以越境的道路》一样，但这次讲演会却是围绕着他作为职业小说家而展开的，其中有些话能让人直接想到日本文学的传承问题，当然，这也是我个人最感兴趣的内容。

村上春树讲演时说："这话在这儿听听就行了，别出去说。我喜欢夏目漱石和谷崎润一郎，我不喜欢川端康成和三岛由纪夫，他们让人觉得郁闷。"没等他的话音落地，场内已有人发出了惊叹的声音，因为在世作家能如此直言的，日本恐怕为数不多。当然，媒体并没放过村上春树，当晚的电视新闻就大幅报道了这一内容。

谷崎润一郎是当代日本文学的一座高峰，代表作《细雪》是唯美主义的经典作品，已被翻译成多种文字。如果以世界文学作为一个参照尺度来评价日本文学的话，无论是过世的谷崎润一郎，还是在世的村上春树，他们无疑都是最前端的小说家。同时，这两者的地域关系也是揭示其文学之关键。顺便说下，我个人对谷崎与村上文学的最大兴趣也源于这一地域关系，道理很简单，因为我所定居的城市与两者经历中所住过的地方一样。

村上春树是 1968 年离开兵库县芦屋的，他去东京上了早稻田大学，他当时十八岁，至于他为什么喜欢谷崎润一郎，援引他自己的话说："我很享受《细雪》这本书。我的母亲是船场商家的女儿，而且家里三个孩子全是女儿，她是长女，小说的环境就是我身边的现实，所以读起来毫不费力。不过，谷崎原本是东京人，我觉得他是用观察异文化的角度，创作了生动的剧情，出生后始终待在那个地方，便会有些过于温吞，或者气氛太过平淡，没什么足以诱发巨大变动的要素。不过，也正因为这样，那也是个能够愉快悠闲地生活的地方。"(《大方》新文艺 No.1，第 61 页，2011 年 3 月)

不难看出，在村上春树的解读中，他关注的是地域关系以及个人的经历。其实，这一同样的解读方法也完全适用于谷崎润一郎本人。

谷崎润一郎 1923 年离开了东京到了兵库县的芦屋，当时他三十七岁，与村上春树的"东进"相比，他一路"西行"，两人所生活的年代虽然跨越明治、大正、昭和以及眼下的平成年，但他们相互东西穿梭的道路也许只有当时的一条"东海道"，相互都是在告别了青春的故乡之后开始的远行，心路历程酷似。

村上春树从小在大阪与神户之间的兵库县长大，他自称是"典型的阪神少年"，1995 年在阪神大地震之后，他曾经回到故乡，并且徒步一直行走到兵库县中心的神户市。"我穿上了胶底步行鞋，把小笔记本和照相机都放进了单肩包里。"（《边境·近镜》新潮社，第 225 页，2008 年 2 月），从这一装扮上就可看出，当时的村上春树虽然已是功成名就的小说家，但他对故乡的风土仍然保持了零距离的接触，乃至走过市立图书馆的旧址和西宫神社时不禁发出感叹。"这些地方对我都是非常值得怀念的。"（同上）

谷崎润一郎 1886 年 7 月 24 日生于东京的米商家庭，年幼时生活富裕，因是长男，从小有好几个保姆服侍。后来由于父亲的生意失败，几经波折，读到东京帝国大学国文系三年级时因拖欠学费而被迫辍学，从而开始了文学创作的生涯。1923 年关东大地震后，谷崎把全家由东京迁到关西定居下来。

如果说谷崎润一郎是纯粹的关东人，那村上春树就是纯粹的关西人，两人的年龄之差虽然超过了六十年，但作为日本文学之于当今世界的重镇，其两者的经历与小说之间的神似却成为一个饶有兴趣的现象，至少有以下两点值得深度考察。

1. 两者都是搬家狂。

从东京移居到了关西后，谷崎润一郎在四十岁后的九年期间，先后搬家搬了十三回，几乎达到了不厌其烦的程度，但从1936 到 1943 年却一直住兵库县住吉川的岸边，长达七年，这是他定居一处最长的地方，同时也是撰写《细雪》开篇的现场，后来这个被誉为谷崎唯美文学的摇篮"倚松庵"成为众多读者仰慕流连之地。

与谷崎润一郎相比，村上春树也喜欢搬家，他自己说过：

"我特喜欢搬家，长篇小说大致都是在从这家搬到那家之间写成的。"（《村上朝日堂》1984 年，同上）。另外，1986 年以后，村上春树还有过长年客居海外的生活经验，住过罗马、意大利、希腊和美国。有关这一点，他戏称自己是"常驻的旅行者"。从神似的经历观察，谷崎润一郎与村上春树都具有特殊的游牧性格，耐人寻味。

2. 两者偏爱公路小说。

熟读过谷崎润一郎小说的读者不难发现，除了长篇小说《细雪》之外，其著名短篇小说《春琴抄》也是一本典型的公路小说。其最大的叙述风格之一就是"对话"大于"情景"描写，而这一日本文学的传承也许与作者乐此不疲地穿梭于地域之间有直接的关系。出于同样的道理，村上春树的小说也凸现同一特征，无论是《挪威的森林》，还是《1Q84》，甚而包括最新的《没有色彩的多崎作与他的巡礼之年》，其中的"对话"精细入微，文学的扩散力有时超过"情景"的描写。村上春树说："我本来就喜欢写对话，从没感到过辛苦，叙事部分倒是改了又改，但对话部分一旦写成就不太修改。在日常生活中，若要归类的话我算是个沉默寡言的人，不善于说话，所以有点不可思议。"（《大方》新文艺 No.1，第 51 页，2011 年 3 月）

最后还有一点或许跟文学传承没什么关系，谷崎润一郎一生先后有三个夫人陪伴，她们是千代夫人、丁末子夫人和松子夫人，而村上春树是在早稻田大学念书时结婚的，夫人名叫阳子，至今未变。

巴伦博伊姆：音乐即故乡

雷淑容

在维也纳看到丹尼尔·巴伦博伊姆的音乐会海报，他穿黑风衣，戴黑礼帽，手持一支硕大的雪茄，神情肃穆地站在一条古旧的欧洲大街上，风起时，衣袂低昂。怎么说呢，他的样子，实在不像音乐家，而像极了一位教父。

卡拉扬之后，巴伦博伊姆大概是唯一让我联想到"教父"的指挥家了。不是因为他的长相——虽然巴伦博伊姆天庭饱满，下巴孔武有型，眼神专注威严；也不是因为他的指挥如何霸气凌厉——在他的音乐会上，从来感受不到君临天下的派头和气势。巴伦博伊姆有一个显著的犹太人身份——在马勒之后，继伯恩斯坦和索尔蒂之后，巴伦博伊姆顺势成为古典音乐界犹太军团的领军人物。但这也不构成我视他为教父的理由，因为他并没有像自尼基什以来的指挥大师们通常所做的那样，以强烈的风格和绝对的控制力凌驾于音乐之上，热衷于缔造个人的音乐王国，而是转过身来，将音乐化为美丽的鲜花，让它们开满战争的废墟和历史的蛮荒地。

作为一个阿根廷籍的俄罗斯犹太人，巴伦博伊姆九岁入籍以色列，国家带给他的困境恐怕远远大于故乡之感：身份认同的困惑，语言的格格不入，一触即发的战争危机，根深蒂固的民族歧视。以色列建国数十年，中东战乱数十年，犹太人虽然结束了千年的流浪，精神上却始终回不到安全的故乡。巴伦博伊姆说，我回家的感觉只是关于耶路撒冷的概念。就身份而言，巴伦博伊姆已经不是地理意义上的以色列人。他是芝加哥管弦乐团的指挥，又担任柏林国家歌剧院的总监，他能流利地说七种语言——英、德、法、意、西班牙、希伯来语和俄语；他是以色列人、阿根廷人，同时也是法国人、德国人、意大利人、俄国人。他身份多重，从不固定，他处处为家，却无以为家，因为他只有一个国度：音乐。但作为一个犹太音乐家，即使在音乐的自由王国，也会面临五花八门的禁忌——德国禁忌，瓦格纳禁忌，富特文格勒禁忌，马勒禁忌，阿拉伯禁忌，穆斯林禁忌以及种种禁忌中的禁忌。对于巴伦博伊姆而言，音乐和政治从来都如影随形，他的音乐生涯开启之时，便是政治使命上路之日。

以色列对他意味着责任——只要国家有难，不论是1967年、1971年，还是1991年，巴伦博伊姆总是像士兵一样及时回到耶路撒冷和特拉维夫，为民众带去音乐的安慰。在以色列之外则意味着勇气、反叛和争议——1990年4月，巴伦博伊姆带领柏林爱乐乐团访问以色列，意味着德意志民族和犹太民族的关系破冰。十一年后，在耶路撒冷音乐节上，巴伦博伊姆率领柏林国家乐团演奏了瓦格纳作品，大胆触及犹太民族的心理极限。然后他走得更远，他因在西班牙安排以色列和阿拉伯音乐家同台演出而被授予西班牙荣誉公民身份，随后又在约旦河西岸举行音乐会，接受了巴勒斯坦公民身份和巴勒斯坦护照。他最具创意之举是联合巴勒斯坦学者萨义德和大提琴家马友友在德国魏玛创建了"西东合集管弦乐团"，将埃及、叙利亚、约旦、突尼斯和以色列的青年音乐家聚集在一起，尝试放下身份，超越政治冲突，进入完全非政治的领域：在德国，同一个乐队，阐释同一种音乐，表达同一种感情。我曾经在现场听过巴伦博伊姆指挥年轻的西东合集管弦乐团演出贝多芬的第六和第七交响乐。西东乐团被他引领着，调控着，音乐肌理层层推进，结构和声部明朗透彻，层次和质地浓密结实，速度和节奏极富弹性，那是巴伦博伊姆制造的音乐王国，没有国界，没有身份差异，没有政治冲突，没有种族偏见，没有历史仇恨，唯有音乐。

　　2006 年的最后一天，巴伦博伊姆回到阿根廷，在布宜诺斯艾利斯科隆大剧院广场举行的"探戈之夜"，那是一场向全世界直播的音乐会，巴伦博伊姆作为土生土长的阿根廷人，像是回到了他生命的起点，他以交响乐的方式演绎阿根廷的探戈之魂，整个晚上，他既是指挥家，又是主持人，他一边弹钢琴，一边串场子，用家乡话与台下数万人互动，他挥汗如雨，他言笑晏晏，他翩翩起舞，古典与流行的转换，热烈与落寞的交汇中，你见证他将阿根廷的灵魂之声引出来，有一连串的刹那，你会觉得，他就是传说中的音乐教父——他为人类指明了一条通往未来的路径，那是一条光荣、尊严和安全的和平之路，是真正连接故乡的路、回家的路，它通向席勒——贝多芬以来的音乐理想：四海之内皆兄弟。

维也纳的异乡人

在维也纳中央公墓的门口买了几枝玫瑰，穿过锦簇花团和累累碑石，一路寻寻觅觅。几个年轻人说说笑笑地赶在我前面，自顾自地进了一块草坪，他们放下背囊，便席地而坐，一边晒太阳，一边大声地聊起天来。听口音像是德国人。早听说中央公墓是著名的散步胜地，但如此散漫和不庄重，颇令人诧异。正在犹疑间，就看见了他们身后的莫扎特、贝多芬和舒伯特。

准确地说，是三个人的墓碑，莫扎特的墓碑位于中央的小草坪上，显得格外醒目，贝多芬和舒伯特的墓碑则在稍后的位置比肩而立。莫扎特的墓碑其实是一座纪念碑，碑顶坐着一位铜铸的欠身垂首的少女，典型的19世纪的浪漫哀悼相——这是莫扎特的衣冠冢，他真正的葬身之处在圣马克斯公墓的一座乱坟岗。

贝多芬与维也纳的缘分是从莫扎特开始的，他第一次去维也纳，莫扎特便预言有朝一日贝多芬将震动全世界，可第二次去时，斯人却已魂归天国。就在那一年，贝多芬成了维也纳人。可这座歌舞升平的音乐之都接纳了他的音乐天才和旷世巨作，却否定他的高傲与深刻；它给予他成功的喜悦，却又附赠所有的痛苦和悲伤。在这个轻佻浮华的城市里，贝多芬始终是一个精神上的异乡者。现在维也纳人把这一切都刻在了他的墓碑上：一架金色的竖琴，一条蛇圈住了一只翩飞的金蝴蝶。我把手里的第一枝玫瑰花放在了他的墓前。

贝多芬不知道，当他攥着礼帽，一蓬乱发，在维也纳街头疾走如飞，或垂着他那朱庇特式的狮子头散步沉思的时候，一个叫舒伯特的音乐家虽然对他的景仰如滔滔多瑙河水，却始终不敢上去打一声招呼；直到贝多芬生病去世，他才得以亲近——他手持蜡烛走在扶灵的队伍中，一路泪飞如雨。而一年后，他竟然追随大师的魂魄而去，弥留之际，他留下遗言希望能安息在贝多芬身旁。这个心愿直到六十年后才实现——维也纳人将他们搬到了中央公墓音乐家公园，让他们和莫扎特的纪念冢一起，形成维也纳古典乐派三足鼎立的格局。

维也纳是一块适合音乐创作的沃土，有着最伟大的音乐大师的所有回忆。这是舒曼说的。正是舒曼来到维也纳，从舒伯特的哥哥手里得到了大批舒伯特的手稿，重新"发现了"他。舒曼喜欢维也纳，曾经打算迁居至此，但是没有成行。倒是他青睐有加的另一个年轻人实现了他的愿望。他就是勃拉姆斯。

勃拉姆斯的墓碑实在太惹眼了，因为上面有他扶着大脑袋和大胡子沉思的雕像。维也纳人实在是太熟悉他的胡子了，几乎能从他美髯飘飘的频率来判断时辰——他漫步街头，看戏，听音乐会，呼朋唤友去"红豪猪"酒店，"带着一种让人了解到他的生活目标明确，并十分满意如阳光般快乐生活的表情"。这份快乐里，有跟圆舞曲之王约翰·施特劳斯的惺惺相惜，互捧互粉，据说他们的寓所只有一墙之隔，二人常常或者邀约一起散步，或者切磋琴技，他们连去天国也有默契似的，勃拉姆斯前脚刚走，施特劳斯后脚就跟去了。

一个人的巴黎

宁肯

沉默之旅，两个故事

一次沉默的旅行，很像一场无声的梦游，只有视觉和场景的移动，而语言消失了。列车在约讷河秋天的田野和小块的森林中穿行，可能已过了枫丹白露，也可能没有，我不知道。在陌生语言的土地上，我的语言成为神话，许多天来我的沉默像一棵树的沉默。我穿越了比利牛斯山脉，法国中央山脉，整个行程未出一声，也未曾与一条河相遇。也许不远处有众多的河流与我同行而我一无所知？直到近海我才见到一条像样的河流。我不知它的流向，它好像突然出现在我的前方，也可能始终在我的背后。没有语言一切都不能确定。就算我手握地图，已经到了巴黎，我的旅行仍带有梦幻的性质，甚至像一场虚构的旅行。

丧失了汉语，我和巴黎都成了盲人。白天一整天沉默的奔波之后，是夜晚的沉默。巴黎灯红酒绿，满目浮华，光怪陆离，但我却常常不知自己身在何处。我不知道哪是先贤祠、凯旋门、香榭丽舍大道？哪是圣心教堂、马德莱娜教堂？我究竟是在蒙马特高地，还是在圣米歇尔大街？这些当然是书上的巴黎，我在书中熟悉它们，但置身现场我却茫然无知。我很想到圣米歇尔大街碰碰运气，我听说那里有许多旧书摊，早年海明威经常去那里，甚至晚年在开枪打死自己之前还到了圣米歇尔大街旧书摊闲逛。我听说有一年海明威这头老狮子隐没在圣米歇尔大街旧书摊和巴黎青年大学生的人流里，结果被当时还默默无闻的年轻的马尔克斯发现。马尔克斯激动而又矛盾，不知道是该上前请求谒见，还是穿过林荫大道向老人表达仰慕之情。马尔克斯觉得两者都极为不便，情急之下，他把两手握成杯状放在嘴边，如同丛林里的壮汉站在人行道上朝对面喊道："艺——术——大——师！"这事是马尔克斯自己说的，马尔克斯后来写道："欧内斯特·海明威明白，在这一大群学生中不可能会有另一位大师的——海明威转过身来，举起手，亮着孩子般的嗓音，用卡斯蒂亚语高声喊道：'再见了，朋友！'这就是我见到海明威的唯一时刻，那时我游荡在巴黎街头，毫无目的和方向。"

　　另一则故事，我记得是在《读者文摘》上看到的：一对美国情侣来到巴黎，在一家咖啡馆看到了海明威打电话的侧影。两个年轻人决定请海明威过来喝一杯。这是典型的美国人的性格，结果，海明威真的被两个年轻人请了过来。海明威称赞了女士的美貌，呷了几口啤酒，说还有事，与年轻人告辞。两个年轻人非常激动，但令他们更为激动的是，结账时发现海明威已把他们的账付了。

　　两个故事说明了什么？显然后者比前者更朴素，更符合海明威的特点，但意义不同。马尔克斯是小说家——不是说我不相信小说家——但我认为马尔克斯显然虚构了一些东西。这当是马尔克斯的特权，他有权虚构任何事物，包括自传、回忆录、与某人的会面。某种意义，在巴特看来写作已不存在真实与虚构的区别，一切皆为文本。不过在文本中指出哪些可能是虚构部分，我认为仍有意义。比如说马尔克斯见到海明威也许是真的，喊"艺术大师"是可能的，但海明威的回答呢？回答是一回事，需要回答是另一回事。如果马尔克斯需要回答，那么海明威就必须在马尔克斯的文章中回答，这就是文本。

但我认为不用说回答，就连马尔克斯的大声呼喊的回声可能也不会有。但十年后马尔克斯写出了《百年孤独》，海明威的回答就成为一种必然，因为它等于告诉人们孤独与回答存在于每个人的内心与幻觉之中。可以想象当年还处于茫然中的马尔克斯在巴黎街头是怎样的孤独，他的国家在遥远的拉丁美洲，那里正饱尝着马孔多小镇梦魇般无人问津的战争、噩梦、残酷和军人统治。因为偏于一隅和文化的隔膜，他孤独的呼喊从没人听到，甚至根本没人有耐心倾听。那么当年的马尔克斯来到巴黎是要倾听西方，同时还是寻求西方的倾听吗？他太需要海明威的回答了，哪怕"魔幻"地回答一声。

我在巴黎没见到何人，有时我觉得咖啡馆里坐着萨特或加缪，我坐在他们曾坐过的椅子上，但很快我就觉得这世界上只有我一个人。我找到了一个书摊儿，就在塞纳河边上，但书上的字我一个也不认识。我看到巴黎青年大学生了吗？没有，在我看来所有人都是游客，都是我不认识的字。

但是回到房间，回到书里，一切又熟悉起来。

被诠释的铁塔

莫泊桑站在铁塔上说：铁塔是巴黎唯一的一处不是非得看见铁塔的地方。罗兰·巴特进一步说，在巴黎，你要想看不见埃菲尔铁塔，就得时时处处小心。这些话说得巧妙，但华而不实，不过倒是法国人的风格。

我见到铁塔是困难的。在飞机上，在里昂到巴黎的火车上，我两次来巴黎都没一下见到铁塔。当然，最终还是见到了。我不喜欢铁塔。一点也不喜欢。我有我的道理。当铁塔处于精致的明信片上时比较好看，它满足着人们的梦幻，但是当我一旦置身于铁塔之中，我发现，无论是我还是铁塔都有某种东西在脱落，那时候我的天空被巨大的不可一世的钢铁穹隆所笼罩，梦想的巴黎被铁条分隔，我不能说感觉自己像个囚徒，但我确实感到紧张、压抑，甚至愤怒。

上升的铁塔的内部毫无美感，就是个生铁的世界，简单、生硬，完全是由基本的原教旨的几何逻辑，构成了它的强大、繁复与极端向上的空间。铁塔因此甚至产生了一种不可理喻的或者说非理性的东西，正如一种抽象理性发展到极致就成为不可理喻、不可一世。铁塔绝不像它在明信片上那样与法国谐调——那是被各种辅助手段虚幻的结果。事实上，铁塔当年在法国出现得十分怪异，我觉得某种意义它更像是德意志超人哲学的产物。是的，铁塔是一种超越的疯狂的哲学，像尼采，像瓦格纳最高潮的时候。我不知道俾斯麦、希特勒站在埃菲尔铁塔上是否感觉更好一点，但我知道后者的宣传部长一到巴黎便上了铁塔并大喊大叫。

总的来说，铁塔不代表法国精神，与法兰西文化没什么关系。事实上铁塔是个异数。如果查阅历史，铁塔建立之初颇有争议，绝大多数人反对建造铁塔，特别是巴黎人，不仅觉得铁塔破坏了巴黎，而且还是不祥之物。法国人的天才在于他们的本能与直觉，而且通常都是对的。而且从后来的情况看也的确证明了铁塔是不祥之物。两次铁血战争，甚至欧洲后来被超越，很难说与铁塔没有神秘的联系。铁塔预示一条没有边界的指向，至今仍有某种精神想握住它，仍在起作用。拆除铁塔的动议在上世纪初一直不断被提出，有几次几乎已决定了，但随着时间推移铁塔获得了时间的许可，强烈的不满与愤怒的动议早已销声匿迹，一切都已不再被提起。法国人后来做的全部事情就是诠释铁塔，美化铁塔，改变铁塔，以致巴黎实际上存在着两个铁塔：一个实际的铁塔，一个文本的铁塔。

文本的铁塔行之有效，以致现在全世界都相信埃菲尔铁塔已取代巴黎圣母院成为法国的象征、精神的出口、某种通往天空的梦想的捷径。铁塔不再是怪物，成为典型的现代神话。解构主义者巴特在解构铁塔时显示了他的语言天才，巴特非常聪明，他不再纠缠铁塔本身对人本能的伤害，就像我置身其中感到的伤害，而是转而对铁塔的功能展开了语言分析。在《埃菲尔铁塔》一文中巴特首先强调，铁塔在诞生之前就已经存在人们心中了。虽然这几乎是一句废话，但它的确带有一锤定音的性质。巴特问他的读者：我们为什么要去参观埃菲尔铁塔呢？"毫无疑问，是为了参与一个梦想。"接下来巴特对这个梦进行了解读：铁塔并不是一种通常的景物，走进铁塔向上沿着一层层通道环行，等于是既单纯又深刻地临近一种景象，把旅游的仪式转换为对景观和智慧的历险。"每一个铁塔的参观者都在不知觉实践着解构主义：巴黎在他身下铺开，他自动地区分开各个地点，但并没停止把各个地点联结起来，在一个大功能空间内来感知它们。他在进行区分和组合，巴黎对他呈现为一个潜在的为理智准备好的、向理智开放的对象，但他必须运用最后的心智活动亲自将巴黎解构出来。让我们在铁塔上看一看巴黎的全景图吧：你可以分辨出由夏约宫倾斜而下的山丘，在那边是波罗纳森林。但凯旋门在哪呢？你看不见它，它的不在，迫使你再一次审视全景，寻找这个在你的解构中失去的地点。你的知识在和你的感觉作斗争，而且在某种意义上这就是理智的含义：去解构。"

　　这便是巴特的语言之塔，是迄今我见到的掩盖了另一个铁塔的最成功的辩护。但我仍然不能同意巴特的观点，当巴特把铁塔当成巴黎的"眼睛"，巴特的确是杰出的；问题在于你是看铁塔，还是看巴黎？巴特难道可以只让人们借助铁塔"解构"巴黎，而对铁塔本身视而不见？让铁塔也像人一样成为自身视觉系统的盲点？事实是当我还没置身于铁塔之上，铁塔就已让我的视觉系统因巨大的震慑而目瞪口呆，我的"智慧的历险"更倾向于对铁塔本身的专注，抓第一直觉不放。我是固执的，夏约宫在哪儿，凯旋门在哪儿，波罗纳森林在哪儿，这对于一个匆匆的失去自己语言的过客真的有意义吗？仅从巴特对铁塔的辩护，显然巴特仍是一个解构主义者。

老宅里的英格兰

何大草

《孤星血泪》

老宅盛产故事，闹鬼。中国老宅的鬼是温情狐仙、美女游魂，譬如《牡丹亭》，譬如《聊斋志异》，这样的宅子，哪个穷书生不想去宿一夜？英国老宅里不闹鬼，是见鬼，是活着的人，分明活着，却像是仇恨的幽灵。"文革"结束不久，我十四五岁，一个冬夜，我去大礼堂看电影。是黑白片，进场迟了些，银幕上，一个少年正随一个少女走进破败的大宅，荒凉四处弥漫，窗帘重重遮蔽，长廊和楼梯，上升和分岔，一扇门推开又关上，最后，停在一间繁华落尽的大厅里，餐桌上，大蛋糕已坚如岩石，鼠群爬在上边艰苦地啃咬，镜头转过去，是一把椅子和一个穿婚纱的老妇，白发和惨白的皮肤，比婚纱还白，眼珠一闪，宛如墓穴中的两点磷火，燃烧着对男人的怨与愤。这是哈维沙姆小姐，家族产业的继承人，老得已没年龄了，她年轻时，也曾爱如烈火，但就在出嫁前的一刻，未婚夫突然抛弃了她。从此，时钟和时间都停在了那一刻，她再没走出大宅一步。大宅仿佛大墓，她在其中沉降。然而，她遗忘了时间，却没有遗忘男人。那少女是她的养女，那少年是找来让她开心的陪伴。如何开心？她指着少女问少年："她漂亮吗？”少年痴痴点头。她就吩咐少女，“伤他的心。”少女冷冷看着少年，说：“好没教养的白痴。”

看完电影出来，外边飘着雨夹雪，冷得人发抖。我眼前还在浮现电影的场景，这就是英国？这是我透过镜头看英国的开始。这部电影中译《孤星血泪》，是大卫·里恩根据狄更斯小说《远大前程》拍摄的。此后很长时间，我陆续看过许多英国小说、英国电影，但最能让我记住的，都无不跟一座大宅和一个幽闭的女人有关联。那颗辉映过帝国的太阳，渐渐成了夕阳，融入了大宅的深处。

我一直晓得，这种理解英国的方式不全面。但多年后，我读到英国作家奈保尔的《抵达之谜》时，释然了。他写到，当他还生活在遥远的加勒比海岛上时，他所了解的伦敦，就全是从狄更斯小说中来的。通过狄更斯的小说，每个读者都可以根据自己掌握的资料重新形成一座城市的概念或编织心中的幻想，对不懂的事物重新创造。奈保尔不仅让我释然，而且让我意识到，不懂得英国，也可以去创造一个貌似英国的国度。

《蝴蝶梦》

与《孤星血泪》同时期看到的电影，还有希区柯克的《蝴蝶梦》。影片一开始，曼德利庄园已化为废弃。伴随德文特夫人充满缅怀和伤感的旁白，月华如水波动，废墟复活为繁复、华丽的城堡，比哈维沙姆小姐的大宅更气派、更高贵，但也如我所预料的，更阴郁、更神秘：一个亡妇的魂灵活在其中，她每秒钟都牵扯着我们的神经，而她却始终没有现身。她就是死去的、美丽的前德文特夫人丽贝卡。一个灰姑娘邂逅德文特先生，被他迎娶进城堡，作为新的女主人，而我们，则被这位灰姑娘卑微而惊悸的目光引

领着，一寸寸，深入城堡的秘密。丽贝卡死了，但丽贝卡无所不
在。操弄丽贝卡亡魂的人，是女管家，这是另一具活着的女僵尸，
她砖雕般的面孔、鹰鼻、冷眼，构成了对灰姑娘的强大压力。唯
一能保护灰姑娘的是德文特先生。他的扮演者是劳伦斯·奥利弗，
曾在《王子复仇记》中饰演哈姆雷特，他可能是全英国最优雅、
最忧郁、最犹豫的男人，宛如优柔寡断的哈姆雷特灵魂附身，他
以及他饰演的角色，在和女人的博弈中，往往都居于下风。英国
男人的这种无力感，可能也正好使英国成为了女权主义的发祥地
之一？从虚构的哈姆雷特王子到真实的查尔斯王子，都不难看出
某种相似性：在男女问题上的拖泥带水、不干不脆。扯远了，回
到《蝴蝶梦》：那灰姑娘茫然无助，处处落在女管家设下的套子里，
银幕上虽没有刀光剑影，观众却看得手心流汗、脚趾抓紧。幸喜，
真相终于浮出水面，女管家一把火烧毁了城堡。在仇恨的火光中，
能看到她绝望但又鄙视的面容。繁华最怕火烧，阿房宫如此，何
况曼德利庄园？转眼之间，它就成了一堆黑乎乎的骨骸，就像史
前的遗迹。而这个时候，德文特先生和年少的夫人，才如释重负，
缓过气来，有了新生的希望。《蝴蝶梦》让我，也可能让全中国观
众，头一回领略了希区柯克的魔力。有趣的是，《蝴蝶梦》是美国
电影，希区柯克也具有美国国籍，某种程度说，《蝴蝶梦》也算是
外国人镜头中的英格兰。这种镜像可能不精准，但可能更审美，
就像我们在云雾之中看庐山。

《呼啸山庄》及其他

比《蝴蝶梦》更恐怖、更有激情的大宅，当然首推《呼啸山
庄》了。这个狂暴的爱情故事，不仅发生在大宅里，也发生在荒

原上，每块砖石、每扇门窗、每棵树，都充满了原始的力。《呼啸山庄》的故事无需我来复述了，它曾被拍成过多种版本的电影，我能找到的，都看了，说实话，都挺失望的。没哪个画面很好地表现出了那种原始的力；把所有画面汇集起来，也抵不过原著中一幅黑白的插图。插图是版画，出自谁家手笔，似乎已不可考，但幅幅让人难忘，其中一幅尤其让我感觉惊悚：投宿山庄的客人，突然被一只穿破窗玻璃的手揪住了！线条细腻，但又夸张扭曲，带着强烈的神经质和冲击力。我读这本书的时候在念大学，晚上我睡在上铺，困倦不堪却不敢入睡，总觉得会被伸进蚊帐的手一把抓住。《呼啸山庄》的作者是单身奇女子，三十岁就病故的艾米莉·勃朗特。毛姆曾描述过艾米莉郁郁寡欢，独往独来，唯一亲近的，是她的爱犬。但她发怒时，仍会对爱犬恶狠狠饱以老拳，随后，又抱着它伤心抽泣。毛姆说，《呼啸山庄》正是她按理应该写的那类书。艾米莉生于偏僻之乡，小户人家，却以虚构成就了一部伟大之作，真是文学史上的奇观。莎士比亚之后，英国的大作品，似乎都没有大格局，生命与情欲、被缚与挣扎，都被压缩进了狭窄的视角中，大宅、山庄、城堡，更压抑，也更激烈。英国不出产谱写史诗的作家，譬如托尔斯泰、陀思妥耶夫斯基、福克纳、马尔克斯；它自然也是天才辈出的，然而是那种向内自掘的、自虐似的天才，譬如艾米莉、譬如伍尔夫。

　　伍尔夫博学多才，而又尖酸刻薄，但她也曾给予过《呼啸山庄》以慷慨的评价：艾米莉的雄心壮志可以在小说中看到，她通过人物之口说出的不仅仅是"我爱"或"我恨"，却是"我们，全人类"和"你们，永存的势力……"伍尔夫以为，《呼啸山庄》要远高于《简·爱》。也许，她是从艾米莉身上，体会到了对生命相似的体验？伍尔夫几乎没上过学堂，童年时，她自囚于父亲的书房，成年后，她自囚于自家的大宅。她是文字的囚徒，也用文字反抗既定的文字，用以建筑虚构的、心灵的世界。除了小说，她的演说稿《一间自己的房间》已成为女性主义的经典之作。我感觉，女性主义者都是彪悍的，当然，也是孤独的。伍尔夫的孤独更决绝，其激烈甚至超过艾米莉：每写出一部作品，她都会体验一回精神的崩溃。她不止一次寻短见。摄于 2002 年的电影《时时刻刻》重现了她写作《达洛威夫人》时的情景，藏身深宅，敏感易怒，烟头纸屑扔满一地，时而顾盼自负，时而信心了无，在老实巴交的丈夫眼中，她是旷世才女，在仆人看来，她却不啻一个疯子！她投河自尽的那场戏让人唏嘘，她留给丈夫一张字条："最亲爱的，我肯定自己又要发疯了……"为了确保沉入河底，她在口袋里塞满了石头。这浑浊的河水也是时间的河流，她留下了永恒的作品和英格兰的魂灵，这魂灵至今还在文学中徘徊，马尔克斯就坦诚，是《达洛威夫人》中的一小段话，启发了他对时间的领悟，从而启动了《百年孤独》的世界。跟《蝴蝶梦》异曲同工的是，《时时刻刻》中饰演伍尔夫的演员不是英国人，而是澳大利亚明星妮可·基德曼，她因这部电影而获封奥斯卡影后。

被伍尔夫评价不及《呼啸山庄》的《简·爱》，作者夏洛蒂·勃朗特，正是艾米莉·勃朗特的姐姐。上世纪 80 年代，《简·爱》风靡一时，根据《简·爱》改编的 1971 年版的同名电影，更让许多女人落泪，片中简·爱对罗切斯特说的这段台词，女人们口口相传："你以为我穷、不好看就没有感情吗？我也会的。如果上帝赋予我财富和美貌，我一定要使你难以离开我，就像我现在难以离开你。上帝没有这样。我们的精神是同等的，就如同你跟我经过坟墓将同样站在上帝面前。"然而，他们还是分开了，因为，在罗切斯特先生的大宅里，还住着一个疯女人，那是他原配的太太。

只要这个疯女人存在，她就绝不允许自己属于他，绝不。一些钟爱《简·爱》的女大学生，因此而成为后来的女性主义者。女性主义者的特点是，反抗顺从，反抗男权，要求男女绝对的平等。当然，似乎也可以允许另一种女权压倒男权的不平等。《简·爱》的结局是，大宅被疯女人烧毁了，疯狂的女人总是烧宅子，当然，她也就被烧死了。简·爱回到了已经双目失明、与爱犬为伴的罗切斯特身边，从此过上了幸福的生活。

　　但是，如果大宅没有烧掉呢？如果大宅烧掉了而疯女人没有烧死呢？简·爱和罗切斯特又将拥有怎样的结局呢？我曾就这个问题，请教过几位女性朋友，回答不一，最后说，该问夏洛蒂。夏洛蒂自然是无法回答了，但去探究一番她自己的婚姻，可能会让女性主义者大跌眼镜的。她是才华已得世人认可的女作家，却嫁给了一个平庸的乡村小牧师。这桩婚姻，她婚前拒绝，后来勉强接受，再后来，她顺从了他，简直是千依百顺，甘愿受他的统治和指示。在给朋友的信中，她写道："一个女人变成一个妻子，是一件庄严、奇异而又冒险的事情。""上帝不能分开我俩，我们是多么幸福啊！"她享受着寻常主妇的安逸、快乐和阳光，她的心中没有古怪老宅的阴影，更不想把自己变成老宅里的疯女人。她不是所谓的女性主义者。可惜，她婚后一年多即因病去世。简·爱的台词今天还被人时时提起，而夏洛蒂对爱的选择，却几乎被人遗忘了。或者，是被误解了。

　　"何以有人想象出来，那些长眠者在如此安谧宁静的土地之中，却不得安谧宁静地沉睡。"这是《呼啸山庄》的结尾，也可以是任何一部英格兰倒叙故事的开始。

托尔金：居无定所的漫游者

杨雅婷

一

1911 年夏天，托尔金兄弟俩在简·尼夫姨妈的带领下，跟随朋友前往瑞士山区旅行。在那个时代，徒步旅行已成为英国人日常生活的一部分——受过良好教育的精英摒弃优美、富于节制的古典主义乡村风光，前往荒凉粗犷之地寻找灵魂的震颤；工业城市里的普通工人也乐于在假日走向山间，来一场政治性或纯休闲的远足。不过，大多数人受经济条件所限，只能在国内漫游，要去阿尔卑斯山区旅行，仅是请向导的费用，就有湖区旅行所需全部费用的十倍之多。托尔金此时刚刚度过困窘的青少年时期，可以想见，对他来说这趟瑞士之行有多么珍贵。

他们一行共十四人，规模与比尔博的冒险队伍相当，穿着打扮也颇具童话色彩：头戴宽边帽，身披罗登呢斗篷，手持登山杖，脚上的钉头靴叮当作响，打破了山间教堂的宁静。他们虽然没有像小说中那样经常风餐露宿，但这么大的团队要订到足够的旅馆房间，也是一个难题。有时年轻人不得不挤一间房，托尔金是他们当中最年长的一个。他秋天就要进入牛津大学，也许是由于这个原因，旅途上他一直兴致勃勃，即使是玩笑中也透着才气。他在旅店里故意打铃，当说德语的侍女前来询问他们有什么需求时，托尔金以德语般的发音捏造出完全不知所云的句子作答，逗得侍女哈哈大笑。

如今文学研究者回顾这段旅程，往往会好奇，糟糕透顶的天气和有惊无险的山体滑坡，与描写迷雾山脉的篇章有什么联系？甘道夫的原型是当地明信片上的老头儿，还是表现出卓绝领导才能的简姨妈？而托尔金画作中一旦出现陡峭的山峦，研究者也通常会注上一句："灵感可能来源于瑞士……"不过，在我看来，瑞士之行真正动人的地方在于：它可能是这位作家所有旅程中最无忧无虑的一段日子。一百年前的阿尔卑斯山巅，永恒的阳光照耀着皑皑白雪，山峰在蓝天中勾勒出巨大轮廓，罕见地从他心底唤起了单纯的诗意。

在最多愁善感的年龄，托尔金自称是居无定所的漫游者。的确，童年至青年时期，他从未在某一地区长久地居住。他出生于殖民地，成长于乡村和重工业城市，参加过第一次世界大战，又在大学城度过了自己生命中的大多数时光，对殖民地的种族歧视与民族中心主义、人类生存环境恶化、战争与暴力的体验之深，不逊于同时代的任何作家。那一系列不间断的被动迁徙中偶有喜悦，但大多数时候都混杂着悲伤。我们在这里把瑞士作为起点，前往那些记录了这位作家青春与年老的地点。不过，他的漫游地图中，瑞士仅仅是一座明亮的驿站。

二

J. R. R. 托尔金于 1892 年出生在奥兰治自由邦首府布隆方丹。与同时期的欧洲城市相比，布隆方丹是再贫瘠不过的地方，它坐落在干燥荒凉的草原上，四周连一棵树都没有。从出生到回英国，托尔金在南非一共只生活了三年。在他模糊的印象当中，布隆方丹骄阳如火，狼蛛追得他绝望地奔逃。尽管环境十分严酷，他对出生地一直怀有无法磨灭的亲切感。托尔金有关南非的记忆与体验，部分来自于他有限而鲜明的印象，部分来自于母亲日后的口述，而且总是与"英国"对照出现。带有个人情感与价值判断的事件和形象，经过他反复的追忆、思考、重写与强化，最终成了他私人的南非。

19世纪，荷裔布尔人、英国人、德国人等新老殖民者与土著民族在布隆方丹相互争斗，使这个年轻的小城成为西方殖民史的缩影。托尔金出生时，城里既有荷兰天主教教堂，也有英国圣公会教堂，更不必提仅向欧洲白人开放的俱乐部，这些公共建筑象征的权力分布状况直接而残酷，比公园里稀稀落落的几棵树还要刺目。托尔金的母亲梅尔一直讨厌荷裔布尔人对待土著仆人的傲慢态度，托尔金后来回忆说："有色人种遭受的待遇几乎让每一个来自英国的人都大为惊骇，而且这种情况不止发生在南非。不幸的是，能够长期保持这种仁慈情感的人为数不多。"

非洲不仅存在着殖民者与被殖民者之间的矛盾，而且也存在着新老殖民者之间的矛盾。荷裔布尔人在南非的殖民历史已有数百年之久，英国人是新到来的殖民者，由于政治经济利益和文化认同而产生的不同社会结构非常明显。在面对种族方面的敏感问题时，英国人建立起了自己的优越感。作为一个英国人，托尔金也许无法完全摆脱这种情绪，但他同时也注意到了英国人的偏狭、冷漠与道德缺陷。正是这种在不同种族、不同民族杂居的殖民地生活的经历，让托尔金对英国人的身份形成了初步的认识。

1895年春天，托尔金的健康状况不佳，母亲带着他返回故乡伯明翰。当时南非与英国之间的航程长达三周，在回英国的途中，年幼的托尔金拥有了穿行在不同世界之间的独特经验。他后来发现，在自己童年的记忆中，两个世界是杂糅在一起的："我自己最鲜明的记忆，可能要归因于三四岁离开非洲的时候，童年的所有'图片'都弄混了。我用了很长时间来集中注意力和进行调整。"他还说："我的一些真实的视觉记忆是非洲与英国细节的美妙混合体。"

很难想象，如果没有混杂着真实与想象的南非，托尔金后来的主人公是否会满怀喜悦，跨越一道又一道边界；如果没有殖民地复杂关系的交错碰撞，他们淳朴狭隘的眼界是否会因行走而不断改变。托尔金后来再也没能回到南非，但那奇妙的漫游已深深内化于心灵，所以在他的作品里，无论自家的客厅有多么舒适，亲朋好友有多么固步自封，门外永远有个更高远的世界等着好奇的人去探寻。这也许就是他留给南非、南非留给他的最好礼物。

三

托尔金随母亲回到英国后，童年和少年时期一直在英格兰中部的西米德兰地区生活居住。19世纪末至20世纪初，西米德兰地区有着英国各种典型的地理景观：这里原本有古老的乡村，然而工业革命发生后，以世界工厂伯明翰为中心，形成了当时全世界重工业污染最为严重的黑乡。这片土地上支离破碎地分布着乡村、矿区和重工业城市，彼此形成了鲜明的对照。母亲逝世之前，由于经济、信仰、教育等诸多方面的原因，一家人在伯明翰与周边的乡村之间不断地搬迁，托尔金初次体验到了古老乡村的魅力，也感受到了重工业化和城市扩张无度带来的可怕后果。

托尔金对乡村的直观认识源自沃里克郡的萨拉霍尔。在这个宁静的小村庄，有大片林地和栖息着天鹅的池塘，村中保留着老式乡村住宅，唯一带些机械化色彩的是一座磨坊。托尔金初到这里时仅有四岁，没过几年便搬回了伯明翰，但直到六十年后，他还声称能够绘制出萨拉霍尔的每一寸土地。

结束了南非荒原的生活之后，他被葱葱郁郁的乡村迷住了，那种地理大发现般的兴奋，没有谁比他本人描述得更生动："我出生在南非的布鲁斯戴尔。回到英国的时候，我还非常小，但它却不知不觉地刻入你的记忆和想象当中。如果你的第一棵圣诞树是枯萎的桉树，如果炎热和沙尘总让你困苦不堪，紧接着，在想象力开始绽放的年龄，突然发现自己置身于沃里克郡的一个静谧村庄，我想这会激起你对英格兰中部地区乡村的特殊爱恋。"

正是从这个时候起，"树"与风景成了他栖息梦想的地方。他不知餍足地阅读传奇故事，书中最吸引他的地方并非曲折离奇的情节，而是无名的北方和广袤的森林。他的涂鸦也多以树和建筑为题材。在他后来成熟的画作中，树木都以精确、流畅，甚至优雅的线条绘制而成。不论是速写，还是富于装饰趣味的纹样，植物几乎从不缺席。他为自己的小说绘制插图，人物通常只出现在画面一隅，更显眼的主角是自然：浪花拍打嶙峋的石崖，密森下隐藏着幽暗的洞穴，一条小路通往天际……

坦白地说，经历过浪漫主义精神的浸淫，再加上工艺美术和新艺术运动对大众口味的影响，英格兰的年轻人画一点花草，写几首描写树木和乡村的诗歌，算不上有多稀奇。但树木在托尔金的创作中始终处于象征性的位置。它是神话之树，散发出穿透心智的光芒。它是艺术之树，是创造者模仿造物主细细绘制它的枝叶，并在完成之日将目光投向更宏大的远景。

　　因此，萨拉霍尔发生的一件小事简直是对日后灾难的隐喻：有一天，池塘边的大柳树突然被人无缘无故地砍倒，遗弃在地上。托尔金对此耿耿于怀了一生。载着梦的绿荫一旦消失，便难以追回。多年以后，崭新的红砖海洋淹没了他家的旧宅。他曾用绿厅、蓝铃草小路、白魔鬼之家等亲昵的地名，将一次次快乐的童年冒险储藏在回忆深处，最终，它们竟真的只剩下了名字。

四

　　托尔金对乡村有着强烈的情感归属与文化认同感，相形之下，他对城市的体验更为复杂。他所熟知的大城市不是伦敦、巴黎等古老的政治与文化中心，而是当时世界上污染最为严重的重工业城市伯明翰。托尔金家初到伯明翰时，租住的房子位于莫斯雷郊区的一条主干道上，窗外的山上就是电车轨道，远处工业区烟囱林立。托尔金对此地感到极度厌恶，用"可怕"这个词来形容当时的住所。不久之后，他们又搬到一个火车站附近，房屋紧挨着一条铁路线，每天列车和货车的轰鸣不绝于耳，唯一的慰藉就是铁轨旁的草地，以及车厢上陌生的威尔士语。

　　这座英国第二大城市依然残存着自己的古老风貌和文化魅力。1902 至 1911 年，托尔金在埃格卑斯顿区度过了他的青少年时代。这是当时环境最好的郊区，被称为"伯明翰开始长树的地方"。它避开了主要的交通运输线路，比伯明翰其他区域的工业发展都要缓慢。19 世纪该区的土地所有者进行了建筑规划，不允许在该地修建工厂或仓库，所以托尔金住在史德林路时，附近最惹眼的建筑只有一座名为"佩罗特"的塔楼，以及更远处的水厂烟囱。他每天上学路过的街道两旁，几乎所有的住宅都附带花园，往市中心走2英里就能抵达爱德华国王学校。学校周围虽然车水马龙，校园内却有维多利亚时期的华美厚重的哥特式建筑。

伯明翰美好的一面不久后就在现代化进程与战火中消失了。在第二次世界大战期间，这座城市遭到了德军的轰炸，许多古老的建筑都化为灰烬，随后的战后重建却又过于匆忙。爱德华国王学校在1936年毁于火灾，"二战"间隙，学校几次搬迁校址，匆匆建立了一批楼房以供教学之用。1944年春天，托尔金回到伯明翰参加母校的活动，他发现整个城市的格局都被不搭调的建筑打乱了，而学校标志性建筑也被它们取代："我在我的家乡闲逛了一阵。除了一片令人毛骨悚然的残骸（就在我母校校址对面）之外，它看上去并没有遭到多少破坏，我是指敌人的破坏。主要的损毁来自于大量毫无特色的现代建筑的扩张。可怕的百货商店从老建筑上耸立起来，是其中最糟糕的。……至于学校新建的难看的三流建筑给我留下怎样的印象，就不和你多说了。"

突兀的新建筑打乱了城市景观的延续性，这种破坏比战争造成的创伤更加严重。大批量建造的低造价房屋，诚然能改善城市现代化带来的拥挤、肮脏的居住环境，却让熟悉过往历史的人痛感独特地区风格的丧失。于是，托尔金希望诸神的黄昏再次降临，烧毁魔多般的工业社会，也就不难理解了。急躁的评论家斥责这个"中产阶级知识分子"歪曲了城市共同体时，不妨想想，当工人们被塞进柯布西耶所谓的居住的机器，他们不也依然在钢筋水泥中间围起小小的院落，通过植花种草来再现逝去的家园？

五

　　古老的泰晤士河畔垂柳依依，

　　溪谷成形的日子已被世界忘记，

　　透过影影绰绰的绿色树干，

　　整座城市从渡口旁朦胧升起，

　　它那如梦似幻的灰袍中，屋宇重重，塔楼林立，

　　它随着人类的生活年岁渐长，

　　骄傲地沉浸于超越人类认知的神秘记忆。

　　这是托尔金在大学期间为牛津写下的一首短诗。埃克赛特学院的一间宿舍让他结束了在伯明翰寄人篱下的生活，他往房间里添置家具，在墙上悬挂时下流行的日本浮世绘，倚着窗口画街景，于是牛津成了他的又一个故乡。除去参加第一次世界大战和在利兹大学任教的五六年，他成年之后的其余时间几乎都在这座城市度过。

　　就像诗作中展现的那样，牛津在托尔金眼里是由时光和人类的行动轨迹沉淀而成的，每扇窗都闪烁着逝者点燃的灯火，每一个地点、每一个场景都混合了有关往昔的回忆。作为知识传递者，他也很乐于展示这种古老而鲜活的历史，让神话的空间叠加在现实空间之上。教授古英语时，他先是戏剧性地沉默不语，然后突然高声朗诵《贝奥武甫》开头的诗句，包括 W. H. 奥登在内的学生顿时心生敬畏。在他们眼中，托尔金宛如游吟诗人的化身，用旁征博引、才思敏捷的演讲将教室变成蜜酒大厅，听众则是受到款待的宾客，亲眼看见古代歌谣中的事物借助语言的魔力在现实中复活。闲暇时间，托尔金和 C. S. 路易斯等人定期在老鹰与小孩

酒馆、马德林学院相聚饮酒聊天，充当彼此的文学"助产士"。这种有规律的聚会持续了多年，以至于当时有本侦探小说写道，一个侦探坐在老鹰与小孩酒馆，边喝啤酒边推理："C. S. 路易斯在那儿呢……这么说今天铁定是星期二。"

然而，心爱的学术事业和拥有相同文学旨趣的朋友，并不足以让托尔金在象牙塔内安心度日。他获得牛津大学教席的时候，正是牛津地区开始成为英国汽车制造业中心的时期。汽车制造厂在市内蔓延开来，郊外出现了为工人建造的批量化住宅。周边的田园风光被考利等新兴工业区吞噬了，当地甚至出现了一则形容这种变化的谚语："牛津在考利的左岸。"现代化工业永久地改变了牛津的格局，这个城市从学术城变成了工业城，西米德兰发生过的悲剧在托尔金的第二故乡再次上演。

面对庸俗的市郊，一般人会选择逃离，而奔向遥远世界最便捷的工具自然是汽车。托尔金很清楚机械装置与逃避的悖论关系。人类把汽车发明出来，使城镇变得不可栖居。汽车自然有它的魅力——它能让人们逃离可怕的工作和沉闷压抑的郊外住宅区，奔向乡村，可是汽车厂和修理厂却像蝗虫一样毁了乡村。所以，为了逃避机械主义和丑陋之物，他更愿意进入幻想文学的仙境："那里有各色鸟兽，有无边的海洋、无尽的星辰；那里的美景既引人入胜，又危机四伏，喜悦与悲伤都锋利如剑。一个人有可能到那个国度漫游，并以之为幸，然而它的丰美与奇异却使旅人缄默不语。"

C. S. 路易斯组织的乡村徒步在圈子里颇负盛名，托尔金却难得参加一次。他只是开着他痛恨的汽车，载着女儿的玩具熊，与家人前往海滨度过一个又一个常规的假日。这种生活表面上平淡无奇，只有他的亲人和听他朗读过手稿的好友才知道，托尔金正一寸一寸地打造自己的仙境，进行波澜壮阔的纸上漫游："我总是在夜里勤勉地工作，直到我站在莫里亚的巴林墓前。我在那里逗留了很久。几乎在一年之后，我才继续前行，并于1941年底抵达洛丝萝林和安度因大河。"此时，心灵的漫游早已远过身体的漫游，写作实践成了另一种空间旅行。此时，他的作品便是思想的地图。

六

托尔金对传记式的解读一向深恶痛绝，因为任何将历史材料与作品一一对照的做法，都具有让文学沦为社会学、考古学、人类学研究材料的风险。这就像他在《论童话故事》所说的"故事之锅"——来自神话、历史、传奇、民间传说的古老母题在火焰上年复一年地沸腾，新故事从中诞生；然而研究者无视厨师选择材料和烹制鲜汤的才华，反而从锅里捞出骨头，仔细检视其来源，就文学阅读而言未免有些本末倒置。

创作对于托尔金来说是这样一个过程：所观、所思之物徘徊于被遗忘的边界，直到特定时刻，才不知不觉地在心灵的土壤中发芽。它们长成枝繁叶茂的大树之前，他要付出辛勤的劳作，还要动用精灵般光彩照人的技艺。因此，那些热爱他的人草草勾勒出这位作家的漫游路线，在地图上圈出埃格卑斯顿区的塔楼（可能是双塔的原型）、牛津大学图书馆阅览室（它就像索隆为魔苟斯建造的神殿）等地点时，他们很清楚，这只是充满趣味的注脚。某个春日，他们追随着一个霍比特人，被地图拉入古老的世界，心中必然回荡着加斯东·巴什拉的一句话："想象永远比体验更广阔。"

英伦，没有一座城市是完美的

杨栗

帝国遗产

伦敦奥运会开幕式的导演丹尼·博伊尔久负盛名，凭借《贫民窟的百万富翁》搞得路人皆知，影片根据出生印度的维卡斯·斯瓦鲁普的小说 *Q&A* 改编。

老大帝国不可逃避的遗产之一就是消化殖民地人民文化回溯的冲击力。他们以各种方式回到帝国的核心，像鲑鱼追寻记忆里母河的味道，把种族、移民、信仰、政治等各种问题裹挟着带来。伦敦的面貌因此斑斑驳驳，就像乔伊斯的都柏林人肖像，莎士比亚的脸呈现出一种马赛克的效果。当外来者以艺术的精神方式生活于此，这个城市无法拒绝这一改变。

从特立尼达来的 V. S. 奈保尔，出生在孟买、整整在伦敦隐居九年逃避追杀的萨尔曼·拉什迪，都有着旧殖民地的生活经验，虽然在这里受教育，获得认可，也都在伦敦中心街区找到了喝下午茶的自己的俱乐部，却在作品当中不断追溯往事，描述早年的体验，对此难以释怀。

《白牙》的年轻作家查蒂·史密斯，父亲是英国白人，母亲有牙买加黑人血统，从小在多族裔混居的北伦敦长大，小说直面多元文化交锋。乌克兰移民后裔玛琳娜·柳薇卡则颇有喜感地把老一代移民的困境展示，让人回味到一丝冷战余韵。

跨越种族、宗教信仰、政治生活的体验，如何能够以一种相对温和、相对高级的艺术和精神的方式有效地转化为精神存在——正是这个打开了潘多拉魔盒、释放了工业革命的老大帝国最令人困惑的秘密机制，甚至比"女王的五十个秘密"更引人深思。

在繁华的查令十字街、皮卡迪利圆环地铁站，置身汹涌的人流当中，各种面孔和装束的人纷至沓来，他们以特有的伦敦快节奏奔流不息，井然有序，又彼此独立。置身于这些差异巨大的"面孔"之中，会让人突然莫名其妙地流下眼泪——世界的隔膜似乎变得透明，分明感觉"我"已是这世界的一部分——尽管不过是虚幻的情绪，但至少在这一时刻特别真实。

伦敦客

"穿着黑西服，在伦敦西区中心牛津街岔出去的纽曼街上IBM公司数据处理局上班，读中产阶级的报纸，但不等于进入了英国的主流社会。"一个人在伦敦独自闲逛，总是不免想起上世纪60年代从南非开普敦来到伦敦的J. M. 库切。

对怀着文学梦想的库切来说，当时伦敦的现实生活枯燥单调，反而让他与梦想渐行渐远。大英博物馆的图书阅览室是他消磨闲暇的地方。他在这里埋头阅读，钻研文学技巧；在这里，他也碰到一些孤男寡女，但彼此之间却鲜有精神世界的交集。人人都像行星一样在各自的轨道上孤独运行。在查令十字街上的老书店里，他买了各种杂志来读，却一样不得门径。他以为把南非远远地抛在了身后，却发现自己并没有在欧洲找到上岸的岛屿，反而成了漂泊的"雾都孤儿"。

几年后，他离开伦敦，去了美国。到六十岁，才写了一本《青春》，作为对伦敦和青春岁月的纪念。他的这种深入母体文化的尝试、徘徊、失望和孤独，人人读来都有似曾相识之感。

与库切不同，海莲·汉芙用鸿雁传书的方式，故意混淆现实的伦敦与文学的伦敦，小心翼翼地保持着暧昧的情感神话——又有谁说得清，这不是一个强壮富裕起来的美洲大陆的英语继承者对祖先的一次致敬？

海莲·汉芙在 1950 年 4 月 10 日的信中这样写道：

"我幻想着那一天快点儿到来——我步下轮船、火车，踩上布着尘灰的人行道……我要走遍伯克利广场，逛尽温柏街；我要置身在约翰·多恩布道的圣保罗大教堂；我要盘腿坐在伊丽莎白拒不为阶下囚的伦敦塔前台阶上……我有一位战时派驻在伦敦的记者朋友，他曾经对我说：游客往往带着先入之见，所以他们总能在英国瞧见他们原先想看的。我告诉他，我到英国是为了探寻英国文学。而他这么告诉我：'去那儿准没错。'"

没错，正是《查令十字街 84 号》，既有书，又有电影可看，还有现实中的地方供人凭吊。游人天天在这街上熙熙攘攘（特拉法加广场的国家美术馆的后边，地铁"查令十字街"这一站）。伦敦的神话就是这么添砖加瓦盖起来的，在人们的隐秘的精神世界里流淌。这座城市以特有的冷漠，严谨的冷幽默，既给严肃的作家提供道场，哪怕是碰壁也是那么铿然有声，同样也迎合每一时代的情绪，给无数文艺八卦提供谈资。

在一些人眼里，它是欲言又止的维多利亚式时期的爱情，是破碎的爱情，是胖姑娘傻傻的爱情发生的最佳陪衬背景，譬如，E. M. 福斯特的温情的乡村爱情《霍华德庄园》或《魂断蓝桥》或《B.

J.单身日记》，以及真实版的灰姑娘神话，但是，在另外一些人眼里，它只是冷漠的现实生存，难以进入，与文学无关，等着殖民地的触须管道把文学的养料输入。

作为一名伦敦游客，越是深入伦敦，越是触及它的丰富性，会对自己的文化身份、历史身份做更多反省。这是对伦敦的过分殷实和冷漠所做的心理回应。一个人的身份，不只是国籍，而是精神世界的一席之地——并不在于从这个世界攫取了多少财富或名望——大英博物馆的宝藏只是让它看起来更像阿里巴巴山洞的称职的职业看守人，而它真正的魅力则在于给这个世界贡献了多少令人心悦诚服的美好。

王室公关

不论是奥运会开幕式上女王的穿越，还是刚刚过去的女王登基六十周年巡游泰晤士河的庆典，都是一场最完美的国家形象宣传和王室公关。它使英国变得独特，让伦敦变得更有魅力。

英国王室和国家利益本来密不可分，从家天下过渡到公天下，英国的君主立宪算是最为成功的一例。它既满足了人与生俱来的历史文化心理，又建立了一套行之有效的政治运行机制。近来，媒体形象公关的最大赢家恐怕就是英国王室。

演技派的海伦·米伦本人是白俄罗斯移民后裔，她扮演了电影《女王》中忍辱负重的女王，既要维护王室传统使命、又要对公众拥戴戴安娜王妃的情绪妥协和安抚——这是伊丽莎白女王二世多年后的自辩陈述，还是对戴安娜迷人的微笑和亲和力多年后的沉痛反击？总之，王室在力图低调再低调，与时俱进再与时俱进，小心翼翼再小心翼翼。

女王之后就是国王。这回轮到了伊丽莎白女王的父亲乔治六世，由休·格兰特之后最当之无愧、英范儿十足的小生科林·费斯担当主演，这可是维多利亚时期爱情中迷人的达西。一位乏善可陈的国王摇身一变，成了勇于挑战自身生理缺陷、勇于承担责任的一代英明君王，还相当励志，相当鼓舞人心。

女王和国王都说完了，就轮到了"铁娘子"撒切尔夫人。记得小时候最耳熟能详的就是这个"撒气儿夫人"，经常与美国总统里根、包着方格头巾的阿拉法特、英勇不屈斗士曼德拉一同出现在新闻联播弥足珍贵的国际新闻片断当中。从一个患有臆想症的耄耋之年的撒切尔夫人的角度投射出来，使得这故事略显鬼气森森，既让人反刍铁娘子的一生，也反刍了英国的政治生命，特别是冷战时期与美国的蜜月同盟。

他乡月色

鲍尔吉·原野

我越来越想念图瓦，三年前在图瓦我就想到会想它。

国宾馆是一座安静的三层小楼，靠近大街。大街上白天只有树——叶子背面灰色的白杨树，晚上才有人走动。人们到宾馆东边的地下室酒吧喝酒。我坐在宾馆的阳台上，看夕阳谢幕。澄澈的天幕下，杨树被余晖染成了红色。你想想，那么多的叶子在风中翻卷手掌，像玩一个游戏，这些手掌竟是红的，我有些震骇。大自然不知会在什么时候显露一些秘密。记得我在阳台放了一杯刚沏好的龙井茶，玻璃杯里的叶子碧绿，升降无由，和翻卷的红树叶对映，万红丛中一点绿，神秘极了。塞尚可能受过这样红与绿的刺激，他的画离不开红绿，连他老婆的画像也是，脸上有红有绿。

图瓦的绿色不多，树少。红色来自太阳，广阔无边的是黄色，土的颜色。有人把它译为"土瓦"。我年轻时听过一首曲子，叫《土库曼的月亮》，越听越想听。后来看地图，这个地方写为"图库曼"，就不怎么想听了。土库曼的月亮和图库曼的月亮怎么会一样？前者更有生活。象形字有一种气味，如苍山、碧海，味道不一样。徐志摩一辈所译的外国地名——翡冷翠、枫丹白露，都以字胜。

图瓦而不是土瓦的月亮半夜升了上来，我在阳台上看到它的时候，酒吧里的年轻人从酒吧钻出来散落到大街上，在每一棵杨树下面唱歌。小伙子唱，姑娘倚着树身听，音量很弱。真正的情歌可以在枕边唱，而不是像帕瓦罗蒂那般鼓腹而鸣，拎一角白帕。我数唱歌的人，一对、两对……十五对，每一棵树边上都有一个小伙子对姑娘唱歌。小伙子手里拿着七百五十毫升的铝制啤酒罐。俄联邦法律规定，餐馆酒吧在 22 时 30 分之后禁止出售酒类。而这儿，还有乌兰乌德、阿巴干，年轻人拿一瓶啤酒于大街上站而不饮乃为时尚，像中国款爷颈箍金链一样。

图瓦之月——我称为瓦月——像八成熟的鸡蛋黄那样发红，不孤僻不忧郁，像干卿底事，观照这些人。它在总统府上方不高的地方。我的意思说，总统府三层楼，瓦月正当六层的位置，所以见出总统府不往高里盖的道理。

书说，人在异乡见月，最易起思乡心。刚到沈阳的时候，我想我妈。见月之高、之远不可及更加催生归心。而月亮之黄，让人生颓废情绪，越发想家。我从沈阳出发到外地，想老婆孩子。而到了图瓦，一个俄联邦的自治共和国，我觉得我之思念不在我妈和老婆孩子身上，她们显得太小。所想者是全体中国人民。我知道这样说有人笑话，我也有些难为情，但心里真是这样子。虽说中国人民中，我所相识者区区不过几百人，其绝大多数我永世认识不到，怎么能说"想念广大中国人民"呢？而我想的确实就这么多。比如说，在北京站出口看到的黑压压的那些人（不知他们现在去了哪里），还比如，小学开运动会见到的人、看露天电影看到的人、操场上的士兵、超市推金属购物车的人。我想他们，是离开了他们。在图瓦见不到那么多的人，也显出人的珍贵。早上，大街尽头走来一个人，你盼望着，等待着这个人走近，看他是什么人。但他并不因此快走，仍然很慢。到跟前，他一脸纯朴的微笑。

在图瓦，验证了人有前生一说，至少验证了我有前生。大街上，迎面遇到随便什么人，你得到的都是真诚质朴的笑容，像早（前生）就认识你、熟悉你，你不就是谁嘛。图瓦人迎面走来，全睛看你，突厥式的大脸盘子盛满笑意，每一条皱纹里都不藏奸诈。我像一个没吃饱饭的人吃撑着了，想：他们凭什么跟我微笑呢？笑在中国，特别在陌生人之间是稀缺品，没人向别人笑。而向你笑的人（熟人）的笑里面，有一半是假笑，和假烟假酒假奶粉一样。笑虽不花钱，却也有人不愿对你真笑。跟我社会地位低也有关。从美术美容观点看，假笑是最难看的表情，如丑化自我。纯朴的笑有真金白银。笑，实为一种美德。

我没想明白图瓦人为什么对人真诚微笑。而他们的生活当中，没有不诚实以及各种各样迷惑人的花招。中国人到这里一下子适应不了，像高原的人到低海拔地区醉氧了。这里没有坑蒙拐骗，人的话语简单，什么事就是什么事，这样子就是这样子。这让来自花招之地的人目瞪口呆，有劲使不上。图瓦人的笑容，展露的实为他们的心地。

总统府上空的月亮像带着笑意，俯视列宁广场。广场上一定有一些有意思的事情发生。我下楼去广场，看月亮笑什么。

列宁广场在克孜勒市中心。塑像立北面，身后山麓有白石砌就的六字真言，字大，从城市哪个角度都看得清。广场西面歌剧院，东面总统府。该府连卫士都没有，农牧民和猎人随便出入。总统常常背着手在百货公司溜达。广场中立中国庙宇风格的彩亭，描金画红。里面是一座巨大的转经筒，从印度运来，里面装五种粮食，一千多斤重。这些景色到了夜里跟白天不一样，所有的东西披上一层白纱，边角变得柔和，夜空越显其深邃，而瓦月距总统府上空其实很远，在山的后方。

广场上有两三个转经筒的人，有人坐在长椅上，有人缓缓地散步。他们在和我相遇的时候虽露笑容，但更庄重。他们的人民到夜里变得庄重了。我们的人民晚上似更活泼。我想到，图瓦人虽把纯朴的笑容送给你，像满抱的鲜花，他们其实是庄重的。面对天空、大地、河流、粮食和宗教，他们生活得小心翼翼，似乎什么都不去碰。农民除了种地时碰土地，剩下的什么都不碰，包括地上的落叶也不去扫。人在这里安分守己并十分满足。看图瓦人的表情，他们像想着遥远的事情，譬如来生。又像什么都没想，脸上因此而宁静。这种表情仿佛从孩童时代起就没变化过（他们小孩就这表情），更未因为衣服、地位、年龄和GDP而变化，只是成年人成年了，老人老了，表情都像孩子。再看月亮，我刚才在国宾馆看到的月亮像它的侧面，在广场看到的还是它侧面，这是下弦月。看它正面除非上火星看去。

脚踩广场的月色上，没发出特殊的声音，月色也没因此减少（沾鞋底上）。月色入深，广场像一个奶油色的盒子。人都回家了，只有一人从东到西、从南到北慢慢走，这是我和我的影子。

神

会

辑

二

野草斜阳清平川

王克明

越看《生命——民间记忆史铁生》这本书，我就越想知道，一个能成就作家史铁生的山乡，那个留下他许多知青记忆的村庄，是什么样儿？

6月间，在陕北榆林访民俗后顺210国道回延安，路过延川县时，我拐弯进沟，弯弯曲曲，翻一道梁，在急雨之中寻找村落。待眼前忽然开朗，蜿蜒小路间架一石桥，我便找到了往事如烟的关家庄，走进了雨后斜阳的清平川。这便是史铁生那个"我的遥远的清平湾"了。

天下喂牛人里，史铁生最著名。停下车，我便打听他当年喂牛的牲口窑。村里人说，早塌尿了，甚也没了。但同村知青孙立哲给老乡治病做手术的窑洞，还整整齐齐。那里面没炕，依然干净，有当年手术室迹象。其实，孙立哲最早的针灸技术，是史铁生传授。他贸然在乡间行医，也是因史铁生耍笑撺掇，把他"赶鸭子上架"了，未料他竟造福一方百姓。

村人带我走去村东，指点路边一个高高的小土峁，劈山修路剩下的，孤孤零零，尖尖突起，上面顶着两孔古窑，灰黑颜色，半塌半立。村民说，那窑洞原来是一大排，北京知青刚来插队时做过知青医疗站，修路给斩断了。我想到《生命》书中（下同）

陈冲的《青春小子》记的，不知是不是这排窑洞："在关家庄的黑窑里，借着鬼火般的油灯，劳累一天的兄弟们，围坐在一起，天南海北地聊。"我有心一睹知青故址，便爬上土峁。但面对残迹，看见斜插垒起的石墙积攒下的那些古老黑色，仿佛听到年久的碎石透露出遥远时间的消息。我竟有些思绪茫然。

这样的古窑洞，陕北常见，说不清它们来历。它或许曾留下匈奴的脚印，或许曾闪过党项的剑影，或许停留过金兵蒙营的铁骑，或许喷溅过回回刀下的血浆。还或许，它听到过传教士的循循善导，看到过游击队的晃晃钢枪。那早已烟消云散的一切，都只是历史的瞬间，转眼而去，谁都不会万年。和那些古往的故事一样，知青也只是古窑里的过客，"来了来了都来了，呼撩撩又走完了"，留下些真实的往事、演绎的传说，仍然是"天上乌云搅黑云，什么人留下人想人"。

站在高高的土峁上，偶一回头，忽然惊讶。这时我的眼前，云间的蓝天刚刚洗净，寂静的村庄身边，伸展开一片雨后的川道，落日放松地洒去阳光，河滩绿草如毯，树影下边浓浓相间。那其中弯曲着一缕明亮，迤逦而来，是河水泛映些金光。岸边淡绿的梯田，浅棕的坡地，层层往上，缓缓爬山，爬到那山顶的老树，接上了蓬松的云朵。

我在陕北深山久住，奔走陕北各处，沟岔梁峁，近水远川，望连绵无边的黄土，炙火焰焰的红日，脚下长河般流动的白云，头上空旷旷辽远的蓝天，看遍了高原的贫瘠、荒古、粗犷、高远。不料，关家庄里，回首之间，怦然心动。黄土高原上，竟能有如此的细腻，这般的温婉。湿润的宁静里，是谁画出柔美的光影，如此迷人？仅仅一缕斜阳、一河野草，就能让这片山野醉人至此？我心中一惊：哦，我遇到最美的清平川了。

清末年间，延川县出过一位女诗人李娟娟，在《村居即事》诗中，记过陕北农事，"正值炎天麦已黄，无情岁月逼人忙"、"荞麦开花远望红，一年农事尚匆匆"等，诗里并写："家住三台杨柳村，一湾流水抱柴门。浣衣石上愁春去，野草斜阳欲断魂。"此时，在春去的季节里，我也看到了一湾流水，一重柴门，野草斜阳间，古窑断人魂。

不知道这关家庄始自何时。只知那一带山间，五千年前已有先民村落，那里出土了些瓯、瓿、枓、斝等怪怪的青铜器，和战国的带钩、汉朝的玉璧。离关家庄仅十里地的关庄村，出土了囫囵的汉代铜鐎壶。到了隋文帝手上，在那儿设了县，叫了"延川"。不知有过多少拨儿的统治者，从那里杀伐而过，永远美丽的景色，记住的却是先民永远的苦难。"大旱饥荒人相食"、"人畜死亡过半"、"僵尸遍野人民逃亡"、"换子相食"、"人相食死大半"等等记载，不绝史书。清同治年间，民族仇杀再使这里乡民百姓多死于乱刀，田园荒芜，处处鬼歌。平乱后，左宗棠又将一些汉人安置过来。李娟娟亲历了那次血难，诗中注记："延川城破，少年妇女被虏者甚多，惨不忍闻。""同治丁卯戊辰，回匪土贼之乱，贼骑邻村，几不可脱，庐舍焚掠一空。"一湾流水、野草斜阳后的记忆，竟是如此心痛。到史铁生来这儿喂牛，也留下记忆："在青天黄土之间用全部生命去换那每年人均不足三百斤的口粮。"

村庄对面的远山半坡上，有一围小小的建筑，被大树遮抱在身下，黄土坡上突兀起一团浓绿。那就是李子壮《绝地自拔》中所记小庙。他曾和史铁生一起，在庙里拆泥塑，砍树枝，揽取木柴。现在人去了，庙空了，只留下这段关家庄的故事。庞沄的《最后的聚会》一文，记述了史铁生笑谈的关家庄故事："见没人，'哐哐'地就都吃了，差点没噎着！""正玩牌或者赖着不起，忽然他妈的晴了！""惨淡的月光，突然从草料堆里站起个人来！"这个关家庄，见证了史铁生的命运变迁。站在村头远望，半隐的古庙，浓郁的树团，在雨后初霁的野草斜阳间，却似一团恍然的旧梦，一把远去的陈年，一堆生根刻骨的记忆。

据说，隋朝年间，曾有一个家住延川的匈奴混血后裔，利用佛教聚众起事，封文武百官，自称光明圣皇帝，被官军斩杀。要真是这样儿，延川好歹也算是出过皇上的地方了。但这不属于它的灵气。梁向阳《人杰地灵》文中提到的陕北俗语才是："文出两川，武看三边。"延川便是"两川"之一。整个陕北历史上出过的唯一状元，唐代的，就是延川人。明清则多进士举人，当代则多作家诗人。路遥是其一，谷溪是其一，史铁生也是其一。

同样经历着苦难的黄土高原，为什么偏这片地方多进士举人、作家诗人？看野草斜阳里，雨后清平川，我想：因为这里美。美产生灵气。这种灵气的美，留给了铁生恬静的记忆，使他能平缓地叙述苦难，温情地洞见人性。这种地方一般都这样儿：美的是山川，苦的是山民；美的是天地，苦的是人间。史铁生对此是深有所悟的。

落红萧萧为哪般

迟子建

　　萧红出生时，呼兰河水是清的。月亮喜欢把垂下的长发，轻轻浸在河里，洗濯它一路走来惹上的尘埃。于是我们在萧红的作品中，看到了呼兰河上摇曳的月光。那样的月光即使沉重，也带着股芬芳之气。萧红在香港辞世时，呼兰河水仍是清的。由于被日军占领，香港市面上骨灰盒紧缺，端木蕻良不得不去一家古玩店，买了一对素雅的花瓶，替代骨灰盒。这个无奈之举，在我看来，是冥冥之中萧红的暗中诉求。因为萧红是一朵盛开了半世的玫瑰，她的灵骨是花泥，回归花瓶，适得其所。

　　香港沦陷，为安全计，端木蕻良将萧红的骨灰分装在两只花瓶中，一只埋在浅水湾，如戴望舒所言，卧听着"海涛闲话"；另一只埋在战时临时医院，也就是如今的圣士提反女子中学的一棵树下，仰看着花开花落。

　　我3月来到香港大学做驻校作家时，北国还是一片苍茫。看惯了白雪，陡然间满目绿色，还有点不适应。我用晚饭后漫长的散步，来融入异乡的春天。

　　从我暂住的寓所，向南行五六分钟吧，可看到一个小山坡。来港后的次日黄昏，我无意中散步到此，见到围栏上悬挂的金字匾额是"圣士提反女子中学"时，心下一惊，难道这就是萧红另一半骨灰的埋葬地？难道不期然间，我已与她相逢？

我没有猜错，萧红就在那里。

萧红 1911 年出生在呼兰河畔，旧中国的苦难和她个人情感生活的波折，让她饱尝艰辛，一生颠沛流离，可她的笔却始终饱蘸深情，气贯长虹。萧红留下了两部传世之作《生死场》和《呼兰河传》，前者由鲁迅先生作序，后者则是茅盾先生作序。而《生死场》的原名叫《麦场》，标题亦是胡风先生为其改的。可以说，萧红踏上文坛，与这些泰斗级人物的提携和激赏是分不开的。不过，萧红本来就是一片广袤而葳的原野，只需那么一点点光，一点点清风，就可以把她照亮，就可以把她满腹的清香吹拂出来。

萧红在情感生活上既幸运又不幸。幸运的是爱慕她的人很多，她也曾有过欢欣和愉悦；不幸的是真正疼她的人很少。她两度生产，第一个因无力抚养，生下后就送了人；而在武汉的白朗家生下第二个孩子时，萧红身边，却没有相伴的爱人，孩子出生不久即夭折。婚姻和生育，于别人是甜蜜和幸福，可对萧红来说，却总是痛苦和悲凉！难怪她的作品，总有一缕摆不脱的忧伤。

萧红与萧军在东北相恋，在西安分手。他们的分手，使萧红一度心灰意冷，她远赴日本疗伤。那期间，她的作品并不多，有影响的，应该是短篇小说《牛车上》。赴日期间，鲁迅先生病逝，这使内心灰暗的她，更失却了一份光明。萧红才情的爆发，恰恰是她在香港的时候，那也是她生命中的最后岁月。《呼兰河传》无疑是萧红的绝唱，茅盾先生称它为"一幅多彩的风景画，一串凄婉的歌谣"，可谓一语中的。她用这部小说，把故园中春时的花朵和蝴蝶，夏时的火烧云和虫鸣，秋天的月光和寒霜，冬天的飞雪和麻雀，连同那些苦难辛酸而又不乏优美清丽的人间故事，用一根精巧的绣花针，疏朗有致地绣在一起，为中国现代文学打造了一个独一无二的"后花园"，生机盎然，经久不衰。

萧军、端木蕻良和骆宾基，这几个与萧红的情感生活紧密相连的男人，在萧红故去后，彼此责备。萧红身处绝境，一盏灯即将耗掉灯油之际，竟天真地幻想着尚武的萧军，能够天外来客一样飞到香港，让她脱离苦海。萧红临终前写下的"半生尽遭白眼冷遇……身先死，不甘，不甘！"可以说是她对自己凄凉遭遇的血泪控诉！事实是，萧红去了，但她的作品留下来了，她用作品获得了永恒的青春！

我想起了多年以前，追逐着萧红足迹的美国著名汉学家葛浩文先生，对我讲起他当面指责端木蕻良辜负了萧红时，端木突然痛哭失声。我想无论是葛浩文还是我们这些萧红的读者，听到这样的哭声，都会报之以同情和理解。毕竟，那一代人的情感纠葛，爱与痛，欢欣与悲苦，只有他们自己最清楚。端木蕻良能够在风烛残年写作《曹雪芹》，也许与萧红的那句遗言不无关系："我将与蓝天碧水永处，留下那半部《红楼》，给别人写了。"而且，按照端木蕻良的遗嘱，他的另一半骨灰，由夫人钟耀群带到了香港，埋葬在圣士提反女校的树丛中，默默地陪伴着萧红。只是岁月沧桑，萧红那一抔灵骨的确切埋葬地，没人说得清了。只知道她还在那个园子里，在花间树下，在落潮声里。

萧红在浅水湾的墓，已经迁移到广州银河公墓，而她在呼兰河畔的墓，埋的不过是端木蕻良珍存下来的她的一缕青丝而已。一个人的青丝，若附着在人体之上，岁月的霜雪和枯竭的心血，会将它逐渐染白；而脱离了人体的青丝，不管经历怎样的凄风苦雨，依然会像婴孩的眼睛一样，乌黑闪亮。

圣士提反女子中学规模不大，但历史悠久，据说范徐丽泰和吴君如就毕业自这里。它管理极严，平素总是大门紧锁。有一天放学时分，趁学生们出来的一瞬，我混进门里。然而一进去，就被眼尖的门房发现，将我拦住。我向她申明来意，她和善地告诉我，萧红的灵骨确实在园内，只是具体方位他们也不知道。如果我想进园凭吊，需要与校方沟通。她取来一张便条，把联系人的电话给了我。我怅惘地出园的一瞬，忽闻一阵琴声。循声而望，那座古朴的米黄色小楼的二层，正有一位梳短发的女孩，倾着身子，动情地拉着小提琴。窗里的琴声和窗外的鸟鸣呼应着，让我分不清鸟鸣是因琴声而起呢，还是琴声因鸟鸣才如泣如诉。

我没有拨那个电话。在我想来，既然萧红就在园内，我可以在与她一栏之隔的城西公园与她默然相望。圣士提反，是首位为基督教殉难的教徒，他是被异教徒用石块砸死的。以他的名字命名的女校，有一股说不出的悲壮，更有一股说不出的圣洁。其实萧红也是一个虔诚的教徒，只不过她信奉的教是文学，并且也是为它而殉难。她在文学史上的光华，与圣士提反在基督教历史上的光华一样，永远不会泯灭。

清明节的那天，香港烟雨蒙蒙。黄昏时分，我启开一瓶红酒，提着它去圣士提反女子中学，祭奠萧红。我本想带一束鲜花的，可萧红在园内四季有鲜花可赏，那红的扶桑和石榴，紫色的三角梅和白色的百合，都在如火如荼地盛开着。萧红是黑龙江人，那里的严寒和长夜，使她跟当地人一样，喜欢饮酒吸烟。我多想洒一瓶呼兰河畔生产的白酒给她呀，可是遍寻附近的超市，没有买到故乡的酒。我只能以我偏爱的红酒来代替了。复活节连着清明，香港的市民都在休长假，圣士提反女校静悄悄的。我在列堤顿道，隔着栏杆，搜寻园内可以洒酒的树。校园里的矮株植物，有叶片黄绿相间的蒲葵，有油绿的鱼尾葵，还有刚打了骨朵的米子兰。我把它们轻轻掠过，因为它们显然年轻，而萧红已经去世六十八年了。最终，我选择了两棵大树，它们看上去年过百岁，而且与栏杆相距半米，适合我洒酒。一棵是高大的石榴树，一棵则是冠盖入云、枝干遒劲的榕树。铁栏杆的缝隙，刚好容我伸进手臂。我举着红酒，慢慢将它送进去，默念着萧红的名字，一半洒在石榴树下，另一半洒在树身如水泥浇筑的大榕树下。红酒渐渐流向树根，渗透到泥土之中。它留下的妖娆的暗红的湿痕，仿佛月亮中桂树的影子，隐隐约约，迷迷离离。

　　洒完红酒，我来到圣士提反女校旁的城西公园。一双黑色的有金黄斑点的蝴蝶，在棕榈树间相互追逐，它们看上去是那么的快乐；而六角亭下的石凳上，坐着一个肤色黝黑的女孩，她举着小镜子，静静地涂着口红。也许，她正要赶赴一场重要的约会。如今的香港，再不像萧红所在之时那般的碧海蓝天了，从我居所望见的维多利亚港和它背后的远山，十有七八是被浓重的烟霭笼罩着。大海这只明净的眼，仿佛患上了白内障。而圣士提反女校周围，亦被幢幢高楼挤压着。萧红安息之处，也就成了繁华喧闹都市中深藏的一块碧玉。不过，这里还是有她喜欢的蝴蝶，有花朵，有不知名的鸟儿来夜夜歌唱。作为黑龙江人，我们一直热切盼望着能把萧红在广州的墓，迁回故乡，可是如今的呼兰河几近干涸，再无清澈可言，你看不到水面的好月光，更看不到放河灯的情景了。我想萧红一生历经风寒，她的灵骨能留在温暖之地，落地生根，于花城看花，在香港与拉琴的女生和涂红唇的少女为邻，也是幸事。更何况，萧红临终有言，她最想埋葬在鲁迅先生的身旁。

　　走出城西公园，我踏上了圣士提反女校外的另一条路——柏道。暮色渐深，清明离我们也就越来越远了。走着走着，我忽然感觉头顶被什么轻抚了一下，跟着，一样东西飘落在地。原来从女校花园栏杆顶端自由伸出的扶桑枝条，送下来一朵扶桑花。没有风，也没有鸟的蹬踏，但看那朵艳红的扶桑，正在盛时，没有理由凋零。我不知道，它为何而落。可是又何必探究一朵花垂落的缘由呢！我拾起那朵柔软而浓艳的扶桑，带回寓所，放在枕畔，和它一起做星星梦。

乌镇与西塘

宁肯

　　乌镇，风清水秀，乌瓦白墙，水边人家。西塘也是，大同小异。但我对西塘的印象远好于乌镇。我的印象毫无疑问带有相当的主观成分，对于相似的事物心情往往决定着对象，就好像晴天与阴天决定着海滨一样。一般你不能说青岛、大连或北戴河谁更漂亮，但天气原因它们之于偶然的个人差异是极大的。而心情也像天空的云一样有时难以确定，一个偶然因素，一个小小的差异会让心情瞬间阴晴突变，所见景物也瞬息而变。那年盛夏，我从上海世博园出来，第一个地方便到了茅盾的故乡乌镇，之后到了西塘。为什么不先到西塘再到乌镇我不知道，仿佛乌镇有什么特别的不同，仿佛别无选择。

　　是的，从眼花缭乱、个性张扬、千姿百变的上海世博览会出来，回归古朴自然的中国古镇，徜徉于水墨般的东方水乡无疑是一种需要，而古朴的乌镇，宁静的水面，陈年木屋，小桥，廊棚，倒影，的确让人有种心灵的洗涤与洗涤之后的依怙之感。在双重的水边我长长地吐出了口气，仿佛把光怪陆离的世博园呈现出的大千世界吐个干净。我年轻时喜人为的东西，中年之后东方崇尚自然的文化基因使我回归传统中国的文化血液，骨子里的唐宋让我对江南古镇有种根性的兴奋，觉得让世界慢下来的只有中国或沉淀水乡里的中国文化，才有可能。

　　但接下来的感觉却突然相当不对，以致心情大坏，似乎刚才是一种幻觉，一种乌托邦。随着一字长蛇的人流我看到了什么？看到了古镇人的生活——但是什么样的生活？被展示的被参观的日常生活，以致我突然有一种在动物园看到人类自身的感觉。这种感觉让我对自己怀疑起来。这种生活因为长期被参观，与游人形成敌意，每人面对游人都十分冷漠，目中无人，又不像观动物园。

　　显然为了强调古镇古老的日常生活气息，在这里生活着的人成为一个旅游项目，被要求长年过着一种橱窗般的生活。这种生活在不宽的河两岸可清晰地看到，恍如《清明上河图》的一角，却又不是。而在小街两侧洞开的门窗内，更是可以近距离地直视小镇生活。在自然的情况下，这些门或窗应是关着的，虚掩着的，特别是当青石板街上或河上来了那么多的游人，熙熙攘攘，就更应紧闭。

　　日常生活无最起码的私密，人会变成什么？就是我眼前的人，是人，又非人，我看到窗内正在做饭的人都木呆呆的、机械的、无动于衷地忙着什么，特别是他们的眼睛，简直是一种冷漠的呆相。在鲁迅笔下我非常熟悉这种冷漠的呆相，它们是我们文化中最可怕的一种东西。这种东西在今天并未消失，且变种流传，我们的生活处处都有这种冷漠呆相的影子。有时我很想冲眼前视我为无物的人大吼一声，但我知道吼也没用。顶多他们的眼睛偶或地划过你，让人浑身发凉。是的，他们非常可怜，简直不忍心看他们。同样他们又何尝愿看如过江之鲫的瞪大眼睛的参观者？他们浑身印满目光，他们是旅游项目，某种"演员"，真人"秀"。他们知道他们的分分秒秒都是钱，似乎只有钱能安慰他们。但同时他们毕竟是人，一个"钱"字怎能代替经年累月表演着自己的他们？于是冷漠便成了常态，既敌视游人，也敌视自己的生活，冷漠是某种东西的平衡。

他们多为老年人，也有年轻人，但都称得上老演员、功勋演员，有时他们偶然毫无理由地抬一下头，看看无数盯着他们的目光，很茫然，很空洞，但更多是视而不见。如果木雕也会偶然抬头，正是他们，但事实上木雕也比他们强，因为木雕是有确定属性的，你和木雕之间有着人和艺术品或商品之间的契约。但你和他们有什么契约？如果萨特在这里相信会自叹弗如，比存在主义戏剧更冷漠的戏剧在这儿每天都上演着：你看你的，我干我的：淘米，洗菜，做饭，吃饭，如厕，休息，吸烟，看电视，捡一枚地上的针，看上去真的是在生活，但如果他们是生活，游人就不是。游人是，他们就不是，或者，都不是。实际上因为看到自身的镜像，参观者其实也是被参观者，其颠覆感是双重的。

也许我不该这么认真，不就是玩玩看看吗？想那么多干什么？可想是我的职业，没办法。我在想：到底什么决定了这种观赏与被观赏的生活？为什么会有这样经年累月的真实的表演？真实如果被表演还是真实吗？人们究竟想看到什么样的真实？为什么对"真实"的东西那么渴望？真得不能再真了，然而这种真与假又有什么不同？

我没上趋之若鹜的乌篷船，许多人上了，我没有。我走得很快，如同一片叶子飘过。我这颗一刻也停不下来思想的头颅太重，重到有时必须敲一敲，有时必须饮些酒才能变轻。我知道我的头颅还不是最重的，而那些比我更重的头颅会成为古董吗？但我知道，我早晚会进入博物馆，我已到了它的门口。

直到到了西塘，我没走太多地方，心情才慢慢好起来。或许没经过严格的开发与管理，西塘显然要野一点，同样的水乡，桥，乌篷船，但没什么呢?

没有日常生活。或者有，我没看见?

是的，我没看见，我看到了门、窗，它们是关着的。

关上门的西塘很美，像乌镇一样美。

红塔礼堂的音乐与电影

上个世纪的北京渐行渐远，如今，再说 90 年代、80 年代，前面总要加上"上个世纪"，头些年总觉着有些别扭，如今觉着顺嘴一些了。可不嘛，上个世纪北京的背影不是越来越远，也越来越清晰吗？有一天午休小睡竟梦见了月坛北街的红塔礼堂，醒来很是出了一会神。那个年代过来的北京人谁不知道红塔礼堂？那时北京有一半电影是在礼堂放的，谁没在礼堂看过电影？那时的京城四大礼堂，红塔、地质、物资、老政协，红塔居首，能在红塔礼堂看上一场电影总有一种特别的感觉，好像居于了庙堂。红塔礼堂也叫国家计委礼堂，国家计委在当时那是什么地方？国家的核心之部门，有种神秘色彩，不但京城百姓觉着那地儿特别，就是刚跨进中国大门的老外也一样。

一

1978 年 6 月，小提琴大师艾萨克·斯特恩访华，那是什么年月？一切禁锢刚开始松动，而斯特恩是新中国成立以来第一位来访的西方小提琴大师，他以西方对东方特有的趣味专门挑选了那时最具中国色彩的红塔礼堂开了两场音乐会，第一场是协奏曲音乐会，由李德伦指挥中央乐团协奏。第二场是奏鸣曲专场，演出大获成功，国人都听傻了，红塔礼堂也由此蜚声国外。

或许是由于斯特恩的成功，随之而来的是小泽征尔、耶胡迪·梅纽因等一批西方音乐大师在红塔礼堂的首演。小泽征尔那次是率波士顿交响乐团来到北京，是第一个西方交响乐团在北京演出，之前小泽征尔勘察了许多场地，最后走上红塔礼堂的舞台，环顾四周，吼了一声，悠悠的回声徐徐传来，还算凑合，小泽征尔表示满意，决定在此首演。也许小泽并不真的满意，也许北展剧场更合适，但小泽还是选择了红塔礼堂。据说当时为了对外报道的需要，"国家计委礼堂"才更名为"红塔礼堂"。其实小泽也许要的就是"国家计委"那几个字，当然"红塔"也不错！小泽的演出当然没得说，振聋发聩，其对刚刚解冻的国人的心灵的洗礼与震撼无以言表，从此贝多芬、梁祝开始盛行，以至于稍后人们再提贝多芬都不叫贝多芬了，都直接、具体地叫"贝五"、"贝六"或"贝九"，那才叫范儿，透着自己专。其实对大多数人而言小泽的长发影响更大，更直接，觉得他特狂，知道男人也可留飘然的长发，不久北京不少男青年也留起了长发，戴蛤蟆镜，早早地就与国际接了轨。

红塔礼堂坐落在月坛北街12号，高高的门脸儿，有点苏式建筑味道，记得上面好像有红星，显然符合西方音乐家对中国的想象。其街因在古代帝王祭月的月坛之北得名，东西向，街很长，路两旁种着杨树和槐树，中央几个大部委都在这条街上，构成了成片的灰色国家办公区，连带着路两旁也都是五六层的楼房，和老北京的景象完全不同，没有胡同，没有四合院，没有枣树、海棠，因此生长在胡同里的北京人甚至觉得这儿有点不像北京，有种说不出的一种分量。

二

　　尽管红塔礼堂不断有西方音乐大牛人演出，一度几乎成为音乐圣地，但它却没因此阳春白雪、象牙塔，老北京的特点就是这样，不管你什么牛人来过我该怎样还怎样，该喝大碗茶还喝大碗茶，该放电影还放电影，因此不接待老外时照例是京城一大放电影的场所。什么是北京范儿？北京范儿就是稳当，"天不变道亦不变"。那时北京好像很少连着阴雨天，总是阳光灿烂，雨过天晴，阳光的热度与人们内心的热度很像，一张简易的只有座位号没有标价的电影票，会让刚上大学的我无比快乐，一往无前地置身在暴晒的阳光下，把除了铃铛儿不响哪儿都响的自行车骑得飞快。为什么骑得飞快？电影票刚到手，刻不容缓，就要开演了。

　　那时的礼堂电影还不同于电影院电影，礼堂身份高，几乎是一个"政治"概念，正因如此有一些"政治"特权，比如电影院不能放的电影可先在礼堂放，之后才拿到电影院放。先内后外是我们改革开放的一个传统，而那时的"政治"很先锋，许多禁区就是先从礼堂开始冲破的。因此礼堂电影那时多是单位发票，票传来传去，以至于票传到你手上根本不知是哪发的票。那时我正上大学，同学中有的有些背景，另外一些亲朋也跟礼堂牵三扯四地沾着点儿边儿，于是没少在礼堂看电影。但我得承认，我在红塔礼堂看的电影不多，像什么《孤星血泪》、《巴黎圣母院》、《兰姆夫人》、《红菱艳》不多几部，虽然不多但都是经典。也奇怪，那时电影不知是什么神秘的人在推介，部部都是经典。不是字幕，都是译制好的，后来才知道都是像尚华、苏秀、童自荣这样的老电影人推出的。亏了"文革"时间还不算太长，还有一批老艺术家能起点很高地接上文明的香火。

如果我的记忆不错，我在红塔礼堂看的第一部电影是《孤星血泪》，小说的名字叫《远大前程》，是狄更斯的代表作之一。那时根本不知狄更斯是谁，导演是谁，演员是谁，内容为王，来不及细分。时间似乎是在小泽征尔演出之后，或梅纽因梅大师演出之前。电影比音乐影响大得多、带来的冲击也大得多，记得《孤星血泪》开场不久就把我看傻了：夜黑风高，强盗一把抓住在父母坟前的孤零少年匹普，强盗要匹普回家去找一把锉刀拿给他，那威胁的语言、狰狞的面目，匹普吓坏了，观众也吓坏了。匹普回家偷偷拿了锉刀，不仅如此，又偷偷拿了家里过圣诞节的一大块肉饼。当时就让我不理解，为什么还要主动拿肉饼给强盗？躁狂的姐姐发现肉饼不见了，大发雷霆，匹普面临着难以想象的暴力，正在这时，警察抓来了强盗，强盗见匹普要暴露，于是大喊大叫肉饼是他偷的，锉刀也是他偷的，强盗用谎言掩护了匹普，观众提着的心一下落了地。

这个情节给当时的我带来极大的震撼，什么是启蒙？这就是那个年代的启蒙。人性是可以逆转的，盗贼也可能是最善良的人，基于人道，基于人本身的不确定性，一切并不是非黑即白，非此即彼。别小看这一善恶转换，它是完全不同的思维方式，它使我们简单头脑变得对人充满了惊奇，看到了人本身的东西，看到了人的复杂性，看到自我深处的善与恶，并最终看到善是如何爆发的，爆发得那样感人至深。这是什么？是人，人道，人道主义，那个年代的主旋律。后来我看到的《巴黎圣母院》是这样，《九三年》是这样，《悲惨世界》是这样。夸西莫多非常丑，但他的灵魂却是最强健的最美的，他对美的渴求、尊重、企望如此真实，以至于当美丽的爱斯米拉达被推上绞架，只有夸西莫多不顾一切为爱斯米拉达送上一碗水，那情景是如此的感人。人性，人道，人，无疑是"四人帮"退出历史舞台之后中国的最强音。这最强音从我们的灾难而来，也从红塔礼堂上演的《孤星血泪》或《巴黎圣母院》或《悲惨世界》这些电影中来。某种意义，红塔礼堂，或京城四大礼堂，或那时数不清的礼堂，是改革开放的起点。那时候当你走进电影院之前可能还是一个旧时代的人，但从电影院走出来已是一个新时代的人。尽管阳光之下，面对未来，你的眼睛事实上非常迷茫。但那是一种美好的迷茫：旧时代结束了，新时代是什么样呢？

2010 年，听说红塔礼堂进行了拆建，我还没有去过。三十年了，我们发生了巨变，我觉得一个电影院，一个礼堂，已不能解决我的问题。而且，我已不年轻了，让年轻人进去吧。

竹林幽事

王以培

偶尔读到嵇康的诗："煌煌灵芝，一年三秀。予独何为，有志不就。"当时就决定要去"竹林"走走，去寻访我心中的圣徒、殉道者。可是，"竹林"又在哪里呢？

史书记载，"竹林七贤"当年就在如今的河南修武县云台山一带避乱隐逸，在那片竹林里清谈、聚会，我就去那里。而"竹林"是什么？无论别人怎么说，对我而言，竹林是一片净土，一种精神象征。每个时代总有几个不识时务的人，硬是要活在自己的内心世界，而弃绝世俗尘埃。他们看似不经意的"放达"、"洒脱"，"隐鳞藏彩"，其实包含着纯洁的意志与独立人格。而这一切本身，便是对黑暗世界的挑战与反抗。仅仅只为"隐逸"而付出生命代价的人，在历史上屡见不鲜。——"微斯人，吾谁与归？"

边走边想，不觉已来到云台山下，我在心里默祷：愿这趟旅途，能让我找到血脉中的亲人，得到灵魂的启迪。然而现实无情，傍晚时分，车到云台山下，刚一下车，我就想逃跑。好好一座山，已被"点缀"得灯红酒绿，自称"民风淳朴"的当地村民，宰客之凶狠，令人瞠目。可我忍着，并暗中告诫自己：不要被"表象"所迷惑。毕竟"竹林七贤"曾在这里仙游；寻找他们的"蛛丝马迹"，乃是我这趟旅途的神圣职责。而倘若就此逃离，我心中的竹林，岂不是将化为一片焦土。

事态严重，我只有采取自己一贯的方式：步行、苦行。一路上，我断然拒绝了一辆辆尾随在身后的客车车主兼客栈老板，独自往山里走，往黑暗深处走，抱着在山洞里过夜的决心与信念——当年嵇康修道，与孙登师傅就在这一带的山里，一住三年，我住个一两夜又算什么。而看我步伐坚定，尾随其后的一对中年夫妇不停地按喇叭"警示"并抗议，直到后来，那个女的干脆拍着车门嚷道："我跟你打赌，你要能在山上找到住处，明天来我们家，吃住都不要钱！"

我苦笑着，心想，难怪"七贤"要隐居避世啊。回想起不久前，去洛阳城东，沿洛河而行，寻找当年嵇康殉难的地方。而一路问过去，那些河边垂钓的老乡都一脸茫然地望着我，反问道："嵇康是谁，没听说过。"

常年在祖国大地旅行漂泊，对这一切早有思想准备。可至今仍不习惯，仍无法接受。这种时候，我总是告诫自己：别伤心，要沉住气，再往前走，奇迹就会发生。

果然，当我走进深山，身后的车灯一灭，我心里顿时亮起来；和我一同明亮的，还有一弯新月。相传在云台山百家岩，每到月色明亮的夜晚，"竹林七贤"就会返回人间，与知己相会。这是真的么？只有暗夜独自走进云台山的人才能理解。

原来月色就在你心中；只要用心相迎，"七贤"便如约而来。原来"竹林"未必要有一片竹子，也可以是一座荒山。正如当年嵇康走在山里，在心中默念着："穆穆惠风，扇彼轻尘。奕奕素波，转此游鳞。伊我之劳，有怀遐人。寤言永思，寔钟所亲。"亲人总是在静夜静心思念时，飘然来临。

就这样，我一路默念着嵇康的诗句，伴着"竹林七贤"的身影，朝百家岩山峰走去。不多时，山上就出现了一座庙宇。我敲门进去，一位善良的大姐见我面善，就让我免费在庙里住下来。是夜，蟋蟀的叫声与山涧流水，在融融月色中庆祝着我的辉煌胜利。想想那个要跟我打赌的人，根本不值一提。

静夜，我躺在一个漏风的大房间里，感觉和住在山洞里没什么区别。山里没有电，却有水声绕梁；冥冥之中，感觉满壁烟云。直到第二天清晨，当天光像一块白冰，在窗口渐渐化开，我这才看清满墙行云流水般的字迹。原来是一个署名"竹林丐翁"的人，为"竹林七贤"各题诗一首，挂在墙上。我暗自惊喜。这位"竹林丐翁"是谁？无论如何，我必找到他。

清晨出门，谢过了慈悲的大姐，一路走，一路打听：竹林在哪里？"七贤"在哪里？丐翁在哪里？问归问，这并不耽误我自身独自旅行。

眼前山色清新，天幕重开。曙光一层层揭开山岩，如剥开一张张树皮；岩壁的色泽一直在变：从青灰到赤红，从赤红到金光灿烂，上面垂落着丝丝缕缕的微瀑。山鹰在悬崖上盘旋，发出悦耳的欢叫，携着翅膀上的晨光，慢悠悠飞进绝壁之上的小山洞，又从洞里缓缓飞出。这优雅的姿势，人类至今无法模仿，只能抬头仰望。

晨光进出山洞，也出入你的思想。山谷中的岩石那么真，又那么不真实；用手摸，摸不透；用心看，看不清。一夜滴酒未沾，却感觉宿醒未醒。

于是又来到醒酒台，醒醒人生这杯酒。当年"竹林七贤"就曾在这块悬浮的岩石上醒酒作歌。而今，知了在阳光里悠悠长鸣。午后的阳光，轻拨着无形的琴弦，让人想起嵇康的诗句："目送归鸿，手挥五弦。俯仰自得，游心太玄。"——醒酒台轻轻晃动，像一叶醉舟，行在竹林之上，青山之间。绝壁上的白菊花，似一簇簇残雪。

前面一座白塔，矗立在崇山峻岭间。我走过去，一路赤红的山岩，让人想起嵇康的血。鸟鸣都在叫着"嵇康，嵇叔夜"。而走在山路上，脚下的路一会儿是土，一会儿是火，一会儿是先人的影子与层层落叶。太阳一照，传来鸟鸣声声，仿佛你与先人，心有灵犀。

来到白塔之下，这才看清碑文："百家岩寺塔又名孝女塔，位于（河南省）修武县北太行山脉嵇山上，建于唐武后垂拱二年（686），重建于金代……"而四周碧树森森，旁边的亭台楼阁上，满壁诗文，都是前人献给"竹林七贤"的，也道出了你的心声。

这是元代诗人王恽的《题七贤乡》——

（之一）

不到山阳二十年，黄垆空锁竹林烟。
胡虏笑杀嵇康辈，又向溪山着祖鞭。

（之二）

漠漠云林指旧栖，几年于此避危机。
奇才最昔嵇中散，空听鸾音月下归。

回想今日之事，"胡虏"近在眼前，你又当如何？心中幽事、幽愤，说与谁听？

我又四处找寻，在山间野草丛中，发现了一块块残碑，上面的文字，触目惊心。如《百家岩寺修葺两佛殿记》上写道："百家岩寺，太行山中名刹也。其悬崖叠嶂之形，清流激湍之韵，茂林修竹之雅，苍翠环绕之境……相传寺建于高稠禅师，拓于晋，历

隋唐宋元代……如寺僧慧圆、瀛瀚，皆能前后相修补，规模宏丽，
较昔有加。乾隆庙……断石崩飞……推东西两佛殿像汰销灭此佛，
日未明时，寺僧……急谋重新之举而艰于……财……突被水灾，
邑人救灾不暇，遂未果。厥后隆宗竭力筹画……营残缺者，补之
颓坏者，葺之历五年而始厥成功，佛像庄严，栋宇璀璨，金碧与
山色相映，灿烂夺目。以余所游览之处，如楚之桃源洞口，黔之
天半寺……独隆宗以所不能任而成之……可见天下国家无不可任
之事，无不可成之功，而因循推诿卒至颓败者……"我边看边用
湿毛巾擦拭着残碑，恨自己丢失了很多字，而字里有青草、雨水
和阳光的气息。最后还能勉强认得："教谕姜元吉撰，乾隆三十一
年"的字样。读罢不胜唏嘘。在祖国大地，仅我一个人就见过许
多残碑。埋在草丛里还算好的，更有铺地、砌墙，甚至盖猪圈的。
这绝非耸人听闻，是我亲眼所见，而残碑上记录的珍贵历史，真
正值得传承、铭记。

　　带着沉重的心情，我又记录了几块残碑。而后，循着竹林寺
的方向一路前行。几经周折，我终于来到"另一个世界"，一座荒
凉的庙宇，竹林寺。庙里住着一位老人，白发如雪，面容清癯，
他看着我远道而来，一句话也不说，像是在这里等我很久了。我
们一见如故。

　　我随即在竹林寺住下来，不知住了多久，像是数日，又仿佛
数年，甚至更久。这座荒凉的寺庙前，居然立着一块完整的石碑，
上写着："竹林寺位于太行之阳，背依峰峦叠翠，云林流溪，俯临
迁陌纵横，沃野千里。本寺创于东汉末年，因'竹林七贤'邻寺
结庐隐居而闻名天下。唐宋扩建，明清增修。殿宇辉煌，气度宏
伟。民国初年毁于战乱。今逢盛世，国泰民安，重修竹林寺以顺
民心……"

　　而"盛世"之夜，竹林寺只有两个孤单的身影。丐翁告诉我，他之所以叫这个名字，一是乞讨求生，更是乞讨知识，乞求真理。而他一个人独居竹林寺并非闲暇隐居，而要凭一己之力，建造一座"竹林七贤塔"。再看门前的空地上，木石成堆，石塔已建成底座和一二两层，里面尽是石刻的壁画与诗文，有"七贤"的作品，也有丐翁自己的诗歌与画作。其中竹叶随风而动，"七贤"的肖像栩栩如生，呼之欲出。而所有这一切，从设计、采石，到书写、作画、雕刻，全凭丐翁化缘并独自完成。直到我亲眼见到丐翁与石塔，终于相信这样的人真实存在，比传说中的更神奇，而他就在我们中间，就在我身边。我们彻夜长谈，谈"竹林七贤"，谈历史传承，古今变迁。有诗为证：

　　　　盖世英雄嵇中散，韬略未必弱群雄。

　　　　恰逢世乱志难展，辞官归隐竹林中。

　　　　欲加尔罪岂无词，竟以不孝获罪名。

　　　　临刑犹弹广陵散，声声哀怨动帝京。

　　在竹林寺生活的日日夜夜，我常想起残碑上的字迹："可见天下国家无不可任之事，无不可成之功"，关键是不可"因循推诿"，而当知其不可为而为之。当年"隆宗以所不能任而成之"，在于他的信念与决心；眼前的丐翁也是如此。

　　月夜，石塔在我眼中渐渐升高，高耸入云。茫茫荒漠上，只见竹林丐翁，一个枯瘦弱小的身影，在叮咚敲击着铁锤。而"竹林七贤"远远走来，与我们相聚相会。

洪业与燕南园

　　今天的人们造访位于北京西郊的北京大学"燕园"，在校园的核心区域、图书馆以南、宿舍区以北，会发现一个由一堵短墙围护着的特殊区域，地势比周围略微高出。对这座风景如画的校园而言，这片依然宁静安谧的区域称得上是一座"园中之园"，多年以来不可思议地并未受到校外如火如荼的建设热潮的袭扰；园中的建筑大多是原建的，虽经多次翻新却依然素朴如初，园中的使用者除了少数居民，大部分还是富有文化气息的机构和系科。不经意的外表和植栽掩不住这座学府不平凡的出身，套用当年曾经在燕园中居住的燕京大学学子的话，这座校园"外观纯然是灰色，而内容却具有很复杂的……玩意儿……这是一个世界，是世界外的一个世界"。

　　它有一个漂亮的名字：燕南园。

燕园与燕南园

　　燕南园所指的当然是"燕园"以南的区域。按照曾经在燕京大学和北京大学两校任教的侯仁之先生的说法，当年的"燕园"只是指校园内未名湖区那一带，其实当时在中文中还没有"校园"

这个说法，"燕南园"看上去更像是住宅"区"而非校"园"；"燕"所指的则是 1952 年之前这里的主人"燕京大学"——1918 年，北京的美国教会高层达成初步协议，在城内成立一所新的大学，由诚静怡提议，特聘的包括胡适和蔡元培在内的校名委员会通过校名为"燕京大学"，以区别于当时已经存在的"国立北京大学"。

"校园"的来历值得大书特书。在尺度和功能上，中国传统的教育机构比如"书院"都无法和现代意义的"校园"相提并论。"校园"（campus），首先是对美国大学校园，特别是那些处于郊区自然环境中的大学如康奈尔大学的模仿，既具自然之趣，又颇文明有序。然而，上世纪二三十年代燕大规划的历史遭际，使得中国高等教育草创的"校园"无法直接翻版西方的开放式 campus。风景如画的"乐园"同时也是围墙中的禁地，一座"自得其乐"的象牙塔。

在英文中，校园的对应词 campus 所指的，不仅仅是教育机构的地面，也可以用来指一般医院、研究机构或公司的领地，只要它们像校园一样，有着自己大致的边界和自成一统的内部组织就可以叫做 campus——比如，著名的谷歌公司位于加利福尼亚州山景（Mountain View）市的总部就可以称作 campus of Google；和中国校园不一样的是，campus 不必有分明的界线和围墙，不必与世隔绝，而当代汉语对于学校所在地的一般称呼"校园"，字面上即暗示着一个与社会绝对分离的封闭领域。所以初学英文的中国人容易把"在校园上"（on campus）误写成"在校园里"（in campus）。

几张珍贵的照片披露了"校园"罕为人知的"最初"，在耶鲁大学神学院图书馆档案中的黑白照片里，这源自北京西郊的"最初"没有缤纷的油彩，只有广袤单调的乡野景色，巨大的松树和小土山点缀在视野里缓缓展开的一片平畴之中，使人依稀辨认出它们旧日园林的前生——在物理和象征两个层面，燕大的校园都建立在一片远离文明中心的废墟之上，上世纪前半叶出现的政治乱局里，外面的北京城常闹得天翻地覆，"乐园"里面却常风平浪静。燕京大学购入校址的时候，各个园子四周已经有一圈虎皮墙所环绕，虽然它们有些破败坍塌，防不住胆大妄为的盗贼，但燕大的美国管理机构安全感良好，他们本没有打算将整个校园的围墙连缀起来，只是在学校的四周粗粗地以一圈铁丝网为界。

然而，1922年直奉战争的爆发提醒了校方，即使是北京郊外这荒僻的废园也不见得是世外桃源。1924年第二次直奉战争爆发，11月24日，张作霖率兵进京，第二年5月，奉军进驻北苑和西苑，一年之后，再次入京……直到1928年4月，奉军被蒋、冯、阎、桂四大集团军合击而全线崩溃前，他的部队对京畿的骚扰从来没有停止过。燕京大学的女作家冰心写过几部小说，比如《到青龙桥去》《冬儿姑娘》，小说里直观地表达了北京居民对那些个"妈了个巴子不要票，脑勺子是护照"的蛮横不讲理的东北兵的恐惧和憎恶之情。

鉴于这种形势，燕京大学开始着手在物理上把学校和"外面的世界"彻底隔离开来，这就是我们今天看到的典型的被围墙环绕着的中国大学校园的来源，它是有边界的自然，郊野风光中割离出来的景色。建墙工程旷日持久，据陈允敦、孙幼云、叶道纯等同学回忆，他们1938年毕业的时候，校园园墙尚在砌造之中，招工庇材一共需要大洋一万七千，这围墙以后又逐渐扩展到校园北部的朗润园，以及校园南部的"南大地"——也就是本文所说的"燕南园"。有围墙的"燕南园"开始更像一个中国风味的住区了。

今日"燕园"的肇始并不只为实际的原因。显然，"当代"

在"古旧"中寻找依据的时候，遗址上若隐若现的"中国园林"历史也起着很大的作用，在燕京大学校园的建设中，"中国风格"的考量本是一个重要的因素，因此也造就了名副其实的"燕园"。我的拙作《从废园到燕园》（生活·读书·新知三联书店2009年版）对这一过程有很详细的阐释，但是本文的重点不在于更近中国古典园林风味的未名湖区，而在于并无中式华厦也无明显造景的燕南园——燕南园和校园的其他部分不一样的地方，在于它和燕大教师们更平实的关系。在今天北大南墙外的海淀北路建成之前，燕京大学南部还是一片荒芜，只有一些低矮破败的平房，因此习惯上被称为"南大地"。这地面上既没有像西门前那样的交通要道，也无重要的目标可以通往，所以南门也就没那么重要了，在当年女生宿舍，今天"静园"北大文史哲诸院的南边，只有一道简陋的铁栅栏小门，通向南大地燕南园的职工宿舍。

如果说"未名湖"周边反而是今日北大校园最知名的部分，那么燕南园则藏着一段不甚为人所知的历史，那是现代教育思想在中国风景中扎根发芽的历史。

洪业在燕园

说到这里就不能不提到洪业。他就是燕京大学建校初期聘请的历史教师洪业（1893—1980），又称洪煨莲。洪业的表字听起来颇有禅机，似乎也呼应着他的本名，其实"煨莲"也是他英文名"威廉"的谐音（William）。

洪业本是福州人，出身于一个传教士的家庭，早年曾在北方短暂生活，迟至二十三岁才到美国留学，却在五年中得了三个学位，最后在哥伦比亚大学取得历史学硕士。他生平为之知名的专业是中国史和蒙古史，但数份美国报纸当年的记载证明，许多听众认为他的英语好得"足以让大多数美国人感到羡慕"。洪业在燕大建校初期多次去美国举办公开演讲为校园建设募款，在当时从未去过中国的美国人的眼里，所有中国人好像都只能是洗衣工一类角色，他出色的口才使美国人发现，原来中国人说起英语来，也可以充满着"火和力量"，闪露出智性的光辉。

洪业既是一个学贯中西的历史学家，也是燕大建校初期实际工作重要的参与者，这在很多读死书无实际工作能力的传统学者那里是不可想象的。事实上，洪业经常思考"如何将中国几千年的学问融入大学教育的框架之中"，他的自学方法体现出他切入大学实际事务的门径。说到中国学问，经书、方术，成分何其庞杂，洪业却认为将它们一股脑归入"国学"是不科学的，也过于笼统了，他提出应将旧学分成语文、数学、科学、人文四大类，中国既有的考古、艺术、哲学、宗教等都应该与相对应的西方科目结合在一起来梳理。《洪业传》中记载，他曾经开设一门别开生面的"历史方法课"，令学生们受益匪浅。洪业"请学校图书馆的职员……到市场上去收购废纸。这些废纸中什么都有，包括日历、药方、符咒、信件等等"。他带了学生到废纸堆中实地演练，要求学生一张张地看纸上写的是什么，什么时代的东西，有什么背景……当学生亲手"挖掘"出富有历史价值的东西，他就要求学生据此写一篇文章……

没有证据证明洪业对建筑学或园林营造有特殊的兴趣，他的生平只在美国做过一次"设计"，那就是为燕大的海外宣传在小型的"世界博览会"上做一个中国展厅。洪业似乎并未直接介入燕大聘请的美国建筑师墨菲的设计项目，也不曾对燕大工程处、主管燕大发展的纽约托事部与建筑师之间的争斗发表意见。可是，通过对身边材料的考古学家式的发掘和求证，他钩沉出了废园中那些被官样文章忽略的蛛丝马迹，并将它们复原为一桩桩真实完整的历史叙事。

例如，洪业注意到未名湖边散落的前朝遗物，曾经猜测昔日石舫上旧建筑和湖边围屏诗句的渊源关系，展卷细询，不难发现乾隆曾经写有体制类似的《咏石舫诗》(《御制诗》二集卷六十页二十)等等。但洪业的时代已不再是读古书做考据学问的乾嘉时代，而是中国考古学世纪的开始。他的著录中有一本别致的《勺园图录考》，像是身边闲事的正经篇章，它体现了这么一种研究眼光：附有地图的书中采录的，不仅仅是有关燕京大学校址历史的掌故，它所采用的西式"引得"也即索引（Index）体例表示的是一种精确的、严格对位的知识，可以具体到地点并且视觉对位，而不是掌故相闻、议论相歧的旧学。这一点和前世的博物学者截然不同，同样的著作比如顾炎武《天下郡国利病书》以"经世致用"自况，准确性自然是压倒一切的标准，但是却让同是燕京大学的历史地理学者侯仁之看出了其中许多不够周详的破绽。洪业对于"实地"研究的关注，显然蕴涵着不同的历史意识和工作方法。

据说，这位平时西装楚楚的历史学教授除了伏案读书之外，还喜欢在今日北京大学校园上的假山、池塘、松树间散步，他沿着水道寻找水源，把校园中在进行建筑前的风景作草图记录下来……洪业醉心于这种身临其境的历史工作，西学熏染的实证眼光和传统文献证据结合的结果，使我们发现了另一个埋藏在历史地表下的"燕园"，他不仅为我们留下了多种历史文献的整理成果，还利用出土的文物厘清了许多从前只是众口相传却迷雾一团的"典故"。例如，燕南园西北方向"勺园"史迹的真实存在，便是洪业通过燕大施工时发现的米万钟父亲米玉的墓志铭才最终确认的，

《明吕乾斋、吕宇衡祖孙二墓志铭考》一文不是作为校园掌故口口相传，而是作为严肃的论文得以发表在 1928 年的《燕京学报》上。

燕南园中的教师们

洪业本人便居住在燕南园中，和其他燕大老师一样，在新生的"校园"，这一既安逸且活跃的学术共同体中，学者们的个人情趣和公共生活有效地得到了融合。按照当时国外大学的通例，除了个别例子以外，燕京大学一开始并没有兴建所谓"教工宿舍"，大学教授们的住所往往是散居在成府和海淀的零散私人住宅，有租有买，比如蒋家胡同 2 号住过邓之诚，蒋家胡同 4 号则住着郑因百……再后来燕大教工人数增长，学校便给职工一些租房补贴，加上大学工程处的悉心修缮，使之可以达到西方人的生活标准。燕南园和燕东园则是大学发展后期新建的"集中住区"——直到今天，我们还可以在燕南园留存的老建筑中看到它们的原始风貌，很多建筑材料，就连门上的铜把手，都是从美国直接购买运来，里面厨卫客卧的布局，乃至灶具的装置方式，也和美国一般乡村住宅无异。与此同时，因为采用一部分本地工艺，细节上依然有很多中国特色，比如门楣上常有精工雕镂的砖石作和仿造中国建筑样式的窗格，因此这些建筑很难讲是什么纯粹的"风格"。学生们看到，外国人以最先进科技创办的中国大学校园，燃烧的是煤和电力，但是它产出的形象却是个人化的和朝后看的，某些时候全是些"古色古香的玩意儿"，是"中学为体，西学为用"的建筑——"内部设有代表西洋近代文明的自来水、电灯、热汽汀，外表却是十足的中国式的官殿……"

"……像我这样的新来者，一下便被我们物理环境的不可形容的魅力所倾倒……"燕大的教职员工，无论中外老幼，都对他们各色的新"家"表示出由衷的赞美。一部分具有现代生活便利的"新"家，为截然相反的古老景色包裹着："这地方的魅力……隐藏在庄重的大门，蜿蜒的柳荫路，横跨荷塘的石拱桥，低矮的、有着雕镂精细和曲线屋顶的白色房屋，因为爬满青藤的墙壁和山石而充满野趣的庭院。在此聚会时，人们很难将注意力转向正题，而离开这充满诱惑的环境……"另一方面，诸如燕南园这些地方的吸引力来自于教师之间应酬唱和的便利，一种共同精神生活的乐趣，燕南园住宅通常都有楼上楼下好几个房间，宽裕的设计标准原本是为了一家独居的需要，在现实中它也经常为年轻教师共享。于是，"园居"者大致分成了两种略有不同的情形，中式的独院为英国文学教授包贵思（Grace M. Boynton）这样的外国学者所青睐，在没有专门的校长住宅临湖轩之前，甚至燕大长期的主持者司徒雷登也住过朗润园；居住在"集体住区"的知名人物同样众多，冰心住过燕南园 53 号，洪业住过燕南园 54 号，燕东园中，住着 31 号的林耀华，32 号的高名凯，33 号的鸟居龙藏，人称"鸟居高林"（以上均为燕京大学老编号）。

燕南园这样邻近校园的住宅区提供了更多学术请益的机缘，《洪业传》记载道："洪业在燕南园的住宅是自己设计的，他的书房另设门户，方便来访的学生不必经过门厅，客饭厅之间有活动壁，请客时拿下来可摆坐得下二三十人的餐桌。外面园子里有一个亭子，亭前栽了两棵藤萝，每年 5 月藤萝花盛开时，洪业和邓之诚请了些能吟诗作赋的老先生来一起开藤萝花会，饮酒作诗，延续着中国读书人自古以来爱好的雅事。"

燕大的教师中，很多人都在燕园左近留下了他们大半生的足迹，明清史专家邓之诚，也就是《骨董琐记》一书的作者邓之诚

（文如），从 1928 年开始就在燕京大学教书。他最早居住在燕大东门外的成府槐树街 12 号（1931 年），然后搬到冰窖胡同 17 号，现在北大校医室所在的地方，因为时局变乱，后来他搬入了南宿舍勺园 4 号（1937 年），太平洋战争爆发后又迁到东门外桑树园 4 号（1942 年），复校后，入住成府蒋家胡同 2 号（1945 年）。且不说后来邓之诚又执教于 1952 年搬迁到燕园的北大历史系，仅就在燕京大学任教的历史，他已经就家于燕园前后二十余年，体验过若干种不同的居住方式。燕大教师在燕园的"家"常常不是某一幢"住宅"，而是经常随着他们不同时期的需要、资历、兴趣发生变化，这种迁徙通常给予他们更多的机会和同事进行交流。

在新学期致辞中，燕京大学的著名校长司徒雷登曾经别有深意地鼓励自己的学生："燕京不仅是一所大学，盖广义之大学教育，乃在实验室、图书馆以外之共同生活。于不知不觉中彼此互相感化，以造成燕京特有之精神。吾人能完成此种民主集团之精神，始克有为中国公民之资格。希望大家预备为将来中国做有用的人……"

园里园外

从燕南园往东去是农学院的实验基地和苗圃，它既增加了校园的野趣也为燕园的师生们提供了改善饮食的机会，史载学校曾在沙地上种植花生补充食堂的果蔬；再往南去，则是一些教师自行选择的更零散也更僻静些的居住地址。从有关人物的回忆录不难发现，最初被这样一些地形和布置环绕着的燕南园并不是今天的孤岛模样，它虽然有自己的物理所止，却是和整个海淀区域的园林大势紧密衔接在一起的。燕南园作为由公共转向私密的过渡层次，燕京大学的教师们根据个人的爱好散居在燕园南部葱茏的湿地风景之中。

30 年代任教燕大英文系的大名鼎鼎的埃德加·斯诺原住海淀军机处 8 号，上个世纪在北大生活过的人们大概都还记得这个颇有来历的地名，它其实是一片比北侧路面高出近一米的建成区，标定着燕南园本是海淀台地北面园林区域开始地段的历史，它是海淀镇所在的那片高地向未名湖伸出的"舌头"，这也揭示了今天图书馆南边地形差别的来源。现在，燕大南面的这座斯诺故宅随着北大校园的南展和海淀路的修建已经不复存在了，它原是燕大出身的一个中国银行家的住宅。斯诺"喜欢这所中西合璧的住宅，在宽敞的庭院里有果树，有竹子，还有一个小型的游泳池……"斯诺的回忆证实，当时的燕园南部和未名湖区有着明显的高差，我们完全可以想象，在那个时候，透过他居室明亮的玻璃窗，顺着尚未被遮挡的视线，斯诺可以看到整个"南大地"联系着比海淀台地低洼得多的"燕园"核心区域，还可以清晰地眺望到颐和园和玉泉山。

斯诺的同事，同样是英文系教授的包贵思后来也在这所住宅中居住。她曾经在这所独院中举办被称为"晚山园会"的私人聚会。同样是面对"自然"，这里两种文化的选择显得格外清晰：大多数燕京大学的西方人似乎更青睐开阔风景中没有围墙的乡村住宅，而中国人则喜欢在燕南园这样有着明确物理边界的"桃花源"里与邻居问学作伴。

当时的中国教育家对于燕京大学的校"园"办学并不是一致看好。比如由北大转任武大校长的周鲠生便认为大学未必要搬到乡村中间去才好；甚至在燕京大学内部也有人对乡村办学不以为然，高厚德（Howard Spilman Galt）教授便是如此，他和约翰·杜威一样主张"教育即生活"（Education is life），但这种生活，却是真正的惨淡人生，而非虚构出的远离社会的"乐园"氛围。当时学生有谣："北大老，师大穷，燕京清华好通融。"据说，西郊大学"水汀的煤费就足以开办两所师范学校"。在一些人心目中，如此奢侈地独立于社会之外的燕京大学是"为教会造人才，为外国人关系事业造人才，并不预备对中国社会改造上有什么贡献"，所以它无须设立在都市中心。

曾在两所学校都有过任教经历的钱穆认为，清华大学表面西化，骨子里却是中国式的学府，燕京大学表面上中国味道，骨子里是一所美国大学。燕大校园"路上一砖一石，道旁一花一树，皆派人每日整修清理，一尘不染，秩然有序，显似一外国公园。即路旁电灯，月光上即灭，无月光始亮……又显然寓有一种经济企业节约之精神。"他感叹道："……就两校园而言，中国人虽尽力模仿西方，而终不掩其中国之情调。西方人虽刻意模仿中国，而仍亦涵有中国之色彩……终自叹其文不灭质，双方各有其心向往之而不能至之限止……"教会学校不管如何"中国化"，如何致力于弥补它和外部世界的差异，在那个因社会政治斗争剧烈变化的现代中国，这种独善其身的奢侈多少都显得有些不合时宜，它的内里也常有着这样那样的裂痕。

燕京大学校园的历史命运形象地说明了两种不同文化的结局。整个30年代差不多都是燕大的黄金时代，由于燕京大学招收的学生大多数都有优裕的家境或是国外背景，教会大学的背后又有美国政府的支持，无论是哪种生活方式都在"学术自由""国际教育"的大旗下获得了荫庇，以燕大社会学系为代表的燕大学术机构，甚至将开展周边的海淀，成府社区调查作为他们影响中国社会的第一步。只是好景不长，"世界外的一个世界"的美梦并不能长久，1937 年爆发了中日之间的全面战争，北平很快沦陷，飘扬着星条旗的燕大校园暂时还在安全的范围内，可是那些孤悬在虎皮墙外的私人住宅已经有点岌岌可危的意思了。

1937 年 7 月，燕大教师包贵思在她燕南园的家中向美国朋友报告了"卢沟桥事变"那个月在海淀园居的情形："那一夜我在小园中安睡，在这样一个炎热的夜晚，你能以闪亮的天穹为卧室天顶，绵延的西山为四壁（本来）是件很棒的事。我被枪声惊醒了，在睡梦中，它们劈劈啪啪地甚是扰人，我在卧榻上坐起；但是我完全清醒时意识到它们离我还远，一会枪声就停了……第二夜我再次被更多的枪声惊醒了，这次是长枪的声音，声音很远。"

在这样一个不寻常的时刻，在纷扰乱世中以外界的补给和支持建立起来的"世界外的一个世界"现出了它脆弱人工构物的原形。当时的燕大是北京西郊少数有自己电力供应的区域之一，此时，居住在燕南园中的教师们却不得不准备足够的"灯油和蜡烛"以及一个月的粮食储备；更重要的是，这时候学校的围墙展现出了它存在的价值，大批惊惶不安的难民抢着要涌进大学的围墙里面去，燕南园腾出房子竭尽所能地收容了附近的难民，平日幽静独处的光景自此一去不返。

尾声抑或序曲

1941 年底突然爆发的太平洋战争是燕园历史上一次重大劫难的开始。闯入燕南园的日本士兵将包括洪业在内的一大批燕大教师捕去，他们中的一些人被作为"敌奸"送到集中营中关押四年之久。这一时期的燕园成了日军伤兵疗养的医院，虽然它优美的风景得到了某种程度上的"利用"，但是由刺刀把守的校园已经充满了肃杀的气氛。光复之后，重新回到北京的燕京大学只有短短六年的时间，在不景气的经济、社会动荡和内战间艰难地恢复，一部分教师又住进了他们久已熟悉的燕南园中，重拾战前未竟的使命——但是这次他们竟然没有机会和时间。

对于中国教育意义重大的 1952 年，随着一场高等学校的院系调整，最早被解放的燕京大学也最先被解散，燕园"变成"了北京大学的校园，在这湖光山色的校园中，陆续又发生的故事惊心动魄。经过五十多年的风风雨雨，今天，许多人但凡知道北大未名湖，但却不知道这湖之所以"未名"的原委。自它们的草创算起，这两所学校距今都有百年或近百年的历史，一个世纪后的北大和燕大已经难分彼此，不光燕大的师资力量传承在北大的血脉中（如费孝通、侯仁之），燕大的标志性建筑也为北大所继承，如今人们说起北大来，是西校门（燕大校友门）、办公楼、未名湖畔的塔影天光——北大百年校庆典礼的场地也正在原燕大女生宿舍间的静园草坪上，相反，倒是马神庙、沙滩、红楼这些个老北大人耳熟能详的名字渐行渐远了。

这种物理遭际的历史流变凸显了某种微妙的意义，从一方面来说，正如这世上大多数人事，燕园的虎皮墙所能遮蔽的，也就是一方的风雨，不用说，那个小湖怕盛不下在这园中发生过的那些意义深远的事件，举足轻重的人物……从另一方面而言，皇城人海中的那个老北大，已经被牵扯着远离了它曾肩负的时代使命，脱卸了不能承受之重后，教育的意义还归教育自身，平静的书桌已经成了"学府"二字的首要含义，一个身处围墙之内，有藤萝环绕绿荫缭绕的新北大的形象已经为人们所接受。

对燕园而言，它并不能算长的历史已有了"新"和"旧"的细微层次。在评论司徒雷登的传记的时候，胡适评论说："我要指出，司徒博士建立燕京大学之伟大是基于两个因素。第一，他与他的同事可以说是从头做起，设计并建立了一个规模全备的大学——中国十三所基督教大学中间最大的大学——在全世界最美丽的一个校园之上。第二，他计划中的这个大学在相当时间后愈办愈成为一个中国人的大学，哈佛燕京学社成立后本国学术表现尤其卓越，这是在基督教大学中特别的。"将"世界最美丽的校园"和致力于"本国学术"的卓越表现联系在一起。胡适的评语绝非偶然。对中国近代高等教育草创时期所发生的一切，校"园"和"造"园是一对理想的、绝妙的象征。

从 1958 年开始的北京大学校园扩建，显然大大改变了一度不过千人的燕京大学的既有图景。相应于那个从校友门进出的"西门的燕园"，1958 年开始向南加大校园建设的北大校园，或许可以被称为"南门的燕园"——随着校园南部学生宿舍和东部新教学楼的扩充，这个时期的燕园有了一条从海淀路上新南门进出的轴线，它串起了一系列排列在它两边的教学和生活建筑，也正是在这一历史时期，燕南园从校园南面连缀的一块"花边"，正式变成了墙内孤悬的一片"绿岛"。"南门的燕园"逐渐和沸腾的市井相接，十多年前在燕园生活过的人，很多人或许还记得那著名的"南墙现象"——1993 年 3 月 4 日，北大拆掉南墙，建起了一条招商引资的商业街；2001 年 4 月，北大又决定重建八年前的南墙，两次都成为媒体关注的重要新闻。

今天的燕园，也就是以 1998 年翻新后的新图书馆为标志的燕园，或许可以称为"东门的燕园"，标志是东门外一条大道——同时也是新的东门轴线，东连清华南门和五道口的城铁站，向西直通向那座比博雅塔还高出一头的新图书馆。进入 21 世纪十年以来，这片区域尤其以令人咋舌的大量现代建筑的兴建引人瞩目。如今已不是校"园"是否能挡住墙外喧嚣的议题，而是墙内的各种"社会化"的现象早胜过墙外一筹，在"教育产业化"的今天，八十年前中国高等教育前驱们为象牙塔准备的物理屏障已不是那么顶用……

因为某种原因多少保持着它的历史风貌，燕南园如今是北京大学校内，乃至整个北京市内少见的没有被城市开发压力侵扰的净土了。它的难得之处不仅仅在于那静谧宁和的林间气氛，而在于不作雕饰的素朴面貌和不经意间保留的一丝暧昧的亲切，在于胡适们赞叹过的"世界最美丽的校园"和"本国学术"相匹配的历史风姿——它使得任何强人所难的"设计"和"规划"顿然失色。

只是洪业们早已离去，我们有理由为这座小园的前途感到一丝忧虑。

北京四小处

北京西郊有著名景点八大处，乃西山南麓之八座古刹。吾居京已十七载，生活与工作之处的地名往往与寺庙沾亲带故，其中三处已有名无实，另一座则从一开始就是伪寺庙。每思及此，感慨良多；随笔记下，成四章。

一、三义庙

三义庙是我来北京定居的第一个落脚点，因为我的第一份工作是在北京理工大学外语系（现为外国语学院）教书。而北理工所在的地名就叫三义庙。

在此之前，我一直处于求学状态，而且是从东南到西北再到西南的全国性游学。1994 年 7 月，多年的流浪到三义庙为止。石头的心被卷在铺盖里，终于在三义庙找到了一张床，如同锚被抛入了河。除了一些最简单的日用品，我最大的财富是多年求学积攒起来的好几箱子书，之于我这一介穷书生而言，书是安身之根，笔乃立命之本。记得当年外语系一位同事打车（黄色面包车，当年北京满大街都是，绰号"蝗虫"）把我从火车站接回学校。司机问："您去哪儿？"同事只答"三义庙"。我们就被拉到了目的地。

也许由于我的书箱太多，最后还把其中一个忘在了车上。害得好心的"的哥"第二天专程给我送了来。让我感动不已。我当时心想，三义庙名声好大，一定要去看看。如果有神像，我还要拜谢他收留我。

落定后，我向同事和邻居打听三义庙的确切地址，才知那只是个地名而已，真正的庙是什么时候建的，什么时候拆的，一概问不出来。当时正在修北三环，我还以为是修路前拆的呢。

理工大学东大门前的大路当时还叫白石桥路，因为这条路的南端是白石桥。黄昏之后，路上就黑黢黢的了；到了北京的旱季（冬天和春天），路上会尘土飞扬。但那是我非常喜欢至今依然万分怀念的林荫大道。有四排大树，两边各一排，中间还有两排。可惜的是，那条路我还没怎么走，就被改造升级成了白颐路（从白石桥直接通到颐和园）。90年代后期，中关村迅速崛起，成了中国的硅谷，其势力远远超过白石桥和颐和园，于是，那条路又被改称中关村南大街，最后被改为现在的中关村大街。路上的景观已经面目全非；我还没享受荫凉，树就被一砍而光，连根都不留。中国的城市化运动首先是修大马路，其间拆掉了不少有年头的建筑物，引起很多争议；但是，其间，砍掉了大量有年头的树木，却很少引起质疑。而我叹惋更多的是树，而不是房。如今，白石桥路上的那么多大树，只剩下一块木片，被供在我书架的顶上，那是我的挚友——陶艺家李建军先生抢回来赠给我的，我写了首七律，他帮忙用毛笔写在了木片上。1998年国庆节，他在内蒙古境内出车祸身亡，如今这块木片是对他也是对树的最好纪念。

一辆自行车帮我丈量壮志与俗念之间的距离，多少次，希望和失望像两个轮子，驮着我沉重的瘦小的肉身，从三义庙出发，又回到三义庙。

我还摆脱不掉"校园情结"，校园曾经是也应该是寺庙的另一种形式。青灯下，经书一卷，至交二三，可以是我生活的全部。墙外车水马龙，于我如无物。那已经消失的庙宇，似乎在我心中复活。

我曾带着莘莘学子朗朗读书，如今，他们都已有了归宿；美好的记忆克服了曾经羁绊的现实，成为传说。就如同三义庙，自始至终，只是一个名称，但它满足了我对世事人生的全部想象。

单身宿舍的友谊如同石榴，一打开就能享受到无数，无数的籽粒哪怕被撒在操场上，被尘土覆盖，也会让尘土散发几许馨香。我以友谊为天，真正的友谊是弥天大雪。

我青春的尾巴被一寸寸割去，而激情的火焰被二锅头一再扇旺，加速燃烧。金木水火土相互折磨、攻克、杀戮，最终生成的，是颐和园围墙外的一个个陶罐，东倒西歪，但全都开满了喇叭花。

那时，离开三义庙，经过苏州桥，远大路一带都是郊野菜地。黄昏后是漆黑一片，犬吠被深埋在蔬菜的美梦里。我爱深一脚浅一脚地，去重温乡村的童年。那时，城市和乡村之间，似乎只隔着一座三义庙，而三义庙早已不复存在——很多很多年前，它就被拆毁了，连遗址都难以寻觅；我守着的，只是我对三义庙的一个幻象。

那包裹我的围墙摇身一变，成了银行、商店、咖啡馆；庙的感觉越来越稀薄，于是我逃了出来，这不啻是再度流浪。

二、惠忠庵

在三义庙五年，我写过很多信（当时我还基本没有用电子邮件），落款一律是"京郊三义庙"。当时，在老北京的眼里，三环只能算是城外，过白石桥，进西直门，才算是真的进了城。到20世纪末，我离开三义庙时，三环附近据说可以纳入新的北京城里的范围了；但是，我在同样位于三环附近的万寿寺只是临时待了几天，然后就随单位外迁到了四环附近的一带。而四环恐怕到现在都不被很多人纳入城里范围，所以我写的邮件虽然由纸而电子了，但落款还是郊外——"京郊惠忠庵"。当年写"三义庙"，就有收信的朋友感到好奇，专门回信来问："你住在和尚庙里吗？"这回我被问得更奇了"难道你跟尼姑同居？"殊不知，庙也罢，庵也好，权当是我虚拟的书斋名。之所以说是虚拟，是因为我单位办公室里的书倒确实是多得几乎成灾，但由于空间狭小，我只能过一段就往外捐一批；哪能有书斋？以庵名斋，其实不乏先例。如周作人一开始将其书房命名为"苦雨斋"，后来改为"苦雨庵"。

很多人知道文学馆在亚运村附近，少数人知道它在芍药居小区旁边，几乎没人知道那里曾经有个尼姑庵。我也是偶然得知的。一天，馆长舒乙先生给了我一堆关于文学馆建设历史的原始资料，让我整理。其中有一份说文学馆新馆将建在惠忠庵一带；据说，规划时那一带还是菜地。芍药居原是村，相传是给皇帝种芍药花的地方，遂被赐名曰"芍药居"。芍药居村的西边就是惠忠寺村，两村都属于太阳宫乡（现改为镇）。据说，惠忠寺村原有两座古刹，西寺东庵，即惠忠寺和惠忠庵（现惠新里小区一带）。在同一个村子里，寺、庵共建，倒是也达成了某种平衡。当年，两者之间是否发生过一些美妙的故事？阿弥陀佛，打住！确切地说，文学馆位于两村之间，所以我在馆里修书完全可落款为"惠忠庵"。

从庙到庵，不是从和尚到尼姑，只是我的心需要另一个龛来安放。义和忠，之于世外高士，只是两件衣服，随时可以脱掉、扔掉，而我不是高士，更不在世外，所以我的心哪怕在庵堂里，也得天天穿着那两件衣服。

世纪之交的北四环路还没影儿，只是一条没什么车的乡村公路，只有一路公交车（不是 480 路就是 119 路），有时要等半个钟头。我眼睁睁看着这乡间小道变成了快速主干道，那曾经拥吻过蝴蝶的花草再也没有踪影；菜地里升起一栋栋高楼，那荷锄夜归的风景只能在绘画中重逢。元大都遗址和太阳宫公社之间，我是否能找到一座庵，哪怕是一座庵的废墟？我口袋里还有些种子，在废墟里也能发芽。

庵堂还是庵，而庙堂已跟庙无关，甚至成了庙的反面。热热闹闹，进进出出，俨然朝堂矣！而我只是多了几本书、几支笔，当袈裟被换成制服，我突然意识到：如果书藏而不用，如果笔用而不畅，那么书未必能安身，笔未必能立命。

一年又一年，我与庙若离若接，与庵若接若离；我带着庙寻找庵，如同带着和尚寻找尼姑；但是，即便庙与庵毗邻而居，和尚与尼姑之间也未必能爆出爱情的火花！

一碗饭、一杯水就能让我安之若素，足以消磨掉那被重新唤醒的壮志。时间之河的前面和后面永无尽头，我如急流中的木桩，不断被摇晃，差点随波逐流。但我没有成为浮萍，因为我的根已经在污泥里扎得太久、太深，连我自己都恐难拔出。

十年前，文学馆的建筑在太阳宫乡、在朝阳区乃至在整个北京城都可以说是赫然在焉，足以让我有身处惠忠庵的幻觉。如今，它被众多的高楼包围。当稗草猛长，越是饱满的谷穗显得越低，矮下去，再矮下去。这是一个时代精神实况的象征，生动而逼真。

优秀的朋友纷纷离开，让我留下来坚守，但我能守住的，不是庙堂，而是庵堂——很多很多年前，它就被拆毁了，连遗址都难以寻觅；我守着的，只是我对庵堂的一个幻象。

三、万寿寺

我后来学的专业是中国现当代文学，虽然毕业后在大学里教的是英美文学，但还是要写中国现当代文学的论文，有时得满北京寻觅相关的资料。有一次，我骑车由南三环回北三环，路过一座灰色的古老庭院，门口一块木牌，底色涂白，上书黑字"中国现代文学馆"。此处离理工大学只有短短的两站地儿，从此，我就成了它的常客。

这座庭院叫"万寿寺"，明万历五年（1577）始建，清乾隆时两次大修。慈禧老佛爷老了，从紫禁城到颐和园，马拉车走，中间都要歇脚甚至过夜，于是万寿寺被改造成了离京师最近的行宫。老佛爷信佛，所以把行宫设在寺庙里。不过，老佛爷是否真的信佛，我可拿不准。她不是那么蠢笨的女人。她该知道佛教的一条教理：行善得善终，行恶得恶报，此生不报，死后也会下地狱，在地狱里会被下油锅、割舌头、打得皮开肉绽、屁滚尿流，不亚于她弄权折磨手下的大臣。她不害怕吗？只有一种解释，非正常的政治和太大的权力使她变态，一个变态狂可能什么都想得到，也什么都做得到；尽管他想的和做的可能驴头不对马嘴，可能南辕北辙。

时间真是个高妙的化妆师。万寿寺正如故宫、颐和园，曾经萌生多少阴谋诡计，上演过多少悲剧惨剧。但是随着时间这个老好人做的和稀泥工作越来越多，阴暗的悲惨的色彩渐渐变淡；这座庭院作为文物的正面价值却反而突出来了。而且还成了比较重要的文化机构的所在地：一半是文学馆，另一半是北京艺术博物馆。不知道设身处地的文学艺术到底能干什么？是揭露阴暗与悲惨呢？还是给阴暗与悲惨抹蜜？

虽为寺，从来没有僧尼在这里长住，大门从未曾真正敞开。经卷被拿走，一座庙宇就空了；你纵使往里填塞一万册别的书籍，它也是空的。

90年代末，文学馆就有讲座；于是，我由读者又变成听者。渐渐地，我与文学馆的工作人员也混熟了，他们允许我自己在浩大的书库里，在落满灰尘的书架间，像只蜘蛛似地爬来爬去，寻找我要的陈年旧货。一次，我碰到当时的副馆长、现代文学研究界德高望重的吴福辉先生，他告诉我，文学馆马上要鸟枪换大炮——搬到新馆里去，需要新招一批员工，包括专业人士。我当时与理工大学的"租身契"正好到期，所以逮住机会，表示想调到文学馆工作。吴老师欣然接受，使我转到了自己喜欢的文学岗位。他的这份知遇之恩，本人将没齿不忘。

文学馆之所以要鸟枪换大炮，也是被逼出来的。1985年机构刚刚成立时，根本没有地方。在各界人士的运作之下，暂时借住在万寿寺。文学馆虽然有文物，但它不隶属于文物系统。万寿寺归北京市文物局管辖，彼此都有些别扭。于是，关心文学馆的各界人士再度运作。中央政府终于拨了巨款，建了文学馆的新馆。

万寿寺这样一处可怕的宅第，我们都不能永久拥有。我是在文学馆搬迁的过程中调入的。记得最后一次，我走遍回廊，还有点恋恋不舍，我跟万寿寺的接触虽然时间很短，但情感这玩意儿，一接触就可能生出瓜葛；不过，等我真地走出大门，顿觉轻松。

四、营慧寺

北京的寺庙最多的时候据说有一千三百多座，现在大部分实体已经不存在了，但名称依然在地名上沿用。这就是我似乎一直走不出寺庙阴影的原因之一。《诗》云："寺人作诗。"命中注定，我要到营慧寺定居，守着哪怕是一寸土——我全部的财富，用这寸土，营造一座语言的寺庙。这又是一座有名无实的庙宇。我问过当地的老人，也查过一些资料；除了地名，还是地名。

营慧寺属于四季青乡（现改为镇），周围曾经香火颇盛，其北有金山寺（北坞村有遗址），其东有正福寺（有名无实），其南有定慧寺（清康熙四十一年即 1702 年赐名。该寺在明、清两代属京西名刹。现保留有山门、天王殿、大雄宝殿及东西配殿，并保存有明正德、万历，清康熙、乾隆等五块敕谕碑记），其西有西禅寺（四季青小屯村东）。一直往西，再远一些，就是大名鼎鼎的八大处了。

不知道是先有寺还是先有村，现在的营慧寺是典型的城中村，私搭乱建，私拉乱扯，街巷逼仄，人员复杂。据说，原住民只有五百人，而外地来京务工人员则有两千五百人，租住的几乎全是这几年雨后春笋般爆发出来的违章建筑。为这些人服务的各种商店、设施倒是一应俱全，饭馆、澡堂、旅馆、药店、诊所、照相馆、杂货店（一律称为超市）、理发店、服装店、电器修理部、汽车维修店等等，还有很多职业的业余的游动摊贩，一到傍晚全部摊开在街面，好热闹！所有这些为基本生活奔波的人，有几个意识到这里曾经有一座庙？他们心中是否还有佛菩萨？对于老百姓来说，宗教是需要实体化的，庙宇、佛像、僧人、经书、法式和仪轨等等。当这一切都不复存在，宗教就会在他们心中萎缩、消殆。

邻居们豢养着太多的狗，我无论如何也改变不了他们的这种嗜好。每天出门、回家，每次抬脚、落脚，我都得特别小心，才不至于踩到狗屎。纵然我有洁癖，我也舍不得扔掉那双好不容易合脚了的鞋子。

收垃圾的人都不会喜欢垃圾。垃圾被扔出来，挡住我的去路。我要是迈脚走过去，我的腿就可能成为垃圾，于是我时常绕道，以保全我那卑微的灵魂！

我习惯于在黑夜里奋笔疾书，让诗篇在黑暗中爆裂，绽放出绚烂的礼花，去问候每一片云，向遥远的沉默的星辰致敬！

书房如产房，每一个字都是孩子，一出生就或哭或笑，或站或舞，我爱它们，但不会非得要它们留在身边这狭促的空间，而是把它们放出去，去广阔的空间。我最后做的，是给它们安上翅膀。

其实，在它们出生前，我就让它们远离叫卖声。高音喇叭撕心裂肺，庙会上有太多的买卖。我很庆幸，我的营慧寺其实并不存在——很多很多年前，它就被拆毁了，连遗址都难以寻觅；我守着的，只是我对寺庙的一个幻象。

我多么希望：有一双麻鞋，鞋帮上沾着些许泥腥味儿，能够在某个黄昏，踏破我这幻象的门槛！

语言的寺从来就不曾以建筑的形式在你眼前出现。小吃、吆喝和节日想挤进来，门都没有！

不是我住在寺庙里，而是寺庙建在我的里面。朋友，你千万别琢磨着寻找营慧寺。我走到哪儿，这寺庙就在哪儿；我不在的地方，它也存在，因为它可以在语言里，而语言可以挂在任何一个人的嘴上。

读者君，您别想考证营慧寺的来龙去脉、生成毁灭。它早已不在，又无处不在。一座寺就是所有寺，正如一缕月光就是全部月光。在你看不见的地方，它也能发光。我不在了，它依然在；李杜的光芒暗淡了，它依然闪亮。它不属于僧侣，甚至与佛教无关；因为佛跟佛教还不是一回事，佛非佛，正如花非花。

您若真想道成肉身，眼见为实，满足您的朝拜心理需要；我可以带您去八大处，香火依然旺盛的实体寺庙，其实，也不远。

南方运河

赵柏田

    桥是古桥,满身都缠着藤萝。河更古,汩汩地不知流了几千年。先前河上没有闸的时候,每逢涨潮,海水一直要进到源头的高坝。打从我记事起,节制闸、五洞闸等都已筑起,只能从老人们的言谈中想见那种潮如奔马的壮阔了。那一日去看河,渐渐近了,仿佛那河就迤逦着迎面撞将过来。溯着河源走,大河就成了一匹洗练的长卷,而那河中的每滴,都是多少个世纪里江南才子的精魂凝成。一长串驳船打老远驶来,清越的马达声迅疾犁破水面。恨不早生八百年了,和放翁先生斜风细雨从山阴道上下来,谒芦山古寺,看大河潮落,当参差邻舫那些瘦精精的船家拔篙高喊:“开船喽——”就可卧听满江柔橹的欸乃了。

    河跌跌撞撞到了余姚城西,往南往北各伸出一支,把城郭给搂抱起来,中间一支主流径直穿城而过。在1778年乾隆年间绘制的“双城图”上,南北双流如同两只硕大的耳轮,围拢、倾听着来自四乡村落的民间风雨声;又煞像两枚掰开的豆瓣,系连南北双城的石桥,便是这豆瓣间的小芽儿了。

    江是姚江,桥是通济桥——人称浙东第一桥的便是。如今这桥所处的这段河湾,乃是迤逦数百里的杭甬运河中的短短一程。那日在绍兴,车过钱清镇,车子一侧一晃而过的山阴古水道,19

世纪 50 年代李慈铭去杭州不止一次经过的吧，也是在这条人工和天然混血构造的长河里了。

我们对世界的认识，总是从周遭开始，如同宣纸上的一滴墨，一点一点渲染开去。这古旧的河道，曾是我人生初年的地理坐标啊，我曾经无数次让它在纸上流过：

冬天，这条河穿过我所在的城市像一柄闪亮的刀子，水落石凸，薄冰在阳光下丝丝消融。穿着臃肿的人们匆匆在桥上走过。这条河过去的荣光随着大时代的逝去已无可挽回地失落了，"落日残僧立寺桥"，空茫的眼里秋云如涛，不见古人……河出三江口，陡地回复了流出四明山夏家岭时的浩瀚大气。河面拓宽至百余米，平波之下，狭澜深潜，汩汩流动似四明大地的脉搏，1989 年春夏之交的一个雨夜，我顺江而下，走了百里山路。幽亮的河水在车厩大桥下撞出轰然巨响。我划亮一根火柴，大风中，掌心围拢的一点火光照见了通向河姆渡边那个古老村庄的道路。

千年之前宋朝的一个春天（淳熙十三年三月），山阴人陆游将赴严州任新职，行前沿着这条水道来明州拜访史浩。自山阴买舟东下，渡曹娥，循姚江，而至明州三江口，这条线路陆游早就烂熟于胸。二十年前他就经这条水路造访过这座海边的城池：晴雨初放旋作晴，买舟访旧海边城。

它更早的源头又在哪儿呢？隋唐？东晋？吴越争霸的年头（传说中"商山四皓"之一的大里黄公就归葬于这条水道的东段）？遍翻史籍，有一个名字跳将出来——贺循。他是晋室南渡后会稽郡的内史（地方行政长官）。史载是他把山阴古水道经萧山开凿到了杭州。此正为浙东运河的前身。

及至隋炀帝时代京杭运河的贯通，这条有交通、物宜、军事之便的古水道一下从区域范围跃入了全国版图。大河滔滔，烟波里出没着多少文士、剑客、投机商、得意或失意的官员。更有无数的货物往来其间，漕粮、盐、棉花、瓷器、铜镜，还有剡溪产的藤纸——风雅如王羲之这样的官员常拿它作送朋友的礼物。

在上个世纪90年代完成的小说《明朝故事》中，我曾借小说主人公的眼光描述这条河在黄昏时分的景致——其实也不过是童年记忆的一个摹写：

太阳渐渐地西斜了，一种叫黄昏的东西在天边铺展开来。它仿佛是有重量的，压得那些鸟都敛着翅膀低低地飞，压得人的心里头一沉一沉的。史生站在船头，听着船剖开水路的哗哗声。他发现，整条江以这水路为界，分成了动静分明的两部分。一边是墨绿的静得像正午的猫眼。而另一边，半江的水烈烈地燃烧着，一派彤红。

现今的杭甬运河，实则是杭州向着海洋的一个诉求。钱塘江虽由此出海，但杭州向无海港。此河西起杭州钱塘江北岸的三堡，中经绍兴、宁波，于镇海甬江口入海，它把京杭古运河向东延伸五百里，不就是为了让大海的气息长驱直入吗？

在杭州的一日，航管局的朋友安排了去看京杭运河入杭的古河道。从拱宸桥下船，坐的是豪华的水上巴士。船行时，桥正中石栏板上的"拱宸桥"三字正好扑入眼帘。拱者，两手相合恭敬相迎也，宸者，帝皇之宫阙也。桥以此名，正合清朝皇帝一次次下江南巡游的传说。

桥西的直街，改建时依然保留了明清建筑的风格。这里曾经是明清时杭州最热闹的所在，当斯时也，舟楫往来，橹声可闻，人称"北关夜市"。从河上看街市，恍惚是另一个杭州了，一个时空变幻中的杭州。难怪这次的运河"申遗"，这段古河道被称做了

"运河历史的活化石"。船行一小时至三堡船闸，这一段是京杭运河的古河道。内河与钱塘江落差三米，由此出钱塘江，须往闸内注水把船抬升。江阔风急，那辽阔自非内河可比了。

最后一日安排了去嘉兴看京杭运河。嘉兴境内的古运河，有百尺渎和陵水道。百尺渎吴王夫差所开。位于海宁境内盐官西南四十里许，经长安直达钱塘江边，据推算应该是现在的上塘河。开凿的时间还早于公元前486年开凿的邗沟，后来越王勾践就是循这条河北上攻吴。陵水道是秦始皇时代挖掘的，有一种说法是，秦始皇挖通此河是为了掘断江南王气。该水道应该就是途经嘉兴落帆亭附近由拳壁塞的长水塘，至今仍是海宁进入杭申线的主航道。

在嘉兴德亨酒店用过中餐，车一直往北开，到与江苏省交界的思古桥下船，再坐船回乌镇。这是京杭运河在嘉兴境内的一段。朱彝尊写到过的运河两岸"樯燕樯乌绕楫师，树头树底挽船丝"的景象于今是不可见了。大风，微雨，清空的马达声里，看船头犁开水面，耳边恍恍都是古代的金戈相击之声了。

这还只是东线。苏杭之间的江南运河还有一条西线，南宋后开凿，从苏州平望经湖州菱湖，循东苕溪，至勾庄，再抵杭州。行程紧促，这条线路只能留待下次去走了。

这一路看河，春秋、隋唐、宋朝、明清，千年风物全都奔来眼底了。那河还是古河，就像撩人的月色，照着今人也照着古人，却又分明不是先前那一轮了。但传统的力量是如此巨大，那氤氲的气息弥漫几千年，从来不曾飘散过，就像年鉴学派史学家布罗代尔所说：积年累世的、非常古老并依然存在的往昔注入了当今时代，就像亚马逊河将其浑浊的河流泻入大西洋一样。

山河形胜白鹿原

红柯

"陕军东征"的六部长篇，我看过其中两部，《废都》和《白鹿原》。《废都》中的西京，外地人也能看出那是古长安今西安，《白鹿原》中的白鹿原，我一直以为是作者虚构的一个地名，就像福克纳再现美国南方故人故事时创造出的并不存在的"邮票大的小镇"。我先居小城奎屯，后居小城宝鸡，当年上大学也是在宝鸡，大学毕业一年后西上天山，重归故里，与陈忠实老师相识，也一直把白鹿原当成一个文学地理名称。2004年底迁居西安，2005年秋天应邀去思源学院讲课，才知道大地上真有一个白鹿原，位于西安东南15公里处，高三百多米，原面平坦开阔，南北宽10公里，东西长30公里，浐河由西侧流过，灞河由东北绕过原脚，南靠秦岭终南山，地势雄伟险要。

阴阳交汇　长安居中

作为一个关中子弟，我生长求学于关中西府，偶尔去省城西安也是来去匆匆，总有一个根深蒂固的观念，深沟大壑，险峻土原都在关中西府。

每次去西安，回宝鸡，武功杨陵是个分界线，武功杨陵以东全是大平原，杨陵以西开始出现西北黄土高原特有的一种地貌：貌似高原，但原顶又是十几公里到几十公里宽上百公里长的台地平原，这就是原。

我的故乡关中西府渭河北岸从武功杨陵向西到扶风岐山凤翔都是山岳一般险峻的台原，原下是渭河，原上是古老的周原，周秦王朝的龙兴之地。关中西府渭河北岸辽阔险峻气势逼人，南岸狭窄，最高的就算五丈原，诸葛亮当年屯兵北伐，司马懿雄居渭北周原，坚守不出，活活累死了诸葛孔明，五丈原成为孔明鞠躬尽瘁的地方。

周秦王朝在关中西部渭北原上积蓄力量，然后东进翦商扫六合。过了武功杨陵，渭北的台原消失了，关中平原一下子展开了，成为真正的大平原。周人先在岐山建岐邑即中国最早的京邑，武王伐纣时周人先后迁都沣镐，过了渭河，在河南岸建新都，已经接近汉唐的长安了。秦人从西府周原的雍迁都咸阳，咸阳山南水北，阳气太足，大秦王朝一直欠缺阴气滋养，阴阳失调，"咸阳"只有阳没有阴，关中东部，渭河南岸辽阔肥沃富饶可以与关中西府渭河北岸古老的周原相媲美。

八水绕长安，长安南靠秦岭，秦岭与京都之间的台原有神禾原、少陵原、白鹿原、阳郭原、高塘原、孟原等。渭河在关中平原形成一个优美玄奥的太极图式，西府的周原，东府西安以南的诸多台原，西安即古长安正处在太极图式阴阳转换的交点上，渭河最宽阔的地域，关中的白菜心心，人体的腰部肚脐眼部位，从西北高原崛起的任何一支力量只要沿渭河东进到达这个位置，就等于强壮的胳膊把女人的腰搂住了，周秦汉唐除秦外，都是三四百年的兴旺发达。

丹纳《艺术哲学》中阐述希腊艺术时提出种族环境时代的观

点是有道理的，神州大地还有什么地方比关中平原更接近希腊罗马的辉煌与文明？希腊罗马是在两块土地上诞生的文明，如果说周是中国的希腊的话，秦就是以战功盖世的罗马，周秦竟然崛起于同一块土地，群山与高原之间的渭河谷地。

我很早就有看地图的习惯，中学时就收集各种地图册，纸上的地理与实地的地理还是差异很大。秦岭、祁连山、天山在地图上是三个地理概念，西域十年归来，又从宝鸡到西安，这三条山就是一条山，我才明白秦岭到西安南为何叫终南山，从中亚腹地奔向中原的巨龙般的神山在这里显灵了，长而安，我觉得长安借的不仅仅是八水环绕，更重要的是亚洲大陆这根最长最大的龙骨大梁：天山—祁连山—秦岭，这就是势，这就是地气。风水的科学叫法应该是环境地理学，丹纳的三元素中的地理环境更有说服力。

军事要塞　群雄逐鹿

2005年秋天，我登上西安东南的天然屏障白鹿原时，第一个强烈的感觉就是这是一个军事要塞，我首先回望原下的西安，几乎脱口而出，掌控白鹿原就等于掌控了整个西安，即古长安。

中学课本《鸿门宴》里沛公还军灞上这个灞上，就是这个宽10公里、长30公里的白鹿原。秦失其鹿，群雄并起，先入关中者王，刘邦捷足先登先王关中，项羽后到，刘邦退出咸阳，但刘邦雄心未灭，驻军灞上，关中平原最宽阔最肥沃的白菜心心还在掌控中，随时可以伸手去掏。然后鸿门宴，然后回灞上，先汉中后明修栈道重返关中。项羽火烧阿房宫，定都江东彭城，对关中的放弃就已经自断龙气，灭亡是迟早的事情。更早王翦率六十万大军南下灭楚，秦王嬴政送至灞上的白鹿原就是有名的老将军反复向秦王要房子要地以消除秦王猜疑的地方，估计是秦岭突出到关中平原的雄伟的台原白鹿原给秦王吃了定心丸，也给了老将王翦以勇气，穿越秦岭灭了六国中面积最大、人口最多的楚国。

比秦更早，周幽王与褒姒在白鹿原相邻的骊山烽火戏诸侯，西周灭亡，周平王东迁，史书记载，有白鹿出灞上，这应该是白鹿原正式名称的开始，白鹿游于原上，西周结束，东周开始，历史翻开新的一页。

白鹿原大放异彩应该是汉唐这个大时代。汉文帝和他的母亲、妻子的陵墓就在白鹿原上，就是有名的"顶妻背母汉文帝"。汉文帝的陵墓灞陵位于白鹿原北侧，陵墓依坡而成，如凤凰展翅，当地人叫凤凰嘴。文帝时与民休息，轻徭薄赋，社会安宁，秦末战乱所造成的破败荒凉萧条的局面得到恢复，与后来的景帝合称"文景之治"。汉文帝生活俭朴，陵墓借白鹿原地势而建，陪葬品都是泥土烧制的陶器，没有金银珠宝陪葬，连普通的青铜器都没有，送葬仪式也很简单，民间有"天葬汉文帝"之说。汉文帝平生孝敬父母，临终前叮嘱妻子窦皇后要厚待母亲薄太后，愿死后"顶妻背母"报其恩德。后来汉文帝陵与他的母亲薄太后南陵、窦皇后陵按"顶妻背母"方位安置。

周人底色　汉唐先声

汉初行黄老之说，关中本是老子讲经著书的地方，文帝景帝的风格更接近原始儒家。那个独尊儒术的汉武大帝雄才大略铺张浪费大兴土木与秦始皇并列，史称秦皇汉武，连同战国中晚期的楚国历代国王，给儿子迎娶秦女父亲夺之，于是有了伍子胥父子的一系列故事。

伍子胥借吴兵破楚国都挖楚王墓鞭尸五百，后继者楚怀王也是为娶媳妇让张仪骗至秦国，西楚霸王项羽，世代为楚将，其行事风格真是楚国贵族的真传。倒是刘邦这个楚国平民很适合关中这块土地。

我总以为陕西以至大西北的底色是周人风格不是秦人风格。记得初到新疆第一次见到草原上的蒙古人让我大吃一惊，我印象中的成吉思汗子孙们横扫欧亚大陆征服了世界时何等的强悍与凶猛。书本也告诉我游牧民族以狼为图腾，并以狼自称。我眼前的蒙古牧民淳朴还有点腼腆羞涩。在新疆生活久了才明白，狼不是草原的底色，草原人的底色是羊。成吉思汗军歌的第一句"我们的队伍是群羊……"青海的诗人昌耀在《慈航》中写道："爱的繁衍与生殖，比死亡的戕残更古老，更勇武百倍。"

周文化尤其周公一直是儒家的理想圣贤。我的故乡岐山为周宗庙所在，那些举世瞩目的青铜器大多都是"文革"后期平整土地修水利时农民挖出来的，大都献给国家了，近几年还不停地给国家捐献文物，别的地方连偷带挖都疯了。周人都是薄葬，根本没有王陵，秦的王陵贵族陵又高又大专供后人挖的，周人不是，史书记载："周公，武王弟也，葬兄甚微。"周人奉行的原则是："德弥厚者，葬弥薄，知愈深者，葬愈微，无德寡知，其葬愈厚。"

刘邦入关中算是接上原始儒家的地气了，汉武帝那种篡改过的儒术，还真是把儒变成了术，借儒的外壳行法家之术，武帝与秦始皇接轨，给西汉的崩溃打下伏笔。汉初几代帝王好不容易恢复了周的文明礼仪，改掉了秦的"免而无耻"。

到北宋张载关学兴起，陕西以至西北，上上下下的文化心理模式基本稳定下来了：敦厚诚实不招摇不虚夸一直是西北人的基本特征。小说《白鹿原》的内涵也在于此。我喜欢小说初版时的封面，一个关中老汉活脱脱从黄土高原某一个台原的横断面雕刻出来的黄土雕像。我觉得小说中最成功的是一系列男人形象，感情深沉丰厚。写白嘉轩时总是强调：眼睛突出，下巴突出，这是典型的周人特征。

我一直生活在关中西部，西上天山十年迁居西安，才发现西安人的头型脸型比较混杂，连出租司机也能一眼看出我是西府人。碰到在西安生活工作的西府乡党，大家都认为西安人一半是眼睛突出，下巴突出，这是从岐邑进沣镐的周人后裔，另一些西安人眼窝深，凹下去，脸部及头颅窄长有点斜，中亚胡人之后。关中是个大熔炉，南北朝五胡乱华，五代十国，关中的长安尤其是北方胡人的目标，唐代阿拉伯人、波斯人更多。小说对这种生理特征的强调应对了卷首语：一个民族的秘史。

安史之乱至宋以后长安及关中都不再是中心了，政治经济的中心位置丧失了，但文化及民族心理深处的关键性元素并未消失，按法国年鉴派史学大师布罗代尔的说法，思想文化传统属于"长时段"的结构性因素，与"结构"相比，"时局"与"事件"都是一些容易消失的历史表象。

美是一种心灵的内在需要，需要挖一口深井。渭河两岸的旱原打几十米的深井才有水，那都是甘美清凉沁人心脾的水。西域大漠几十米几百米几千米沙层的荒漠甘泉简直是上天的福音。古长安作为丝绸之路的起点也是沙漠之舟骆驼在中原的终点。唐代白鹿原作为京城东边的天然屏障，由神策军驻守以驼队运水到大明宫。民国时冯玉祥的西北军在甘肃征数千峰骆驼，到西安还好好的，到洛阳骆驼全死掉了。丝绸之路与亚陆大陆的龙骨大梁秦岭祁连山天山相依相伴，很难想象没有西域的长安是什么样子。

长安从西周的沣镐开始就有天下意识、国际意识，周人不但留下了《诗经》和原始儒家的"礼乐"文化，还留下了周穆王西巡昆仑会西母王的《穆天子传》，可以说是张骞通西域的先声，周人的世界目光为汉唐打下了基础。白居易在白鹿原上留下了诗句，唐的王公贵族在此狩猎游乐。唐末黄巢大军攻入长安，又退守白鹿原，在此屯兵养马。黄巢有霸气十足的豪言壮语，却无刘邦的胸怀与雄才大略，他的大军在岐山龙尾沟惨败，部将朱温背叛黄巢降唐又叛唐，朱温残暴比安禄山有过之而无不及，为营建后梁国都洛阳，朱温把长安拆得片瓦不留，砖瓦木梁顺渭河漂流而下，长安彻底毁掉，再也没恢复元气。

1924 年鲁迅先生来西安讲学，西安破败颓废，败了鲁迅写《杨贵妃》的兴致，倒是碑林以及西安周边汉唐王陵前的石雕，让先生感受到汉唐大时代的中国人的生命气象。

灞河治水　书院依旧

今天白鹿原最引人注目的是思源学院白鹿书院。白鹿原东边有三万亩樱桃园。与樱桃沟相连的鲸鱼沟全是竹林与水库，是游玩的好地方。相传共公怒触不周山，天崩地裂，两条大鲸驮了七十个百姓，逃到白鹿原，有点挪亚方舟的味道。鲸游回东海时在白鹿原东西两侧留下鱼鳞状的深沟和河流，雄鲸从蓝田入灞河，雌鲸入浐河，在渭河相会回归东海。陈忠实"文革"后期担任灞桥公社革委会副主任，领一帮民工修建灞河堤坝，这种水利工程的社会活动是否造就了以后创作长篇小说的结构能力？

有意思的是中国文坛两位大师级的作家都与水利工程有关系。贾平凹早年曾在陕西商洛修过水库，给工地写标语，练就了后来的书法功底与自然山水的道家风骨。

　　位于白鹿原西北半坡上的思源学院，近千亩大，校园绿化面积 90%，典型的园林式学校。思源学院前身是西安交大机械工程系培训中心，经过公办民助，民办公管，民办民营，形成占地近千亩十八个院系四万多学生的民办大学，跻身全国民办大学前十名。建有"陈忠实文学纪念馆""白鹿书院"，许多专家学者作家评论家编辑家来讲学交流。中国古老的书院文化源远流长，《白鹿原》中朱先生风骨犹存。

闻一多：从望天湖到翠湖北岸

范稳

湖北，黄冈市浠水县巴河镇，长江北岸、望天湖畔闻家铺；云南，昆明市翠湖北岸、西仓坡。这两个地方标注了一个伟人的生和死，一个中国近代史上的诗人、学者、民主斗士的起点和终点。让这两个地方成为一种光荣的人，就是闻一多先生。

大多数人应该都知道闻一多先生辉煌的终点，这个为中国争民主的勇士，面对专制独裁政权，面对1946年昆明城内的腥风血雨，面对诽谤、诬陷、暗杀的威胁，在为四天以前刚被暗杀的著名民主人士李公朴先生的追悼大会上，拍案而起，泣血呐喊，一篇充满血性的《最后的演讲》成千古绝唱。当天下午，在昆明翠湖北岸的西仓坡偏僻小巷内，早已埋伏好的特务们前后夹击，闻一多先生因言被杀。那愚蠢残忍的几枪，让几乎所有的知识分子对国民党政权寒了心，国家已经混乱到向一个知名教授打暗枪的地步。杀闻一多，实乃杀苍生，杀民心。枪响之时，闻先生离自己的家仅只有十来步之遥。这是他颠沛流离、四海为家的暂短生涯中最后的家。

望天湖和翠湖，相隔数千里，有闻一多先生的两个家，中间是一条不归路。望天湖是长江中游地区无数个泄洪湖之一，烟波浩渺，水天一色；翠湖是昆明城内一个盆景式的小湖，玲珑剔透、

绿树掩映。从闻先生在西仓坡西南联大的教授宿舍步行五分钟，
就可到翠湖边。我不知道先生当年是否从此湖想到了彼湖。但在
他早年的诗歌《故乡》里，我们可以看到一个游子的乡愁：

　　　　先生，先生，你为什么要回家去？
　　　　世上有的是荣华，有的是智慧。

　　　　你不知道故乡有一个可爱的湖，
　　　　常年总有半边青天浸在湖水里，
　　　　湖岸上有兔儿在黄昏里觅粮食，
　　　　还有见了兔儿不要追的狗子，
　　　　我要看如今还有没有这种事。

　　2013年中秋假期，我在湖北作家陈应松兄和诗人田禾兄的
陪同下，从武汉驱车去黄冈浠水。路上诗人田禾说鄂东地区不仅
地灵人杰，还出桀骜不驯的造反者。中共一大十三名代表中有三
人是黄冈人，还有人所共知的"将军县"红安，文人科学巨匠也
群星闪耀，李四光、闻一多、胡风、叶君健等。应松兄补充说，
鄂东地区是山区，人犟，有反骨；打压愈甚，反抗愈烈。于是我
就理解了当年的闻一多先生，明知道特务的枪口已经在暗中瞄准
了他，他仍然挺身而出，用生命和鲜血捍卫自己的民主信念和一
个文人知识分子的尊严和骄傲。

　　浠水县和中国多数县城没有多少区别，但它有一座闻一多纪
念馆和闻一多中学，就显得有人文气息了。不过，这可贵的气息，
需要有心人细心寻觅。

　　我没有想到闻一多先生的故居如今已经片瓦不存。在巴河的

望天湖畔，当年的"闻家新屋"原址只剩下一片撂荒的土地，荒草丛生，丘壑无序。远处的望天湖依然可见"半边青天浸在湖水里"，当地人介绍说，此湖和长江相通，过去曾千人撒网，渔舟竞渡。想必当年十来岁的闻一多负笈去武昌求学，就从这里登船，离别家乡。

　　浠水县的闻一多纪念馆有一个"闻家新屋"的模型，从模型想当年，"闻家新屋"其气派之恢弘，着实令人惊讶。根据当地资料记载，闻一多先生的祖父闻佐滋在宣统年间家业兴旺，已有儿辈四人，孙辈二十七人，又是四世同堂，于是买下望天湖畔这块宝地，占地约二十亩，一气造了四重（四进）庭院，大小房间九十九间，连天井都有四十八个，四周还建有围墙、大栅门。规整有序，礼法严谨。房屋坐东向西，房前有宽敞的打稻场，稻场前是口水塘，水塘下面是稻田，稻田前方才是浩瀚的望天湖。当地人说这地方风水极好，后面靠山，前面连湖，又是新盖的，因此人们称之为"闻家新屋"。闻一多的父亲在家行二，分得右手边房屋的前三重，闻一多住在首重靠近大门的第二间，推开窗户便可望见近前的田园风光、兔狗嬉戏，远处的万顷碧波、白帆点点。他在清华上学时，因为每年暑假都要回家两个月，并在此潜心读书，便将之命名为"二月庐"。闻先生在其同名的一首诗中写道：

　　　　面对一幅淡山明水的画屏，
　　　　在一块棋盘似的稻田边上，
　　　　蹲着一座看棋的瓦屋——
　　　　紧紧地被捏在小山底掌心里。

　　真是令人心旷神怡的读书做学问处。闻一多先生年轻时对自己的阅读生活描述颇为精当："所居室中，横胪群籍，榻几桓满。闲为古文辞，喜敷陈奇义，不屑屑于浅显。暇则歌啸或奏箫笛以自娱，多官商之音。"有几人听过闻一多先生唱歌吹箫呢？我没有在任何相关资料上看到过。望天湖的湖水肯定是听闻过了。

浠水的闻氏家族渊源深厚、谱系繁茂。我们在闻家铺一闻姓人家中看到一本五次续修的《闻氏宗谱》，全书共二十八卷。据史家考证，浠水闻氏是文天祥的后裔无疑。清乾隆四十六年（1781）第一修《闻氏宗谱》载："吾族本姓文氏，世居江西吉安之庐陵。宋景炎二年（1227），信国公（即文天祥）军溃于空坑，始祖良辅公被执，在道潜逃于蕲（即今浠水）之兰清邑，改文为闻，因家焉。"闻一多先生的堂侄闻立法先生考证出逃到浠水的闻氏始祖良辅就是文天祥的次子文佛生。从浠水闻氏第一世闻良辅到闻一多，已二十世矣。给我们看《闻氏宗谱》的那家人，是闻一多的侄亲，最小的一个姑娘已从北京理工大学毕业，她说自己是闻一多先生那一辈的第六代了。

闻一多先生在 1917 年于清华岁月里写的一则《小传》写道："先世业儒，大父尤嗜书，尝广鸠群籍，费不赀。筑室曰'绵葛轩'，延名师傅诸孙十余辈于内。时多尚幼，好弄，与诸兄竞诵，桓绁。夜归，从父阅《汉书》，数旁引日课中古事之相类者以为比。父大悦，自尔每夜必举书中名人言行以告之。"他还分析了自己的性格："所见独不与人同，而强于自信，每以意行事，利与钝不之顾也。性简易而康爽，历落自喜，不与人较长短；然待人以诚，有以缓急告者，虽无赀，必称贷以应，好文学及美术，独拙于科学。"可以看出，闻一多出生在一个典型的耕读传家的乡绅家庭。这样的家庭，是中国乡村社会的主流，传递的是中华文明的正能量。难能可贵的是，他幼时上的是经过改良的新型私塾，既读四书五经，也学算术、博物、美术。这家私塾也是现在的闻一多中学的前身。辛亥革命前夕，闻一多不过十一二岁，也可读到《东方杂志》和《新民丛刊》之类的进步书刊了。这样一个博闻强记、聪颖过人的孩子，我们今天所说的国学，人家自小就打下了坚实的基础。梁实秋是闻一多的同学兼好友，他说："闻一多的家乡相当闭塞，而其家庭居然指导他考入清华读书，不是一件寻常的事。"1912年，清华在湖北只招四名留美预备生，仿佛是上天要成全闻一多，清华的作文题目就叫《多闻阙疑》，那时闻一多还叫闻多。可以想象当时那个才十三岁的少年看到题目时会心一笑，下笔如有神助了。

自此，胸怀大志的少年从望天湖启航，直挂云帆济沧海。他的足迹遗留在北平、美国、上海、南京、青岛、武汉、长沙、昆明等地，他的身份从留美预备生、芝加哥美术学院留学生，到回到国内后的诗人、学者、教授和总是走在游行队伍前面在数千人大会上振臂高呼的民主斗士。但不管如何，他还是走不出望天湖畔滋养的精气神韵。

1937年夏天，闻一多先生最后一次回到浠水"闻家新屋"。本来按当年清华大学的规定，教书满五年的教授，享有一年带薪休假，可出国访学游历，可在家读书做学问。闻先生不想出国，只想回老家静心读一年书。但战争爆发了，"七七事变"后，闻一多先生携家小逃离北平。那是一次仓皇狼狈的出行，臧克家在火车站见到他的恩师只带着一点随身物品，就问先生的书呢？回答是："只带了一点重要的稿件。国家的土地一大片一大片地丢掉，几本破书算什么？"话虽这么说，当他后来在西南联大教书时，手中没有参考书，只得靠超强的记忆力和深厚的学术功底亲自为学生重写讲义。闻一多先生这样，联大的许多大师鸿儒亦如此。

西南联大弦歌不绝，文脉昌盛，靠的正是闻一多先生这一辈的知识分子。

那一年闻先生只在老家待了一个多星期，就到武昌去了。不久便辞别家小，辗转长沙，到西南联大的前身长沙临时大学任教，再一年，更是随学校远走昆明。此去经年，战火纷飞，家国破碎，闻一多先生再没有回过浠水老家。他曾给也在西南联大任教的弟弟闻家驷写陶渊明的诗句"众鸟欣有托，吾亦爱吾庐"，旁边还批注道："同客滇南，弥念湖上老宅也。"可能谁也没有想到，"二月庐"窗前的灯光，再也亮不起来了。

本来应该有这样的机会。抗战胜利，1946年"五四"后西南联大光荣"复员"北上，师生们各归其校。闻一多先生从各方面考量，都应该先走。因为那时他已经上了当局的黑名单，昆明街头甚至有人贴出传单要四十万悬赏他的头。但他从校方那里只订到两张机票，他让两个儿子先走。李公朴先生遇害，他就更走不开了。还有一个也许并不重要的原因是：闻一多先生还得为人多刻几枚图章，才买得起回北京的机票。甚至在遇害前两个小时，他都还在西仓坡的家里抽空刻图章。在西南联大的艰难岁月中，闻一多先生"挂牌治印"，补贴家用，自称为"手工业者"。这既是学界美谈，也是当年联大教授清贫生活的真实写照。

但闻一多先生永远走不出西仓坡这条小小陋巷了，永远不会有"即从巴峡穿巫峡，便下襄阳向洛阳"的归乡喜悦之情了。在当年闻一多先生遇害之处，有一块由昆明市五华区人民政府于1992年立的碑，碑不高大，用大理石镶边，中间水泥覆面，正面上书"闻一多先生殉难处"，字体粗糙，像是做碑的工匠随意为之，真是对不起擅长篆刻、深谙金石之术的闻先生了。碑下有个小花台，仅有几丛荒草而已。西仓坡的房屋也不复当年，都盖成了大同小异的职工宿舍，闻一多先生住过的那排房子早已被拆除，现在是家幼儿园。碑就是这个远方游子最后的家。它突兀地立于巷子中央，人们从那里来来往往，不用侧身就过去了。幼儿园放学时，接孩子的家长们簇拥在巷子里，眼光、心情全在即将放出来的孩子身上。有谁还会在那碑前驻足停留片刻，并说给他们的孩子一二？

但我们确实不该忘记这样一个有血性的大知识分子。当年的西南联大大师如云，群星璀璨。闻一多在其中也许不是最有学问的教授，但却是名教授之一。我认为，更是最刚烈、最独立、最血性的教授。他学美术出身，却以写新诗闻名，然后又潜心学问，从上古神话到《诗经》《楚辞》考据，从《周易》《庄子》研究到唐诗宋词，他的学术视野极为开阔，那个时候就将弗洛伊德的精神分析法用到《诗经》的研究上。而我辈到上世纪80年代，才始知弗洛伊德为何人。闻先生原本是个对政治不感兴趣的学者，但抗战胜利后中国政治的腐朽黑暗，让这个天生长有反骨的浠水弟子不能不放下手中的古籍，气宇轩昂地时常走在学生游行队伍的前面，在群众集会上慷慨激昂地演讲，反对独裁，呼唤民主中国的新生。他参加中国民主同盟，和地下党已经有所接触，甚至一度想去延安，他对共产党倡导的联合政府深抱希望，认定那就是新中国的未来。他本博学多闻，美髯飘拂，有名士风范，嗓门洪亮，擅长演讲，极富人格魅力，是进步青年学子的偶像；又刚直不阿，敢怒敢言。他的激进、"愤青"，在一群斯斯文文的教授中卓尔不群，让联大校长梅贻琦深感头痛，却不能不敬畏有加，因为西南联大本来就是个兼收并蓄、博采众长、崇尚自由民主的高等学府。他的好友朱自清先生说他是"斗士藏在诗人里"。我想在这个诗人血脉里藏着的，还有他的先祖文天祥的浩然正气。而惊人的巧合是，文天祥和闻一多都就义于四十七岁。

　　我们对民主斗士的闻一多了解很多了，但对作为诗人的闻一多，尤其是作为学者的闻一多，了解、认识还远远不够。他走出书斋为民众争民主、反独裁仅仅两年多时间，而他"在故纸堆里讨生活"、又学贯中西，终成一代大儒，却有二十多年了。他本来还有许多宏伟庞大的学术研究计划，曾说过等中国实行民主了，再回去做学问的话，惜乎"千古文章未尽才"。

　　离开望天湖畔时，细心的诗人田禾从黄土中找到一片瓦砾，说这肯定是闻先生家房子上的。我收存了这片青色的瓦块，带回了昆明，像文物一样供奉在书架上。"闻家新屋"在上世纪50年代分给了翻身的农户，据说人们住进去后发现并不好住，先是各自改建，导致越改越乱，后来干脆拆了砖瓦房梁异地再建。只是可惜了望天湖这一方好风景！

　　如今，当地人叫这个地方为"闻家荒"。荒了，没有人了，都搬别处去住了。人们告诉我说。

虚写稻城

　　在冬天出行，去看繁茂后面苍茫、真实的生命，去遇见前世的活佛，解一朵梵音里的禅花。在稻城，也许就不会失眠，那里冷，我会缩成刺猬的样子，给自己取暖。药就不带了，带些糖，杏仁巧克力，咖啡和烟不能忘。

　　书也不带了，要学着改变与书叙寂。

　　不知道稻城的阳光怎样？月光呢？

　　10 点离开香格里拉。

　　出城。两旁是我熟悉的藏房，土墙木瓦。旷野里，到处可见的，是青稞及干草架，散落在草色枯黄牧场里洁白的羊群，像绣在一块沾了污渍黄布上的星星，也有亮闪的光。

　　黑壮的牦牛偶尔从枯败的狼毒丛里伸出头来，向我张望，眼神里有莫名的灵光，我却读不懂，那未知的思想。

　　青松落着薄雪，如昨日一样，白灰灰的，松果挂在枝上，松鼠不知去了哪里。

　　雪盖住了地面，那一地想必也落满了松针吧！

　　十岁前，我曾有过一把五个齿的钉耙，那把小钉耙，陪我在后山里抓过多少背松毛，背松毛的背子，是用两根松木一根牛皮带做成的，我小背小背抓回来的松毛，农布会帮它们堆成一个小山。

　　婶娘每天生火，就用这些松毛。

　　现在想来，我也曾是家里的一个小劳动力。农布心情好时，会在松毛堆里掏个洞，躲在里面，那时候，我觉得农布有些弱智，现在想来，他应当是少年忧郁。

　　过了格咱，就不见人烟了，开始翻越小雪山，稀薄的雪粒像白蛾子，一只一只，义无反顾地向车窗飞扑而来，那情景直叫人心碎，分明是天上落下的痴女子，除了飞着洁白，就是为了落地的洁白。

　　司机扎西鲁桑是个沉默不语的藏家汉子，他的沉默成全了我的寂静。

　　路途太长，我熬不过烟瘾，给扎西鲁桑也点了支。

　　我们就从烟说起，我问他抽烟最好的感觉是什么？

　　他说他抽烟就为了解乏，没别的特别感受。

　　我说我抽烟是因为迷恋一支烟燃完后，嘴里留着的那些香味。

　　他说有吗？

　　我说有。

　　他抽完一支，就试着找烟香，他说，果然。

　　由烟，我们又说到爱情。

　　我问，相信爱情吗？

　　他说信。

　　我说年轻人都信，到我这个年纪，就不信了。

　　他说他们村子里有人讨了三个老婆，也有三兄弟讨一个老婆，就是因为他们相信每一次都是爱情。

　　我说真是羡慕。

他说你也可以。

我说难了。

他说你要试试。

然后我们接着一支一支过烟瘾，然后，是空荡荡的沉默。

如扎西鲁桑所说，对爱情的要求简单，得来也就简单了。

这个道理很不错，我记下，以后当故事讲。

开始翻大雪山了，海拔 4800 米。路是盘山路，昨晚下过大雪，路面上积雪结成了暗冰，车走得小心翼翼。

背阴的地方，积雪更深。在这里，一山有百景，就是这座大雪山，景色就是变幻着的，山顶，半山，坡地，谷底，向阳面，背阳地，半阴半阳处，各有各的风姿，如果不是亲眼所见，不会相信大自然如此神奇。

背阴地与向阳坡，也许二十多年前，就潜伏在我的意念里，我用"背阴地种子撒在向阳坡"这个句子，总结过我的一生。

一生很短，虽然还未到头，却让十个汉字概括得一清二楚。

车子开始在暗藏危险的路面上打滑，车身倾斜。

扎西鲁桑紧握方向盘，他手里的这个圆圈，掌管着我的稻城。

窗外是白茫茫的世界，干净安宁。

我瞌睡了，闭上眼，柔软芳香的雪被就盖在身上。

这时车子翻过了雪山丫口，向下，又一次车身倾斜的滑动，惊醒我，我说扎西，要是被困在这里，怎么办？

他说不会，大雪山上有神仙，神仙会帮我们过去的。

我说如果神仙像我刚才一样睡着了呢？

他说那我找柴烧火给你取暖，然后等神仙醒来。

我说这是个好主意。

翻完雪山，就进入四川甘孜藏区，无雪，阳光晴好。

　　向下看，河谷地带像是深井之底，向上看，山是高入云天的
遥远。

　　我相信这巍巍众山，每座山上都住着神仙，每个神仙现在都
在山顶的雪地里晒太阳，他们看见过我心里飘荡的芦苇花。

　　这里的藏房与香格里拉有不同的风格，墙是石砌的，建筑风
格要沉静一些，大多用黑白红勾色。香格里拉的藏民大多居住在
河谷地带，这里的藏民却几乎居住在半山，山是巨大的高。从下
向上看，那些房子像是悬挂在半山腰上。大片的牧场上，草刚刚
泛黄，狼毒的红还没有褪尽。

　　过了乡城，天就空得掉下来，无边的寂然，从双眼渗入
内心。

　　这辽阔的江湖，才是我辽阔内心要居住的地方。

　　6点20分，到达稻城。

　　晚风揣着把刀，迎接我，在白塔的路口。

　　稻城早已人去楼空。

　　每个客栈都紧关着大门，任我使劲叩响门环，声音做了这空
城的伴音。

　　我安静地立在风中，风使着它的刀术，在我身上刮来刮去。

　　我不接招，这是我的江湖，我才是今夜的王。

　　隔着玻璃看窗外的阳光，除了灿烂，就是无边的温暖。

　　走出门来，冷便无声无息，穿透一层叠住一层的包裹，在肌
肤上轻叩一下，串进骨头，肆无忌惮，侵袭身体的每一个骨节。

　　正午的太阳被胡杨树枝分切成碎片，掉在小路上，一点，一
点。一地的金色是唯一可以购买这片杨树林的财富，只有乌鸦是
这些财富的拥有者，它们从地上拾起阳光，飞起，落到枝梢，一

点、一点的金色就被镶挂在胡杨枝上。

如果从天空俯视人间，会是怎样的璀璨？

可惜我不是乌鸦，飞不上天。

我在人间。

从树根仰望，蓝天还是昨天的，白云也许是前天的。

最好的景色是群鸦飞旋；最美的声音是鸦鸣出的苍凉。

稻城的苍凉，也是人间的。

胡杨树上挂着经了风霜的衣裳，一件红，一件黄，另一些却已失去颜色。

那是殉情女子的生前妆，她离世，家人就把她的一件衣裳挂在树上。她若回来，便可脚不着污泥，便可避开狗吠，悄悄回到石头城堡里的闺房，推开木格子窗，等她的情郎。

从林间远远看出去，胡杨树的缝隙里散布的藏家，每一家都是一座城堡。

若来世可以做石头，愿做稻城的石头。可落在辽阔的山野，可沉在冰河的底下，也可镶在这神秘的城堡一面墙上。

雄登寺。

红衣喇嘛点亮酥油灯。

大殿之外，一座连着一座石头筑的僧舍，在暮霭里隐约出世外苍茫。

有时我是人，吃五谷杂粮，沽名钓誉，猥猥琐琐；

有时我是神，行侠仗义，心若莲花，悲天悯人。

若有佛缘，修来做这僧舍上一块石头。每日念经，喝酥油茶，吃糌粑，抬头看山顶日出日落，低头便是稻城无尽苍茫。

现在我不是人，也不是神，是一块石头。

　　摘一朵稻城的白云，送给时间，时间带我在路上，怀念昨天的越来越远。

　　绕过白塔转经的老人，沿着羊蹄的印迹，站在这边山，望着那边山，山上住着什么样的神仙，一山总比一山高呀！

　　冬天的稻城，只有简单的枯黄，只有真实的安宁。

　　冬天的稻城属于求寂者，属于走在时间侧边的我。

　　河水封着冰雪，阳光却星光耀目，温度在云外。

　　顺着冻伤的河水，走向村庄。

　　岸上，那些经风沐雨、生死不休的胡杨树，沉默着。

　　扎冲村，一个王，正在建他的石头城堡。

　　建到一半的墙，高如传说中的古堡，二楼木窗漆着黑色，这座在建城堡的三面，都有人排在一根修长木头做成的梯子上，向上传石块，一块一块，传上去，一块一块，垒成高墙，三面都有庄严气派的木门，漆黑色，映出灰白的石墙。

　　院子是石块砌的，牛羊圈是石头围的。

　　石围外面是翻耕过的青稞地，收割过的茬一半掩在土里，一半露着，一阵风掠来，扫起尘粒，天地之间，是灰蒙蒙的尘缘。

　　建房的人们哼响的劳动号子，如佛音，穿过尘世的来来往往，莫名地，叫我安定。

　　我盘腿，与粗犷的、刚健的、爽朗的康巴汉子们，坐在翻耕过的青稞地上，这些稻城的王，衣上沾着生活的灰颜，脸上印着风刀雕刻下的岁月，他们的爱都藏在皱褶里。敞着襟的短袍露出细碎的羊毛，温暖挂满他们的胸怀，高山一样的高，草甸一样绵延。

　　告别。除了挥手，还有藏在眼角的雨点。

　　这些真实的，陌生的，遥远的感应。

　　这些稻城的，扎冲村的，康巴人的感受，像空气中的冷，不化成水，亦不结成冰，只牢牢盘结在心上。或许一年一年地生长着，一年一年地盘结着，直至终结。而终结的是水，还是冰呢？

胡杨树以冬天的姿态，坚贞不渝地守着堤。

没有桥，对岸有回稻城最近的路。

我坐在河边等桥，等不来桥，就等精卫来填河。

写稻城的字不是美，一个美字，不够用来说稻城。

雪山，河流，村庄，草甸……

蓝天，白云，夕阳，雄鹰……

如果省略春夏秋，而你，愿意在花落叶尽的时候，坐在山峦侧边，你就可以听风啸，鸦鸣，水在冰层下的细语。

这才是稻城，是人间，沾着红尘，却众神佑护。

我要去红草滩。

我知道水涸了，草枯了，卖门票的都撤退了，我就是想陪陪红草滩的破碎。太过完美，是需要破碎，你们看红草的红，我拜自然的神。

我找到一架单车。

迎风，单车蹬得吃力，不如推着走。慢下来，路边，就有景致入眼。

这条路通向三堆，也通向云朵。在稻城，一朵云就可以遮蔽一座山，只要肯等，一阵风就会送阳光出来。

村庄与扎冲相同。吉乙村口的转经塔，风把经幡掀动，古铜色的经筒上有一双双枯槁的手在转动，我加入进去。经筒转动着多少祈祷的愿望，虔诚的人心存美好。心存善美的人，是有信仰的人，理想就在前方。

红草滩只有块陈旧的招牌，伫在路边。水已逝去，红草已老。只有石头信守着地老天荒、海枯石烂的承诺，不离不弃。

可我们都活着，活着信守等待，活着彼此放弃，活着爱，也活着恨。

在稻城，世上便无人需要思念，无人需要回忆，无人需要恨。

近神，蓝天有多高，心就有多远；雪山有多白，心就有多洁净；石头有多坚，心就有多韧。

我想在红草滩留个影子，坐在一块石头上，石头是石头山上的顽石，红草是太虚幻境里的绛珠仙草，五百年修来的，不过是春夏秋里隔水的相望。

只有冬天，红草可以以死的姿势，倒在石头的怀里。

不借镜子，我们看不见自己的脸；不借一双手，我也拍不下我在红草滩的样子。路上无人，鸟也没有一只飞过。借一双手有时也是登天的难事，只好把单车推到招牌下，拍一张，把沾着灰尘的脚，伸在镜头下，也拍一张。以此为据，红草滩，我来过了。

返回，顺风，风就一路送我。

一路遇见的车辆向我鸣笛，一个放牧的老人向我伸出手，掌心向上，用半生不熟的汉语说，扎西得勒！

我把冰冷的手，放在老人手心，温馨，弥漫了整个冬季。

在稻城，灵魂安宁，人不孤独。

突然间，心如刀割，我没有想象中坚强。

现在是年三十，街上无人。我是稻城的异乡人，大家过年，我度年。

过和度是两种动态，前者积极，后者明显逃避。过和度都是经历。

年夜饭，没有一个小饭馆为我开着，我有一盒康师傅泡椒牛肉面。

爸的魂魄这时候应该回到家里了，妈和叶子早做一桌好菜，斟三杯酒，烧钱纸给他，他在年夜饭桌上，像从前一样，不会见到我。

爸，我习惯了按你的要求一个人吃年夜饭，今晚我一如从前，不摆您的筷子，不给您泼浆水饭。我只在心里问您，隔世的岸是否一水莲花，一岸菩提，是否也有人修路，有人筑桥。

向时间说谎，时间就提前给我们结局。

今年的明天我要去亚丁，看山，看水，看苍茫茫的大地上，住着的神仙。

如果明天有月亮，就照照我的心底，还藏着什么悲伤，不肯放手，还守着什么诺言，不肯背弃。

什么节气的月亮也照不见我丢弃的黑暗，那暗，患着内伤。

天微亮，披着风刺骨的荆棘，裹紧棉衣，也裹紧昨夜的彷徨无依，不照镜子，也知道自己的样子有多么猥琐。以这样的姿势启程拜访神山，不知神仙是否会闻到我身上颓丧的气息。

厚冰凝固在背向太阳的路面，车在盘山公路上绕圆，第一个圆，有荒凉下来的牧草，牛群散落的草色黄昏是我的清晨；第二个圆，有无边的青松林，松果高高挂在枝头，松针金箔一样，铺陈在山坡上，我手无寸铁，只握着一个空拳；第三个圆，我遇见低矮的高山栎，椭圆形叶缘上，长出几根细针，脆薄的叶子暗藏着坚韧，或者说是对三怙雪山的坚贞。

车至无路，我沿着山麓，向更高处攀登，古木参天，沉默着，无尽的神秘，就在天边，而我，是今天这诸神唯一的朝圣者。

沿路，有想和我一样跑的巨石，它们提起一只脚，跳着离开地面，可是土地神紧揣着它们的另一只脚，不让离开，就要修得仙骨了啊，等等吧，再等等。绕玛尼堆的藏民用松树枝支撑起它们腾空的地方，在这里，人也会助神为乐。神驻进人心，人路过神祇，清晨有清晨的问候语，黄昏有黄昏的祝福词。

太阳有些薄情，只管耀眼地照这大好河山，冷冷地，只望着这群峰。

薄情的眼神，可杀人，却隔着忘川河左岸到右岸的距离。

与千年静伫的玛尼堆凝望，用走热了的手掌，抚摸石块上冰凉的经文，这些零下的愿望，太阳也不曾照烫，捂暖谁的心房？

与万年守候的古树交汇亘古的心意，今世的相遇，是久别重逢，是冲古寺等待一盏久违的酥油灯亮起。高枝上缠着的苔丝，是宁静、孤独、空阔的我的前世，不为成佛，也不为修仙。

只为今天亲近仙乃日、央迈勇、夏诺多吉的面容，是尘缘。

络绒牛场，没有吃草的牦牛，只放牧着逃跑的，我的灵魂。

坐在雪后的冷泥里，枯草是暖的。面向神山，我不跪拜，虔诚也可以不显山露水。三神仙手里的一朵雪花早已注解了我，借我一袭白，幻化成狐，惑尘缘。

人们修筑的木栈道，打扰了三怙雪山的安详。

守山人的牦牛肉炖野蘑菇飘出人间的香气，青稞饼的硬度，打磨饥肠辘辘的百结愁肠。青稞酒甘洌，雪水一样纯粹，土灰灰的草烟，适合独行的诗人，抽完手卷的一支，从喉咙到胃肠，火辣辣地沸腾。

不转身，面向三座神山，我的心无比纯洁。身后是那些遥远的集市，吹口弦的童年削瘦了春天，又吹断了夏天连绵的雨线。

拂开密密的经幡，拂开这些人世的祈望，仙乃日神仙的右侧，冲古寺还在人间。

树木掩映下的石板路。厚门。重帘。彩幕。宽殿。

高高的神塑，陈旧的唐卡，朦胧的酥油灯，红衣缠身的喇嘛。

任孤独亲近，触摸；任我踱着凡尘的脚步，哭也好，笑也好，只不肯惊扰一叶舟靠岸。

稻城有空，亚丁有归，神仙守着门。

返程，满天繁星。

福在佛掌中，佛一翻手，便掉在每个人心上。我们都有，如同夜空星子一样，心有多宽，福就有多长。

告别稻城，我原本是一人来，一人去，没有迎接，也没有送别，舍不下的都收在心上，我走，亦跟我一起走了。

稻城的空，装着一个愿望，一丝眷念，一朵游云，一粒淡淡红尘。

亚丁的归，隐着一半沉，一半浮，一抹禅，一岸人世隔壁的红莲。

去理塘的路途我要省略，省略海子山上寂石的冥顽，这些冷寂属于诗歌。

高山，灌丛，草甸。

悬在高天的佛国，遍布无量河、热衣河、君坝河、桑多河、呷柯河、日西河、霍曲河、白拖河去往雅砻江。我随那曲河、拉波河、章纳河流向金沙江。忘川从这里流经心堂，桥也有，是奈何桥，走过去，看见不同的月亮，月光都是闪闪的圆圈，这圆让一朵云碰断了，断成更细更碎更多的圆。

葫豆是理塘使尽元气的恨，青稞是理塘用不完的爱。

长青春科尔寺，依山而上，高低错落，层次分明，极目云天，绝尘归神。

我在寺院外面的石板地上用一只干艾蒿枝写《十戒诗》。

　　第一最好不相见，如此便可不相忘；

　　第二最好不相知，如此便可不相思；

　　第三最好不相伴，如此便可不相欠；

　　第四最好不相惜，如此便可不相忆；

　　第五最好不相爱，如此便可不相弃；

　　第六最好不相对，如此便可不相会；

　　第七最好不相误，如此便可不相负；

　　第八最好不相许，如此便可不相续；

　　第九最好不相依，如此便可不相偎；

　　第十最好不相遇，如此便可不相聚。

　　不想写后面的两句，那两句我想唱出来。反正我的字是醉鸡爪子字，我的歌声是破锣遇着闷锤敲出向左边的声音，我在第十戒后面画二十八个圆圈代替二十八个音符。此时，远去的诗佛，必定不会介意凡尘中一个小女子，捡起被时间添枝加叶的诗句，尽心爱。身后有声音问我：你会爱上一个活佛吗？我不转身，也不回头，我说：我会，神都想恋爱，活佛为什么不能。

　　一只袍子甩出的长袖落在地面的《十戒诗》上，一个康南的汉子，笑得很好看。

　　没有人能够不与人相见，相知，相伴，相惜，相爱，相对，相误，相许，相依，相遇。

　　也没人能够不与人相忘，相思，相欠，相忆，相弃，相会，相负，相续，相偎，相聚。

　　我们总要爱，总要恨，总要负，总要欠。

有这些，才有人在江湖。

理塘充满禅机，处处盛开着菩提。着红衣僧袍的喇嘛和甩长袖的康南汉子一样多。当秋画唐卡，唐克念佛经，他们的哥哥就是活佛，他们都不想玛吉阿米，他们都不唱情歌。

给我斟上的酥油茶很暖，手揉糌粑里有我奶奶的味道，大块的牦牛肉是这世上最美味的晚餐。是蒿草、苔草、披碱草、燕草、山叶、黑麦、鸭茅喂养的牛齿，嚼出的回心草，供我们度过今天，不问明天。

虫草、川贝母、黄芪、党参、秦艽、木香、羌活、大黄、雪莲花、独一味、三颗针治愈长青春科尔寺内的感冒。

向佛，存善，磕长头的人不生病。如若被绊倒，一枝蒿挂在墙角，酿二两酒，泡成跌打药。

高城望断黄昏路。

不记得我在哪里用过这个句子。

站在世界最高之城，阳光有最奢侈的亮度，仙鹤的翅膀，在这片光亮里，是品质，飞翔只是必不可少的形式。而，借是轮回的摆渡。

最后一抹阳光吐出黄昏后的黑夜，很长，也很冷，在骨头里肆无忌惮，和风筝一样，飞得好高好高。

桑珠让我闭上眼睛找找自己的魂。闭上双眼，看不见太阳，看不见月亮，我看见天下最美的情郎蹲在长青春科尔辩经堂前面的空地上，用活佛的手掌抚摸《十戒诗》，抚摸神仙落下来的莲瓣。

早晨 8 点，离开理塘，我没有与当秋和桑珠告别。

昨晚聊到深夜，仍不舍散去，是我出门以来，话说得最多的一天。

从素描到藏文书法；从莲花生大士到卡瓦格博神山；从印度到拉萨；从仓央嘉措的情诗到桑珠的纹身；从佛法三宝到三苦；从周润发到陈冠希。

唐克只静静听，静静笑，是虚怀若谷、安之若素的品质。当秋与唐克喝酥油茶，我与桑珠喝青稞酒，就一碟海椒，蘸大块的牦牛肉下酒。

桑珠大声地唱藏语歌，借着酒力，我说我奶奶是我爷爷赛马会上抢回去的藏族女子，三叔是"文革"被迫还俗的喇嘛，我注定要爱上佛。

我到理塘是想找到心中那块净地，今夜，我安宁了。

果然，一夜好梦。

康南一带的藏房又改了风格，还是石堆砌的墙，已不用泥封屋顶，都改用水泥了，墙沿用红色围绕，白色的方块或圆镶嵌屋檐。

男子依然刚健，一只手藏在长袖里，另一露在袍子外面，念珠随手转动。女子娇小玲珑，脸上带着两朵高原红，年老的一路走，一路转动着转经轮。

几缕阳光，几粒微尘，几个匆匆赶路的人。

世间有太多的繁华，需要我耐着寂寞。

往巴塘的方向，是一样经典的高原苍凉，毛垭草原广袤无垠，只装着我与牦牛的理想，雪峰闪烁的光辉，是我宿命中的眷念。

这一生，如若了却尘事，我一定会回来。

去海子山运些石头来，盖间小小的石屋住下来，安静端然于岁月的一隅，与一个目光清澈的男子，安心度日，不要地老天荒，也不要海枯石烂，我只在冬日温婉的阳光下，翻开岁月编织的皱褶里，那些落下的爱，理一理纹线，然后一一打上结，以便来世好找。

理塘是一面铜镜，照自己时，也能看见镜子里人来人往。

巴塘是一支羌笛，鸣着绵羊之音和弦子的舞曲。

巴塘是烟火人间，有世间万般纷扰，却淡泊质朴，可苦心修禅。

不是每个人都有佛缘，但每个人，都在熙熙攘攘红尘中，找自己的前生后世。

我错过了日落，日落那会，我在客栈读一则寻人启事。一个异国的姐姐，寻她在巴塘走失的蓝眼睛弟弟，许下重金酬谢，一直在巴塘等着消息。

我问店主，人找到了吗？

店主说，找到了，死在雪山下。

我说，我帮你撕下来吧！

我站上草墩，小心地沿着纸角，撕下寻人启事。

今夜宿在一个隐藏的天堂，满天的星子是神仙的灯笼，挂在每一个流浪人的家门。

车过芒康时，我给亚依拉发短信。

我站在西藏的土地上了，这一生最想到的地方。

没有在德钦停留。我去德钦只是想路过卡瓦格博神山，只想听听诗人马骅的心跳，我说过，我爱每一个死去的诗人。

过县城时，我使劲找德钦县工商局的牌子，哥哥在这里工作过，那时候已经没有海星了。海星在桥头就讲完了桃子核的故事，我却还一直揣着万千晶莹石榴的心，在世间找我的前生和后世。

然后，一颗一颗，把心分吃掉。

不去雨崩，也不去明永，虽然我很想看看传教士留下的葡萄园，喝上一口农家自酿的葡萄酒。

白玛活佛在香格里拉等我，还有青稞客栈里那一炉火。

我一路睡了醒，醒了睡，傻瓜相机也跟着我睡。让司机过奔子栏时叫醒我，我要在茶马古道上这一个古渡口，为马骓点一盏灯。

金沙江汹涌奔流，奔子栏的风很强悍，扑熄了蜗居在我内心卑微的爱恋。

9点回到吉莱登酒店，把自己甩在床上，不伴青灯。魂魄放回青稞客栈白玛活佛的酒桌，只做个彻彻底底的世俗女子。

曾有人问我，为何独爱一地的苍凉。

我以为繁华总要落幕，青葱总要衰败，年轮一圈一圈画上，无声无息。

记忆就是一种空茫，追云逐月的翅膀，也会被时光的利刀折断，不如回到原始的本真，独享宁静的自己，这算得上凡人的理想。

一念起，万水千山皆有情。

一念灭，沧海桑田已无心。

半夜醒来，突然想经拉萨去尼泊尔。

有些人天生需要忧伤与孤独，痛，是向上的力量，是锦绣的河山，是澄清的心房。一个人走在路上，是简约、淡定、安稳的幸福。

稻城属于孤独者，属于在忧伤里品味着寂然的孤独者。

只有一个人走去的脚步，能叩拜众神。

明天，顺着金沙江回格兰巴迪，那里有我荒芜的童年，松明火把照亮的麦地小路，还在今夜的霜花里，盛开着一路的白。

今夜，月光很亮。

我是虚拟的，稻城是真实的。

稻城是虚幻的，苍穹是无尽的。

附：作者简介

龙冬：作家、出版人。著有长篇散文集《一九九九：藏行笔记》、长篇小说《娇娘》，译著《仓央嘉措圣歌集》等。2009年获捷克共和国外交部"扬·马萨里克"铜质奖章。现居北京。

宁肯：中国当代"新散文"代表作家之一。著有西藏长篇系列散文《沉默的彼岸》，散文集《说吧，西藏》。小说《天藏》获首届施耐庵文学奖，第七届北京文学艺术奖，首届香港"红楼梦奖·世界华文长篇小说奖"。现居北京。

蓝蓝：诗人。出版有《含笑终生》、《情歌》、《内心生活》、《睡梦睡梦》等诗集；《钉子》、《身体里的峡谷》等中英文双语诗集。现居北京。

北塔：诗人、学者、翻译家。供职于中国作家协会现代文学馆。著有诗集《正在锈蚀的时针》和《石头里的琼浆》等、学术专著《戴望舒传》和译著《八堂课》等。

祝勇：作家、学者、纪录片工作者。现供职于故宫博物院故宫学研究所，主要作品有：长篇历史小说《旧宫殿》、《血朝廷》，非虚构作品《纸天堂》、《辛亥年》，"文革学"著作《反阅读：革命时期的身体史》等。

陈河：小说家。著有中短篇小说《黑白电影里的城市》、《夜巡》、《西尼罗症》等，长篇小说《红白黑》、《沙捞越战事》、《布偶》、《米罗山营地》，曾获首届咖啡馆短篇小说奖、第一届郁达夫小说奖、第二届华侨文学最佳主体作品奖。现居多伦多。

侯宇燕：女，文化学人。著有《清华往事》，主编《啊，清华》等书。现居北京。

杨栗：自由写作者。小说作品见《人民文学》、《小说界》、《芙蓉》等文学期刊。现居北京。

苏北：作家，安徽天长人，致力于汪曾祺研究多年，著有《一汪情深》、《忆·读汪曾祺》等。

解玺璋：学者、评论家、近代史研究者。著有《梁启超传》、《一个人的阅读史》、《喧嚣与寂寞》、《雅俗》等。现居北京。

曹利群：古典音乐评论与传播者。著有音乐散文集《缪斯的琴弦》、《历史旁的花园》、《肖邦不住17号》、《灯塔的光》，翻译有《梅纽因访谈录》、《亲爱的阿尔玛》等。现居北京。

何大草：小说家。著有长篇小说《刀子和刀子》、《盲春秋》、《所有的乡愁》、《阁楼上的青春》、《忧伤的乳房》，小说集《衣冠似雪》，散文集《失眠书》等。现执教于四川师范大学中文系，居成都。

赵柏田：作家、学者。近十年来从事中国思想史研究，出版有长篇小说《赫德的情人》、《让良知自由》，短篇小说集《纸镜子》、《站在屋顶上吹风》，散文集《历史碎影》、《岩中花树》、《帝国的迷津》等。现居宁波。

冉平：小说家，国家一级编剧。电视连续剧编剧：《东方商人》、《武则天》、《水浒传》；电影编剧：《一代天骄成吉思汗》、《剃头匠》、《长调》、《画皮2》、《止杀令》；著有长篇小说《蒙古往事》。曾获十五届飞天奖最佳编剧、内蒙古萨日纳艺术创作突出贡献奖、夏衍文学奖。现居北京。

毛丹青：外号"阿毛"，中国国籍。北京大学毕业后进入中国社会科学院哲学所，1987年留日定居，当过商人，做过鱼虾生意，游历过许多国家。2000年弃商从文，著有中、日文作品多部。现任神户国际大学教授，专攻日本文化论。

雷淑容：出版人，自由撰稿人，爱乐者。现居南京。

杨雅婷：从事奇幻文学研究、编辑出版工作。现居南京。

鲍尔吉·原野：散文作家，蒙古族。出版长篇小说《露水旅行》，散文集《原野文库》等著作48部，作品收入沪教版、冀教版、鄂教版、蒙教版、人教版大、中、小学课文，读者遍及海内外。现居沈阳。

王克明：学者。曾在陕北插队十年，现在主要从事陕北方言及民俗文化的历史继承性研究，著有《听见古代——陕北话里的文化遗产》等。现居北京。

迟子建：小说家。主要作品长篇小说《树下》、《晨钟响彻黄昏》、《越过云层的晴朗》、《额尔古纳河右岸》，小说集《北极村童话》、《白雪的墓园》、《向着白夜旅行》等，散文随笔集《伤怀之美》、《我的世界下雪了》等。曾获得第一、第二、第四届鲁迅文学奖，第七届茅盾文学奖，澳大利亚"悬念句子文学奖"等多种文学奖励。现居哈尔滨。

王以培：作家，诗歌翻译家。近年来，独自沿长江旅行，在三峡淹没区采风、创作至今。代表作：诗集《这一夜发生了什么》、《寺庙里的语言》，长篇小说《烟村》、《大钟亭》、《幽事》，长江边的古镇系列《白帝城》、《江有汜》、《沉沙》、《河广》，译著《兰波作品全集》、《小王子》。现居北京。

唐克扬：哈佛大学设计学院设计学博士，芝加哥大学中国艺术史硕士，编辑出版过"设计学书系"，《设计学院的故事》是目前国内以设计教育探讨为主题的为数不多的著作之一。另出版《从废园到燕园》，《夜》、《树》（中、法文版），《长安的烟火》等作品。

红柯：小说家，曾漫游天山十年，主要作品有长篇小说《西去的骑手》、《大河》、《乌尔禾》、《生命树》、《喀拉布风暴》等。曾获冯牧文学奖、鲁迅文学奖、庄重文文学奖。现居陕西。

范稳：小说家。近十年潜心西藏历史、文化、宗教、民族的研究、学习和写作，已有《水乳大地》等七部关于西藏题材的作品出版，并有部分作品被介绍或翻译到港、台和法国、德国、英国等地区和国家。现居昆明。

艾傈木诺：德昂族，汉名唐洁。著有诗集《以我命名》、散文集《水鼓禅音》，编著有《中国德昂族》等。现居瑞丽。

孙小宁：媒体人。供职于《北京晚报》。出版有访谈录《十年去来——一个台湾文化人眼中的大陆》、《如实生活如是禅》、《观照：一个知识分子的禅问》及电影读书随笔集《看得见风景　望不见爱情》等，主编有《读城》一书。